GUERRE

DES

COMMUNEUX DE PARIS

TYPOGRAPHIE FIRMIN DIDOT. — MESNIL (EURE).

GUERRE

DES

COMMUNEUX DE PARIS

18 MARS — 28 MAI

1871

PAR UN OFFICIER SUPÉRIEUR DE L'ARMÉE DE VERSAILLES

> « — Ie vouldroy que chascun escrivist
> « ce qu'il sçait, et autant qu'il en sçait,
> « non en cela seulement mais en touts
> « aultres subiects. »
>
> (MONTAIGNE, *Essais*, liv. I, ch 30.)

PARIS

LIBRAIRIE DE FIRMIN DIDOT FRÈRES, FILS ET CIE

IMPRIMEURS DE L'INSTITUT, RUE JACOB, 56

1871

PRÉFACE.

Ceci n'est point, à proprement parler, une histoire, car l'histoire ne saurait s'écrire au lendemain des faits accomplis. Qui oserait, en effet, essayer quelque critique sérieuse, à l'heure où les documents sont encore incomplets et nuageux ; où les moyens de contrôle font généralement défaut ; où les versions contradictoires et les passions bouillonnantes troublent les sources auxquelles il faut puiser ?

Pour être vu et jugé comme il doit l'être, un tableau veut que le spectateur soit lui-même à bonne distance, à ce point unique d'où l'œil peut saisir l'idée de la composition et goûter l'harmonie des motifs. Telle n'est pas non plus, aujourd'hui, la situation d'un public douloureusement ému.

Ce n'est donc pas un tableau qu'expose ici l'auteur, mais seulement une série de vues photographiques des événements tels qu'ils se sont enchaînés, ou plutôt, succédé. Il eût certainement pu différer la publication de ces notes prises au jour le jour, et se donner le temps de soumettre les faits à l'action d'un contrôle sévère; de rectifier le sens des renseignements obtenus; d'en dégager des vérités menant à des conclusions sûres.

Mais il a pensé que ce simple journal pourrait encore, en l'état, rendre quelques services. C'est un guide, un *Manuel* qui ne laissera pas d'être utilement consulté par ceux qui voudront écrire plus tard cette page de l'histoire de nos discordes sociales.

En résumé, l'auteur n'a fait que dresser un canevas où se trouvent posés avec précision des repères chronologiques et statistiques, et sur les carreaux duquel les témoins oculaires pourront, en toute sûreté, rapporter en détail les divers épisodes de la sinistre guerre des communeux de Paris.

Paris, le 15 juin 1871.

TABLE DES MATIÈRES.

		Pages.
I.	La ville de Paris	1
II.	Les Prussiens aux Champs-Élysées	19
III.	L'insurrection	59
IV.	Tout Paris à Versailles	85
V.	Courbevoie. — Meudon. — Châtillon	121
VI.	Neuilly. — Bécon. — Asnières	135
VII.	Les Moulineaux. — Le Moulin Saquet. — Le fort d'Issy	151
VIII.	Le fort de Vanves. — L'attaque du corps-de-place. — L'entrée dans Paris	185
IX.	Le Trocadéro. — Montmartre. — L'incendie	209
X.	Les massacres. — Les Buttes-Chaumont. — Le Père La Chaise	249
XI.	Le désarmement. — Les prisonniers à Satory. — Les funérailles	285
XII.	Épilogue	317

I.

LA VILLE DE PARIS.

I.

LA VILLE DE PARIS.

Paris, cette ville unique au monde, tant aimée et calomniée, tant adulée et conspuée, Paris renferme une population dont le caractère est étrange et souvent insaisissable. Qui veut essayer de la comprendre doit l'étudier attentivement dans ses rapports avec le sol qu'elle habite et le climat sous lequel s'accomplissent ses évolutions politiques et morales. L'observateur doit surtout tenir compte du génie de la race à laquelle il faut la rattacher.

Les Parisiens occupaient, à l'origine, un territoire formé de notre département de la Seine et de la majeure partie de Seine-et-Oise. Ils avaient pour *oppidum* cette île de l'Ou-Tet (Lutetia) que nous nommons aujourd'hui la *Cité*. Sur les deux rives d'un fleuve aux gracieux méandres s'ouvraient pour eux de charmantes vallées encaissées par des mouvements de terrain aux formes harmonieuses et tout humides de la rosée des bois. De tels paysages sont bien faits pour inspirer le sentiment du beau, mais ce n'est pas là cette grande nature qui impose à l'homme l'admiration. Les rudes glaciers, les torrents tumultueux, les tempêtes sur l'immense Océan, voilà les spectacles qui peuvent lui donner un cœur fort, et faire qu'il se prosterne devant son Créateur.

Les Parisiens ont l'esprit vif, un goût incomparable, le don de l'assimilation; mais leur intelligence se borne souvent à effleurer des surfaces. En toutes choses, ils croient tenir le dernier mot de la science et de l'art; ils mesurent tout à leur taille, et leur critique naïve a des vanités jalouses dont les effets sont souvent déplorables.

On doit observer, d'ailleurs, qu'ils vivent sous un ciel bizarre. L'atmosphère qu'ils respirent est essentiellement variable, et le vent d'ouest, chargé des chaudes vapeurs du *gulf-stream*, en bouleverse, à tout moment, le régime climatérique. De là, chez l'individu, des surexcitations nerveuses, des inégalités d'humeur, une extrême mobilité d'esprit. Les brouillards l'assombrissent; les rayons de soleil dilatent, au contraire, sa poitrine en l'emplissant de gaieté folle; les brûlantes journées d'orage l'entraînent irrésistiblement au plaisir. Il n'a point les passions de l'homme, mais les caprices furieux de l'enfant.

Il en fut constamment ainsi, depuis l'aurore des temps historiques jusqu'au jour où nous écrivons. Peuplade de la Gaule celtique, les Parisiens ont bien le type gaulois, mais leur caractère est, à tous égards, excessif. Or, les écrivains de l'antiquité, Strabon, Tite-Live, Diodore de

Sicile, Ammien Marcellin, nous représentent les Galls comme des gens frivoles, aimant les ornements du corps, les boucles d'oreilles, les bagues, les bracelets, les anneaux de bras, les colliers. Nos pères étaient, disent-ils, francs et ouverts, hospitaliers, mais vains et querelleurs, enclins à la débauche et à l'ivrognerie, mobiles dans leurs sentiments, amoureux des choses nouvelles, prenant des résolutions subites, regrettant le lendemain ce qu'ils avaient rejeté la veille, aimant la guerre et les aventures, défiant leurs ennemis, les provoquant, les insultant de leurs éclats de rire, égorgeant leurs prisonniers avec une volupté féroce, ayant une incurie prononcée de leurs intérêts collectifs, n'entendant rien au mot de patrie et prêts à renier leur nationalité, dès qu'ils avaient à subir quelque froissement d'intérêt ou, seulement, d'amour-propre personnel.

Les arrière-neveux n'ont pas dégénéré.

Ce n'est pas d'aujourd'hui que Paris manifeste des tendances sécessionnistes. Bien avant la conquête romaine, ses habitants s'étaient violemment séparés du groupe politique dont ils faisaient antérieurement partie, et César nous apprend en ses *Commentaires* que, de son temps, ils n'avaient plus rien de commun avec la *cité* des Senons, habitants des départements de l'Yonne et de la Marne, du Loiret, de Seine-et-Marne et de l'Aube. Dès cette époque, les Parisiens faisaient bande à part et s'isolaient, comme ils viennent de le faire en créant leur *Commune*.

Il est encore un autre trait distinctif des mœurs de la race parisienne, considérée en ses classes inférieures. C'est le sentiment inné de la résistance aux lois en vigueur, le besoin du renversement de l'ordre de choses établi, l'irrésistible soif du pillage. Sans remonter au temps de César, on trouve, dans l'histoire de Paris, mille épisodes de sa vie politique accompagnés d'insurrections et de déprédations violentes. Qu'on se reporte seulement aux périodes de troubles qui éclatèrent après la bataille de Poitiers, et se perpétuèrent durant la captivité du roi Jean. On verra que, digne ascendance de nos insurgés de 1871, les bandes armées du prévôt des marchands Marcel, ainsi que les amis de son meurtrier Jean Maillard, ne se faisaient pas faute de mettre à sac les maisons des nobles et des bourgeois.

Ces faits criminels se reproduisent constamment au sein des grandes agglomérations d'hommes, réceptacle ordinaire de l'écume de tous les pays. Babylone, Carthage et Rome, et les républiques italiennes du moyen âge, se laissaient agiter aussi facilement que le font aujourd'hui Paris, Lyon et Marseille, parce qu'elles donnaient asile à la tourbe des déclassés cosmopolites; mais Paris a particulièrement le triste privilége d'être le séjour de prédilection des malfaiteurs. Henri IV s'en plaignait un jour à Jacques Séguin, le prévôt des marchands. Il reprochait aux Parisiens leurs désordres, leur turbulence et leurs penchants mauvais. — « Syre, répondit Séguin, on vous a dict que le populaire de Paris estoit turbulent et dangereux : ôtez-vous cela de l'esprit, Syre.

« Voilà vingt années, ou à peu prez, que je m'occupe d'administration, or il m'est de science certaine qu'on insulte méchamment vostre honneste ville de Paris. Elle renferme, il est vray, deux sortes de populaires, bien dissemblables et d'esprit et de cœur. Le vray populaire, c'est-à-dire né et ellevé à Paris, est le plus laborieux du monde, voire même le plus intelligent; mais l'aultre, Syre, est le rebut de toute la France, *chaque ville de vos provinces a son égout qui amène ses impuretez à Paris!* Par exemple, une fille.... à Rouen : vite elle prend le coche et débarque à Paris pour ensevelir sa honte. Elle met au monde un petit estre, et c'est le Parisien qui nourrit l'enfant du Normand; puys on dict : *le Parisien aime la cotte!*...

« Un homme a-t-il volé à Lyon : pour échapper à la police, il vient se cacher à Paris; et comme le mestier de voleur est le plus lucratif par le temps qui court, il coupe les bourses de plus belle! S'il est pris, voicy ce qui arrive : *c'est le Parisien qui est le vollé qui nourrit le Lyonnais qui est le voleur!*

« Un Marseillais a-t-il assassiné : Paris est son refuge et son impunité; s'il tue encore quelqu'un, c'est-à-dire un Parisien, la province dict : *Il n'y a que des brigands à Paris!*

« Syre, il est temps que tout cela finisse. La ville de Paris ne doit plus estre l'hôtellerie des ribaudes et des bandits de vos provinces. Que des lois énergiques rejettent cette écume hors de la ville, afin que le flot parisien reprenne sa transparence et sa pureté. »

Le prévôt des marchands obtint gain de cause, et un édit, daté du 4 mai 1607, lui prescrivit « d'expulser de la ville tous les mendiants valides, et de renvoyer dans leur pays les ouvriers sans ouvrage. Défense fut faite de laisser entrer dans Paris tous individus ne pouvant prouver leurs moyens d'existence ou une occupation suivie et lucrative. »

M. le préfet de la Seine devrait avoir toujours présent à l'esprit le texte de cet édit qu'inspirait le bon sens, et qu'on voudrait voir placardé aux murs de tous les carrefours. Il n'en est pas ainsi, malheureusement, tant s'en faut !

Les gredins de toute espèce, gens de sac en rupture de ban, échappés de bagne, réfractaires, gentilshommes tarés, filous de profession, tous les Claude Gueux et autres *misérables* de Victor Hugo, tous les bohèmes de madame Sand trouvent facilement à Paris le gîte, la nourriture et l'amour. Ils aiment cette grande cité frivole qui n'a jamais profité des leçons de l'expérience ; où les honnêtes gens sont faibles et ne savent point s'entendre ; où cinq cents scélérats déterminés peuvent frapper de terreur une population trop accessible aux paniques ; où les septembriseurs de 92 — au nombre de 250, pas un de plus ! — ont pu, durant quatre jours, égorger, dans les prisons, des prêtres, des vieillards, des femmes, des enfants sans défense, et cela au vu et su de 600,000 âmes timorées... qui laissaient faire.

Paris est donc le théâtre né de tous les grands méfaits; c'est aussi le laboratoire où se préparent le mieux de vastes conspirations. A ces titres, il était depuis longtemps désigné au choix des socialistes-unis dont les aspirations tendent à bouleverser les deux mondes. Et le mobile de ces escrocs cosmopolites, quel est-il donc ? C'est la soif d'acquérir *per fas et nefas*; c'est un désir immodéré de jouissances à outrance, mais dégagées de toutes conditions de labeur préalable. On signalait jadis quelques bandes de brigands infestant telle ou telle de nos provinces. Aujourd'hui, tout est changé. Le progrès s'est fait : nous avons le banditisme international. —
« Ceux que nous combattons, disait M. Thiers à l'As-
« semblée nationale (séance du 27 avril 1871), ceux que
« nous combattons ne peuvent dire ce qu'ils veulent; ou
« plutôt ils sont forcés de le cacher... Cette insurrection
« est sans principes, sans doctrine... »

Ainsi dépourvus de programme, nos insurgés de 1871 ont arboré sans crainte un drapeau quelconque. Il leur fallait un prétexte : ils ont réclamé la souveraineté de la *Commune*, confondant, avec ou sans dessein, deux idées bien distinctes, celles de la décentralisation administrative et de la décentralisation politique; exploitant surtout certaine assonance avec le mot *communisme* qui signifie régime de la communauté des biens.

Mais ce qu'ils n'ont pas osé confesser, quelqu'un va nous le dire. L'économiste Proudhon nous a, fort heureusement, laissé un émouvant tableau des bienfaits du socialisme. Qu'on lise et qu'on médite cette prophétie étrange :

« La révolution sociale ne pourrait aboutir qu'à un immense cataclysme dont l'effet immédiat serait :

« De stériliser la terre ;

« D'enfermer la société dans une camisole de force ;

« Et, s'il était possible qu'un pareil état de choses se prolongeât seulement quelques semaines,

« De faire périr par une famine inopinée trois ou quatre millions d'hommes.

« Quand le gouvernement sera sans ressources ; quand le pays sera sans production et sans commerce ;

« Quand Paris affamé, bloqué par les départements ne payant plus, n'expédiant pas, restera sans arrivages ;

« Quand les ouvriers, démoralisés par la politique des clubs et le chômage des ateliers, chercheront à vivre n'importe comment ;

« Quand l'État requerra l'argenterie et les bijoux des citoyens pour les envoyer à la Monnaie ;

« Quand les perquisitions domiciliaires seront l'unique mode de recouvrement des contributions ;

« Quand les bandes affamées, parcourant le pays, organiseront la maraude ;

« Quand le paysan, le fusil chargé, gardant sa récolte, abandonnera sa culture ;

« Quand la première gerbe aura été pillée, la première maison forcée, la première église profanée, la première torche allumée, la première femme violée ;

« Quand le premier sang aura été répandu ;

« Quand la première tête sera tombée ;

« Quand l'abomination de la désolation sera par toute la France ;

« Oh! alors, vous saurez ce que c'est qu'une révolution sociale. Une multitude déchaînée, armée, ivre de vengeance et de fureur ;

« Des piques, des haches, des sabres nus, des couperets et des marteaux ;

« La cité morne et silencieuse ; la police au foyer de famille, les opinions suspectées, les paroles écoutées, les larmes observées, les soupirs comptés, le silence épié, l'espionnage et les dénonciations ;

« Les réquisitions inexorables, les emprunts forcés et progressifs, le papier-monnaie déprécié ;

« La guerre civile et l'étranger sur les frontières ;

« Les proconsulats impitoyables, le comité de salut public, un comité suprême au cœur d'airain :

« Voilà les fruits de la révolution dite démocratique et sociale.

« Je répudie de toutes mes forces le socialisme, impuissant, immoral, propre seulement à faire des dupes et des escrocs ! Je le déclare, en présence de cette propagande souterraine, de ce sensualisme éhonté, de cette littérature fangeuse, de cette mendicité, de cette hébétude d'esprit et de cœur qui commence à gagner une partie des travailleurs ; je suis pur des folies socialistes. »

Proudhon nous montre bien ici la pauvre ville de Paris

expiant cruellement ses fautes : et la légèreté de ses gouvernants, et la vanité de ses artistes, et le manque d'énergie de sa bourgeoisie, et les vaines aspirations de ses lettrés, et les déclamations insensées de ses ambitieux, et les vils instincts de sa plèbe hideuse. Mais ce que Proudhon ne pouvait ni prophétiser ni prévoir, c'est que c'est *sous les yeux mêmes de l'étranger maître de nos forts* que Paris serait, un jour, victime des saturnales socialistes ; qu'il serait ruiné, mutilé, incendié !...

Hélas ! nous l'avons vu l'incendie de Paris ! Nous avons vu des forcenés commettre, à la face du soleil, en plein dix-neuvième siècle, un crime sauvage, effroyable, auquel nous ne voudrions pas croire, si nos yeux n'en étaient encore frappés d'épouvante et d'horreur.

L'incendie !... De combien de siècles nous faut-il donc reculer pour trouver dans l'histoire un semblable forfait ? On voit parfois le vainqueur mettre à feu la ville conquise : Troie, Carthage, Corinthe, Jérusalem sont ainsi réduites en cendres. On rencontre quelques vaincus, saisis d'un immense désespoir et se brûlant eux-mêmes, comme Sardanapale à Babylone, et les sénateurs à Sagonte. On sait les ruines suscitées par de hardies conceptions militaires ou par le patriotisme en délire : c'est Camulogène brûlant ce même Paris à l'approche de Labiénus ; c'est Rostopchin n'hésitant pas à sacrifier Moscou quand les Français en envahissent les murs. Çà et là, apparaissent quelques incendiaires atteints de folie furieuse : Érostrate allumant les portiques du temple d'Éphèse le jour de la naissance d'Alexandre; Néron faisant représenter une comédie d'Afranius, intitulée l'*Incendie*, et mettant ensuite le feu à Rome. On frémit au souvenir des ravages causés en Italie et en Afrique par la torche des Vandales de Genséric; et chacun se dit : « *C'étaient des Barbares!* » on comprend même l'idée de ce musulman fanatique qui détruit la bibliothèque d'Alexandrie. Mais comment définir et classer l'acte de vengeance monstrueuse de nos insurgés de 1871?

Nos malheurs ne résultent pas du jeu de quelque grande passion politique ou religieuse dont l'histoire puisse, à la rigueur, excuser les effets; elles ne sont que la mise à nu de nos plaies sociales. Oui, nous avons nourri des lâches, des haineux, des cupides; l'orgueil et l'envie de ces hommes fauves vient d'amonceler nos ruines! Nos légèretés, nos indolences, nos faiblesses nous ont valu la préméditation de la destruction!... Triste et lugubre enseignement! Une loi de notre malheureuse humanité veut que, partout et toujours, l'extrême civilisation en arrive à produire l'extrême état sauvage, et nous, ignorants, présomptueux, adonnés aux plaisirs, nous n'avons pas su lire cette loi!... Nous n'avons été ni forts, ni prudents, ni honnêtes, et l'heure du châtiment vient de sonner pour nous. Ces Peaux rouges qui nous brûlent, ces démons qui s'agitent dans les flammes de nos édifices nous manifestent cruellement l'esprit de justice de Dieu.

Mais sont-ils les seuls coupables ces écrivains sans nom

qui ont ameuté la foule avide, et ces pensionnaires de l'*Internationale* qui ont pris l'entreprise de l'insurrection, et cette sotte multitude elle-même, toujours ardente à l'idée du pillage, et du repos quotidien, et de la nourriture gratuite? N'y a-t-il point, derrière ces comparses, quelque noir personnage important qui tient la scène, et demeure dans les ténèbres pendant que l'incendie flamboie? Est-il possible d'entrevoir, sur quelque pan de mur de nos monuments embrasés, l'ombre de la main qui poussait au crime la tourbe des scélérats vulgaires? Non. Nous sommes trop près des événements pour en bien discerner les circonstances multiples; nos douleurs sont encore trop vives pour que nous puissions formuler des critiques sûres.

Il est pourtant d'excellents esprits qui ne craignent pas d'accuser hautement cet avocat du 4 septembre qui s'était hardiment nommé ministre de l'intérieur et de la guerre; et qui, soit ignorance, erreur ou faiblesse de vues, avait, pour mieux sauver la France, commencé par la désorganiser. Il en est d'autres qui ne condamnent que les tendances funestes de l'esprit parisien; d'autres, enfin, qui chargent avec fureur les ennemis qui viennent de dévaster nos provinces et qui se tiennent, aujourd'hui encore, à nos portes, prêts à tout événement.

Ceux qui professent cette opinion hasardée observent que les Allemands ont l'habitude de caresser longtemps une même idée; de se laisser aller à des désirs fixes qu'une satisfaction prolongée peut seule éteindre; d'être surtout accessibles à d'ardents sentiments d'envie et de haine.

Or il est constant que, lorsque, en 1814, Blücher arriva sur les hauteurs de Montmartre, Saaken lui dit avec une joie brutale : « *Nous allons donc brûler Paris !!!* » Qui peut dire qu'il n'y ait pas encore beaucoup de Saaken parmi ces Prussiens qui, spectateurs impassibles, assistent maintenant à nos désastres? Depuis le commencement de la guerre, nos ennemis ont toujours joué deux jeux : l'un, militaire, sur les champs de bataille; l'autre, politique, à l'intérieur de la France. Ils ont compté pour des succès les journées des 4 et 21 septembre, des 8 et 31 octobre 1870, des 22 janvier et 18 mars 1871 ; et l'on peut bien admettre qu'ils aient applaudi chaque fois aux troubles de Paris; qu'ils aient surexcité et lancé, l'un à la rencontre de l'autre, les partis qui, malheureusement, nous divisaient. Ont-ils aussi convié à une immense curée les hordes de tous les bandits internationaux qui opèrent de compte à-demi avec nos propres criminels? Voilà la question. Nous ne voudrions pas appliquer à M. de Bismarck la formule : « *Is fecit cui prodest,* » mais nous ne pouvons nous défendre de songer que l'anéantissement, ou, tout au moins, l'abaissement de la France lui tient considérablement au cœur. Quant à la ville de Paris qu'il n'a pas prise, a-t-il voulu la défigurer, la mutiler pour donner satisfaction au parti militaire féodal? A-t-il voulu faire croire à son suicide en lâchant sur elle les maudits de la secte socialiste?

Tel est le problème qui se pose et que nous n'essayerons point de résoudre. Comment, en effet, dégager la vérité d'un chaos d'opinions prématurément arrêtées, d'une série de faits qui échappent, jusqu'à présent, au contrôle ?

Aujourd'hui, nous pleurons Paris déshonoré, ravagé, meurtri par les obus, abîmé dans les flammes ! Pauvre Paris, si beau, si fécond, si étincelant, si merveilleux aux yeux mêmes de M. de Bismarck, se relèvera-t-il jamais de ces malheurs et de ces hontes? Peut-il renaître de ses cendres?

« Personne, écrivait dernièrement M. Guizot, personne ne voit les fautes de ma patrie plus clairement que je ne le fais; personne ne les condamne plus énergiquement; les fautes de la France me causent même plus de chagrins que ses malheurs. Mais je ne désespère jamais de ses bonnes qualités, quoiqu'elles puissent paraître effacées par ses fautes, et je suis sûr que le bien qui est en elle ouvrira des ressources infinies, même lorsque l'avenir sera le plus sombre.

« Il y a sept mois, la France se trouva tout à coup sans gouvernement et sans armée. Dans ce désastre, ce fut Paris qui sauva l'honneur de la France, et aujourd'hui Paris éprouve son propre désastre. La honte de tomber au pouvoir d'une populace violente et incapable, et de devenir la proie d'un débordement détestable et absurde de furie démagogique a suivi de près la gloire du siége. Je dois reconnaître que ceci m'a causé plus de chagrin que de surprise, car j'ai eu quelque expérience des crises révolutionnaires et de leurs excès.

« Je sais comment mon pays y tombe; je sais aussi comment il en sort. »

Espérons en l'avenir de la France, ayons foi aux promesses de la devise de Paris : « *Fluctuat nec mergitur!* » Le vieux navire, symbole de la cité, sera bientôt en état de reprendre le fleuve. Il tracera de nouveau son bel et franc sillage sur la Seine, si le patron a l'œil sûr; si le timonnier tient la barre d'une main ferme; surtout, si les nautonniers sont assez forts, assez sages pour que Dieu les protége.

II.

LES PRUSSIENS AUX CHAMPS-ÉLYSÉES.

II.

LES PRUSSIENS AUX CHAMPS-ÉLYSÉES.

Le 30 janvier 1871, le ministre de la guerre faisait afficher cet ordre du jour à l'armée de Paris :

« Soldats, marins et gardes mobiles,

« Tant qu'une bouchée de pain a été assurée à Paris, vous avez défendu cette grande cité qui a été, pendant cinq mois, le boulevart de la France ; vous l'avez défendue au prix de votre sang, qui a coulé à pleins bords.

« Aujourd'hui que des malheurs inouïs, que votre courage et vos sacrifices n'ont pu conjurer, vous ramènent dans son enceinte, de nouveaux devoirs, non moins sacrés que ceux que vous avez accomplis déjà, vous sont imposés.

« A tout prix, vous devez donner à tous l'exemple de la discipline, de la bonne tenue, de l'obéissance. Vous le devez par respect de vous-mêmes, par respect pour notre patrie en deuil, dans l'intérêt de la sécurité publique.

« Vous ne faillirez pas, j'espère, à cette obligation sacrée ; y manquer serait plus qu'une faute, ce serait un crime.

« Officiers, sous-officiers et soldats, restez unis dans un sentiment commun de patriotisme passionné ; soutenez-vous, fortifiez-vous les uns les autres, afin qu'après avoir versé tant de sang pour l'honneur de Paris et les plus grands intérêts de la patrie, vous méritiez qu'on dise de vous : Ils ne sont pas seulement de braves soldats, ils sont aussi de bons citoyens. »

Tous les vœux exprimés par le général le Flô ne devaient malheureusement pas être exaucés. On n'allait pas respecter longtemps la patrie en deuil, ni consulter l'intérêt de la sécurité publique. Dès le lendemain, 31 janvier, M. Gambetta semait sur notre sol les premiers germes de guerre civile en cette circulaire restée célèbre :

« Citoyens,

« L'étranger vient d'infliger à la France la plus cruelle injure qu'il lui ait été donné d'essuyer dans cette guerre maudite, châtiment démesuré des erreurs et des faiblesses d'un grand peuple.

« Paris inexpugnable à la force, vaincu par la famine, n'a pu tenir en respect plus longtemps les hordes allemandes. Le 28 janvier, il a succombé. La cité reste encore intacte, comme un dernier hommage arraché par sa puissance et sa grandeur morale à la barbarie.

« Les forts seuls ont été rendus à l'ennemi. Toutefois, Paris, en tombant, nous laisse le prix de ses sacrifices héroïques. Pendant cinq mois de privations et de souffrances, il a donné à la France le temps de se reconnaître, de faire appel à ses enfants, de trouver des armes et de former des armées, jeunes encore, mais vaillantes et résolues, auxquelles il n'a manqué, jusqu'à présent, que la solidité qu'on n'acquiert qu'à la longue. Grâce à Paris, si nous sommes des patriotes résolus, nous tenons en main tout ce qu'il faut pour le venger et nous affranchir.

« Mais, comme si la mauvaise fortune tenait à nous accabler, quelque chose de plus sinistre et de plus douloureux que la chute de Paris nous attendait.

« On a signé, à notre insu, sans nous avertir, sans nous consulter, un armistice dont nous n'avons connu que tardivement la coupable légèreté, qui livre aux troupes prussiennes les départements occupés par nos soldats, et qui nous impose l'obligation de rester trois semaines pour réunir en repos, en les tristes circonstances où se trouve le pays, une assemblée nationale.

« Nous avons demandé des explications à Paris, et gardé le silence, attendant, pour vous parler, l'arrivée promise d'un membre du gouvernement, auquel nous étions déterminés à remettre nos pouvoirs. Délégation du gouvernement, nous avons voulu obéir, pour donner un gage de modération et de bonne foi, pour remplir ce devoir qui commande de ne quitter le poste qu'après en avoir été relevé ; enfin, pour prouver à tous, amis et dissidents, par l'exemple, que la démocratie n'est pas seulement le plus grand des partis, mais le plus scrupuleux des gouvernements.

« Cependant personne ne vient de Paris et il faut agir ; il faut, coûte que coûte, déjouer les perfides combinaisons des ennemis de la France.

« La Prusse compte sur l'armistice pour amollir, énerver, dissoudre nos armées ; la Prusse espère qu'une assemblée, réunie à la suite de revers successifs et sous l'effroyable chute de Paris, sera nécessairement tremblante et prompte à subir une paix honteuse.

« Il dépend de nous que ces calculs avortent, et que les instruments mêmes qui ont été préparés pour tuer l'esprit de résistance le ramènent et l'exaltent.

« De l'armistice faisons une école d'instruction pour nos jeunes troupes ; employons ces trois semaines à préparer, à pousser avec plus d'ardeur que jamais l'organisation de la défense, de la guerre.

« A la place de la chambre réactionnaire et lâche que rêve l'étranger, installons une assemblée vraiment nationale, républicaine, voulant la paix, si la paix assure l'honneur, le rang et l'intégrité de notre pays, mais capable de vouloir aussi la guerre, et prête à tout plutôt que d'aider à l'assassinat de la France.

« Français,

« Songeons à nos pères, qui nous ont légué une France compacte et indivisible ; ne trahissons pas notre histoire, n'aliénons pas notre domaine traditionnel aux mains des barbares. Qui donc signerait ? Ce n'est pas vous, légitimistes, qui vous battez si vaillamment sous le drapeau de la République, pour défendre le sol du vieux royaume de France ; ni vous, fils des bourgeois de 1789, dont l'œuvre maîtresse a été de sceller les vieilles provinces dans un pacte d'indissoluble union ; ce n'est pas vous, travailleurs des villes, dont l'intelligent et généreux patriotisme sait toujours représenter la France dans sa force et son unité, comme l'initiatrice des peuples modernes ; ni vous, enfin, ouvriers propriétaires des campagnes, qui n'avez jamais marchandé votre sang pour la défense de la Révolution, à laquelle vous devez la propriété du sol et votre titre de citoyens !

« Non, il ne se trouvera pas un Français pour signer cet acte infâme ; l'étranger sera déçu ; il faudra qu'il renonce à mutiler la France, car tous, animés du même amour pour la mère patrie, impassibles dans les revers, nous redeviendrons forts et nous chasserons l'étranger.

« Pour atteindre ce but sacré, il faut dévouer nos cœurs, nos volontés, notre vie, et, sacrifice plus difficile peut-être, laisser là nos préférences.

« Il faut nous serrer tous autour de la République, faire preuve surtout de sang-froid et de fermeté d'âme ; n'ayons ni passion ni faiblesse; jurons simplement, comme des hommes libres, de défendre envers et contre tous la France et la République.

« Aux armes ! »

Il ne manquait plus que des armes !... Et le gouvernement avait lui-même pris la peine d'en munir les ennemis du pays. — « C'est après les plus laborieux efforts, « publiait-il le 3 février, qu'il a été possible d'obtenir « pour la garde nationale de Paris les conditions consa- « crées par la convention du 28 janvier. » Ainsi M. Jules Favre s'était mis aux genoux du comte de Bismarck pour que la garde nationale conservât ses fusils ! Ainsi, cet avocat illustre dont les erreurs nous coûtent deux provinces et près de cinq milliards, cet éminent auteur de notre ruine se faisait naïvement le complice de M. Gambetta, et nous préparait, avec lui, une formidable insurrection !

Le 4 février, le gouvernement qu'on a, par dérision, nommé *septembriseur*, faisait publier dans le *Moniteur universel* de Bordeaux ces explications touchant la défense et la capitulation de Paris :

« Citoyens,

« Nous venons dire à la France dans quelle situation et après quels efforts Paris a succombé. L'investissement a duré depuis le 16 septembre jusqu'au 26 janvier. Pendant tout ce temps, sauf quelques dépêches, nous avons vécu isolés du reste du monde. La population virile tout entière a pris les armes, les jours à l'exercice et les nuits aux remparts et aux avant-postes. Le gaz nous a manqué le premier, et la ville a été plongée le soir dans l'obscurité ; puis est venue la disette de bois et de charbon. Il a fallu, dès le mois d'octobre, suppléer à la viande de boucherie en mangeant des chevaux ; à partir du 15 décembre, nous n'avons pas eu d'autre ressource.

« Pendant six semaines, les Parisiens n'ont mangé par jour que 30 grammes de viande de cheval ; depuis le 18 janvier, le pain, dans lequel le froment n'entre plus que pour un tiers, est tarifé à 300 grammes par jour ; ce qui fait en tout, pour un homme valide, 330 grammes de nourriture. La mortalité, qui était de 1,500, a dépassé 5,000, sous l'influence de la variole persistante et de privations de toutes sortes. Toutes les fortunes ont été atteintes, toutes les familles ont eu leur deuil.

« Le bombardement a duré un mois, et a foudroyé la ville de Saint-Denis et presque toute la partie de Paris située sur la rive gauche de la Seine.

« Au moment où la résistance a cessé, nous savions que nos armées étaient refoulées sur les frontières et hors d'état d'arriver à notre secours. L'armée de Paris, secondée par la garde nationale, qui s'est courageusement battue et a perdu un grand nombre d'hommes, a tenté, le 19 janvier, une entreprise que tout le monde qualifiait d'acte de désespoir. Cette tentative, qui avait pour but de percer les lignes de l'ennemi, a échoué, comme aurait échoué toute tentative de l'ennemi pour percer les nôtres.

« Malgré l'ardeur de nos gardes nationaux, qui, ne consultant que leur courage, se déclaraient prêts à retourner au combat, il ne nous restait aucune chance de débloquer Paris, ou de l'abandonner en jetant l'armée au dehors et la transformant en armée de secours.

« Tous les généraux déclaraient que cette entreprise ne pouvait être essayée sans folie; que les ouvrages des Allemands, leur nombre, leur artillerie, rendaient leurs lignes infranchissables; que nous ne trouverions au delà, si par impossible nous leur passions sur le corps, qu'un désert de trente lieues; que nous y péririons de faim, car il ne fallait pas penser à emporter des vivres, puisque déjà nous étions à bout de ressources.

« Les divisionnaires furent consultés après les chefs d'armée, et répondirent comme eux. On appela, en présence des ministres et des maires de Paris, les colonels et les chefs de bataillon signalés pour les plus braves. Même réponse. On pouvait se faire tuer, mais on ne pouvait plus vaincre.

« A ce moment, quand on avait perdu tout espoir de secours et toute chance de succès, il nous restait du pain assuré pour huit jours et de la viande de cheval pour quinze jours, en abattant tous les chevaux. Avec les chemins de fer détruits, les routes effondrées, la Seine obstruée, ce n'était pas, tant s'en faut, la certitude d'aller jusqu'à l'heure du ravitaillement. Aujourd'hui même nous tremblons de voir cesser le pain et les autres provisions avant l'arrivée des premiers convois.

« Nous avons donc tenu au delà du possible, nous avons affronté la chance, qui nous menace encore, de soumettre aux horribles éventualités de la famine une population de deux millions d'âmes.

« Nous disons hautement que Paris a fait, absolument et sans réserve, tout ce qu'une ville assiégée pouvait faire. Nous rendons à la population, que l'armistice vient de sauver, ce témoignage qu'elle a été, jusqu'à la fin, d'un courage et d'une constance héroïques. La France, qui retrouve Paris après cinq mois, peut être fière de sa capitale.

« Nous avons cessé la résistance, rendu les forts, désarmé l'enceinte; notre garnison est prisonnière de guerre; nous payons une contribution de deux cents millions.

« Mais l'ennemi n'entre pas dans Paris; il reconnaît le principe de la souveraineté populaire; il laisse à notre garde nationale ses armes et son organisation; il laisse intacte une division de l'armée de Paris.

« Nos régiments gardent leurs drapeaux, nos officiers gardent leurs épées. Personne n'est emmené prisonnier hors de l'enceinte. Jamais place assiégée ne s'est rendue dans des conditions aussi honorables, et ces conditions sont obtenues quand le secours est impossible, et le pain épuisé.

« Enfin, l'armistice qui vient d'être conclu a pour effet immédiat la convocation, par le gouvernement de la République, d'une Assemblée qui décidera souverainement de la paix ou de la guerre.

« L'empire, sous ses diverses formes, offrait à l'ennemi de commencer des négociations. L'Assemblée arrivera à temps pour mettre à néant ses intrigues et pour sauvegarder le principe de la souveraineté nationale. La France seule décidera des destinées de la France. Il a fallu se hâter; le retard, dans l'état où nous sommes, était le plus grand péril. En huit jours, la France aura choisi ses mandataires. Qu'elle préfère les plus dévoués, les plus désintéressés, les plus intègres !

« Le grand intérêt pour nous, c'est de revivre et de panser les plaies saignantes de la patrie. Nous sommes convaincus que cette terre ensanglantée et ravagée produira des moissons et des hommes, et que la prospérité nous reviendra après tant d'épreuves, pourvu que nous sachions mettre à profit, sans aucun délai, le peu de jours que nous avons pour nous reconstituer et nous consulter.

« Le jour même de la réunion de l'Assemblée, le gouvernement déposera le pouvoir entre ses mains. Ce jour-là, la France, en se regardant, se retrouvera profondément malheureuse; mais, si elle se trouve aussi retrempée par le malheur et en pleine possession de son énergie et de sa souveraineté, elle sentira renaître sa foi dans la grandeur de son avenir. »

Le 4 février était vraiment néfaste, car les citoyens français se virent infliger en ce jour une seconde proclamation des gens *au cœur brisé,* qui ne savaient que filer des phrases et dont le manque d'énergie a fait tous nos malheurs. Bien qu'il soit un peu long, nous devons encore transcrire ce document qui fera certainement un jour les délices de l'histoire :

« Français,

« Paris a déposé les armes, à la veille de mourir de faim.

« On lui avait dit : Tenez quelques semaines, et nous vous délivrerons. Il a résisté cinq mois, et, malgré d'héroïques efforts, les départements n'ont pu le secourir.

« Il s'est résigné aux privations les plus cruelles. Il a accepté la ruine, la maladie, l'épuisement. Pendant un mois, les bombes l'ont accablé, tuant les femmes, les enfants. Depuis plus de six semaines, les quelques grammes de mauvais pain qu'on distribue à chaque habitant suffisent à peine à l'empêcher de mourir.

« Et quand, ainsi vaincue par la plus inexorable nécessité, la grande cité s'arrête pour ne pas condamner deux millions de citoyens à la plus horrible catastrophe ; quand, profitant de son reste de force, elle traite avec l'ennemi au lieu de subir une reddition à merci, au dehors on accuse le gouvernement de la défense nationale de coupable légèreté, on le dénonce, on le rejette.

« Que la France nous juge, nous et ceux qui nous

comblaient hier de témoignages d'amitié et de respect, et qui, aujourd'hui, nous insultent!

« Nous ne relèverions pas leurs attaques si le devoir ne nous commandait de tenir jusqu'à la dernière heure, d'une main ferme, le gouvernail que le peuple de Paris nous a confié au milieu de la tempête. Ce devoir, nous l'accomplirons.

« Lorsque, à la fin de janvier, nous nous sommes résignés à essayer de traiter, il était bien tard. Nous n'avions plus de farine que pour dix jours, et nous savions que la dévastation du pays rendait le ravitaillement tout à fait incertain. Ceux qui se lèvent aujourd'hui contre nous ne connaîtront jamais les angoisses qui nous agitaient.

« Il fallait cependant les cacher, aborder l'ennemi avec résolution, paraître encore prêts à combattre et munis de vivres.

« Ce que nous voulions, le voici :

« Avant tout, n'usurper aucun droit. A la France seule appartient celui de disposer d'elle-même. Nous avons voulu le lui réserver. Il a fallu de longues luttes pour obtenir la reconnaissance de sa souveraineté. Elle est le point le plus important de notre traité.

« Nous avons conservé à la garde nationale sa liberté et ses armes.

« Si, malgré nos efforts, nous n'avons pu soustraire l'armée et la garde mobile aux lois rigoureuses de la guerre, au moins les avons-nous sauvées de la captivité en Allemagne, et de l'internement dans un camp retranché, sous les fusils prussiens.

« On nous reproche de n'avoir pas consulté la délégation de Bordeaux! On oublie que nous étions enfermés dans un cercle de fer que nous ne pouvions briser.

« On oublie, d'ailleurs, que chaque jour rendait plus probable la terrible catastrophe de la famine, et, cependant, nous avons disputé le terrain pied à pied, pendant six jours, alors que la population de Paris ignorait et devait ignorer sa situation véritable, et que, entraînée par une généreuse ardeur, elle demandait à combattre.

« Nous avons donc cédé à une nécessité fatale.

« Nous avons, pour la convocation de l'Assemblée, stipulé un armistice, alors que les armées qui pouvaient nous venir en aide étaient refoulées loin de nous.

« Une seule tenait encore, nous le croyions du moins. La Prusse a exigé la reddition de Belfort. Nous l'avons refusée, et, par là même, pour protéger la place, nous avons, pour quelques jours, réservé la liberté d'action de son armée de secours. Mais, ce que nous ignorions, il était trop tard. Coupé en deux par les armées allemandes, Bourbaki, malgré son héroïsme, ne pouvait plus résister, et, après l'acte de généreux désespoir auquel il s'abandonnait, sa troupe était forcée de passer la frontière.

« La convention du 28 janvier n'a donc compromis aucun intérêt, et Paris seul a été sacrifié.

« Il ne murmure pas. Il rend hommage à la vaillance de ceux qui ont combattu loin de lui pour le secourir. Il n'accuse pas même celui qui est aujourd'hui si injuste et si téméraire, M. le ministre de la guerre, qui a arrêté le général Chanzy voulant marcher au secours de Paris, et lui a donné l'ordre de se retirer derrière la Mayenne.

« Non ! tout était inutile, et nous devions succomber. Mais notre honneur est debout, et nous ne souffrirons pas qu'on y touche.

« Nous avons appelé la France à élire librement une assemblée qui, dans cette crise suprême, fera connaître sa volonté.

« Nous ne reconnaissons à personne le droit de lui en imposer une, ni pour la paix ni pour la guerre.

« Une nation attaquée par un ennemi puissant lutte jusqu'à la dernière extrémité ; mais elle est toujours juge de l'heure à laquelle la résistance cesse d'être possible.

« C'est ce que dira le pays consulté sur son sort.

« Pour que son vœu s'impose à tous comme une loi respectée, il faut qu'il soit l'expression souveraine du libre suffrage de tous. Or, nous n'admettons pas qu'on puisse imposer à ce suffrage des restrictions arbitraires.

« Nous avons combattu l'empire et ses pratiques; nous n'entendons pas les recommencer en instituant des candidatures officielles par voie d'élimination.

« Que de grandes fautes aient été commises, que de lourdes responsabilités en dérivent, rien n'est plus vrai; mais le malheur de la patrie efface tout sous son niveau; et, d'ailleurs, en nous rabaissant au rôle d'hommes de parti pour proscrire nos anciens adversaires, nous aurions la douleur et la honte de frapper ceux qui combattent et versent leur sang à nos côtés.

« Se souvenir des dissensions passées quand l'ennemi foule notre sol ensanglanté, c'est rapetisser par ses rancunes la grande œuvre de la délivrance de la patrie. Nous mettons les principes au-dessus de ces expédients.

« Nous ne voulons pas que le premier décret de convocation de l'Assemblée républicaine, en 1871, soit un acte de défiance contre les électeurs.

« A eux appartient la souveraineté ; qu'ils l'exercent sans faiblesse, et la patrie pourra être sauvée.

« Le gouvernement de la défense nationale repousse donc et annule, au besoin, le décret illégalement rendu par la délégation de Bordeaux, et il appelle tous les Français à voter, sans catégories, pour les représentants qui leur paraîtront les plus dignes de défendre la France.

« Vive la République! Vive la France! »

Pendant que les murs de Paris se tapissaient de cette prose, M. Gambetta se retirait doucement de la scène politique. — « Ma conscience, écrivait-il le 6 février, me
« fait un devoir de résigner mes fonctions de membre
« d'un gouvernement avec lequel je ne suis plus en com-
« munication d'idées ni d'espérance. »

Et le dictateur de Bordeaux s'en était allé.

Il avait eu beaucoup de fatigues depuis son voyage du 7 octobre, à bord du ballon l'*Armand Barbès*. Il s'était donné bien du mal à préparer nos défaites, et des travaux insensés avaient surmené sa jeunesse. Le besoin du repos se faisait vivement sentir.... en attendant des événements qui permissent de ressaisir le pouvoir.

Ses amis comptaient beaucoup sur le résultat des élections du 8 février ; mais, à leur grand désappointement, il n'y eut guère que Paris et les grandes villes qui acceptèrent les hommes de leur choix. Paris, la cité intelligente, avait bien écrit sur ses murs : « *Plus d'avocats! plus d'avocats!* » Elle avait bien éliminé, parmi les trois ou quatre cents candidats qui se présentaient, les personnages excentriques, tels que le gymnasiarque Paz et Marinoni, l'homme au portrait, et ce capitaine de la garde nationale émettant le vœu que les hommes de sa compagnie touchassent indéfiniment trente sous par jour, jusqu'à la consommation des siècles. Mais Paris, la ville folle, était alors en carnaval, et ses aspirations joyeuses consacrèrent les élus que l'on sait. En tête de liste émergea M. Louis Blanc, le metteur en scène de la république de droit divin, d'une république *au-dessus du suffrage universel.* L'élite de la troupe se composa de M. Victor Hugo, de MM. Garibaldi, Gambetta, Rochefort, Delescluze, Pyat, Lockroy, Floquet, Millière, Tolain, Malon. Ce fut une immense plaisanterie, de sinistre augure. Par l'effet naturel de ce principe métaphysique qui veut partout le contact des extrêmes, la province vint à tirer de l'urne des noms qui formèrent une singulière antithèse avec ceux des élus de Paris. On pouvait, dès ors, espérer une heureuse pondération d'idées et de sentiments, une utile résultante d'efforts exercés en sens contraires. Rêves trompeurs! on comptait sans les gens qui jadis ont inventé le suffrage universel, et l'ont défendu vingt ans comme une vieille arche sainte; mais qui ne veulent plus se soumettre à ses lois dès que la majorité leur échappe. Ces honnêtes républicains s'empressent alors d'insulter les hommes de bonne foi qui, subissant ledit mode de suffrage, tiennent à en respecter les résultats, quelque bizarres qu'ils soient. Puis.... ils prêchent sourdement ou, mieux encore, ouvertement la révolte, en réservant expressément la dénomination de *patriotes* aux déclassés qu'ils embauchent pour le succès de leurs entreprises insurrectionnelles.

L'événement devait fatalement se produire en 1871. L'assemblée nationale venait de se réunir à Bordeaux le 12 février et, dès ses premières séances, elle s'entendit outrager par le public des tribunes. Les députés de province furent, on se le rappelle, flagellés du nom de *ruraux*... c'était la déclaration de guerre du parti dit *socialiste*.

A la même époque, la police saisit à Paris dix mille bombes Orsini, et quelques milliers d'appareils d'un modèle analogue, chargés de fulminate de mercure. Les pillages recommencèrent sur tous les points avec une extrême intensité, et les citoyens prolétaires exercèrent le droit de visite des propriétés avec l'ardeur qu'ils avaient mise, le 29 janvier, à piller les Halles centrales et les chantiers de gabionnage de l'avenue d'Orléans. De violents murmures éclatèrent dans les rangs de la garde nationale quand les décrets des 15 et 18 février essayèrent de réglementer sa solde; surtout, quand un ordre de l'état-major général lui prescrivit la réintégration de ses objets de campement dans les magasins de l'État. Les caricaturistes de bas étage qui, depuis quinze jours, crayonnaient ignoblement le général Trochu, le délaissèrent subitement pour charger la personne de M. Thiers, nommé chef du pouvoir exécutif par un vote de l'Assemblée nationale du 18 février. Une presse sans nom, la presse du ruisseau, se mit à éclabousser les passants inoffensifs, et *le Cri du peuple,* d'un nommé Vallès, fit, sans détour, appel aux instincts sauvages que le cœur parisien nourrit toujours à l'état latent. Enfin, à l'occasion de l'anniversaire du 24 février, les assassinats commencèrent. Nous empruntons au *Journal des Débats* ce récit des événements de la journée du 26 :

Depuis vendredi, des manifestations ayant pour but de célébrer l'anniversaire de la révolution du 24 février 1848 ont lieu place de la Bastille; mais, jusqu'ici, l'affluence n'avait pas été aussi considérable que celle que nous avons constatée pendant toute la journée d'aujourd'hui, dimanche, au pied de la colonne de Juillet.

Depuis dix heures du matin jusqu'à six heures du soir, on n'a pas cessé de voir défiler les détachements de gardes nationaux, accompagnés de leurs officiers, précédés, les uns, de la musique du bataillon; les autres, des tambours ou des clairons.

Vers midi, les quatre faces de la base de la colonne commencent à se garnir de couronnes d'immortelles disposées en croix, de fanions et de drapeaux. A chacun des mascarons qui se trouvent sur les bandeaux du fût, et qui servent à donner du jour dans l'escalier, on voit des couronnes suspendues.

Sur la plate-forme du chapiteau, les grilles du pourtour sont complétement garnies de drapeaux ornés d'un crêpe. Une couronne a été passée dans le bras droit du génie de la liberté; une autre, entourée d'un long crêpe noir flottant au gré du vent, est posée sur la tête du génie.

Nous voyons défiler successivement des détachements des 209°, 93°, 60°, 56° et 211° bataillons de la garde nationale. Personne n'était armé. Quelques officiers seuls portaient leurs sabres.

Pour tous les bataillons, la manifestation s'accomplit absolument de la même manière : les délégués, précédés des tambours et des clairons, ou des musiques, et accompagnés des officiers et des drapeaux, pénètrent par la porte faisant face à la rue Saint-Antoine; ils défilent autour de la colonne, à l'intérieur des grilles, et arrivent sur le pourtour du socle en marbre, en gravissant des échelles de gazier. Des commissaires, portant sur la poitrine, en guise de signe distinctif, une cocarde rouge, prennent les couronnes et les drapeaux sur lesquels sont inscrits les numéros des compagnies et du bataillon qui viennent participer à la manifestation.

Lorsque les couronnes et les drapeaux sont fixés à

l'endroit indiqué, le commandant du détachement se découvre; on bat aux champs, la musique, — quand celle-ci accompagne le détachement, — exécute un air patriotique, et les cris de : *Vive la République!* sont répétés de toutes parts. Parfois il arrive que l'un des officiers prononce ou lit un petit *speech*, qui a généralement pour objet de déclarer « que le peuple de Paris, par respect pour la mémoire des illustres victimes qui ont succombé en défendant la liberté, entend défendre la République jusqu'à la mort! »

Chacun redescend par l'une des deux échelles qui servent à monter sur le socle, puis on se range sur la place et l'on regagne son quartier en bon ordre.

A notre arrivée, un officier du 134ᵉ bataillon exalte « la république universelle, qui seule doit régénérer le monde. » Un officier du 56ᵉ bataillon traite en deux mots le même sujet.

Après lui, un officier du 238ᵉ bataillon prononce une allocution qui obtient un certain succès dans la foule : « Les exploiteurs du monopole, dit-il, semblent croire que le peuple est toujours en tutelle. Ils paraissent oublier qu'il s'est quelquefois réveillé subitement, et qu'il a su faire acte de majorité quand il s'est affirmé en 93, en 1830, en 1848, ainsi qu'en 1870. »

Il termine son discours en déclarant que le peuple de Paris « veut lutter à outrance, au nom de la République, afin de n'être pas Prussien. »

A ce moment, un individu, coiffé d'un képi à bande

rouge, assez semblable à ceux que portent les gardiens de la paix mobilisés, et vêtu d'une capote grise dont chaque manche est ornée de deux galons d'or, insignes du grade de sergent-major, apparaît au dedans de la grille et attire l'attention de l'officier du 238ᵉ bataillon ; on chuchote en se le désignant. Quelques gardes nationaux se dirigent vers lui et l'interpellent assez vivement sur le motif de sa présence. Immédiatement les cris : « C'est un mouchard! c'est encore un agent de Piétri! enlevez-le donc! » se font entendre.

A la suite d'un court colloque, pendant lequel on parvient difficilement à faire taire ceux qui accusent le sergent-major d'être un agent de police, celui-ci demande la parole. Le silence s'établit ; l'orateur se découvre et explique « qu'il est arrivé hier soir des départements. Il pourrait presque se dire délégué des départements, car il a beaucoup vu et sait beaucoup de nouvelles ; en outre, par les renseignements qui lui sont parvenus de tous les côtés, car il connaît énormément de monde..... » Ce début paraît étonner la foule. L'orateur s'en aperçoit et s'écrie : « Ce que je vous dis ne doit pas étonner les personnes qui me connaissent ; elles ne vous étonneront pas davantage quand j'aurai fait connaître mon nom. Je m'appelle Budaille. »

L'orateur est immédiatement l'objet d'une démonstration sympathique de la part de ceux qui, un instant auparavant, le traitaient de mouchard. Quant à son discours, il peut se résumer ainsi : « Si Gambetta n'a pas réussi, si nos troupes n'ont pas été victorieuses en province et à Paris, si l'ennemi n'a pas été repoussé, et si la capitale n'a pas été débloquée, c'est parce que le gouvernement de la défense nationale a trahi. »

Le citoyen Budaille annonce qu'il a les mains pleines de preuves à l'appui de son assertion; il les produira « une autre fois et autre part qu'à cette tribune en plein air, parce qu'il n'a pas assez de temps pour le faire ».

A cet instant, des clameurs, des vociférations sinistres, partant du côté de la rue Saint-Antoine, viennent faire diversion. Nous voyons un groupe composé de 2 à 300 personnes conduire ou plutôt traîner un individu assez bien vêtu, ayant la tête nue, et que tiennent au collet deux chasseurs à pied. Cent voix crient à la fois : « A l'eau! à l'eau! c'est un roussin! c'est un mouchard de Piétri! » D'autres crient : « Ah! ils se figurent qu'ils vont recommencer leurs jeux de casse-tête! pas de pitié! il faut faire un exemple qui nous débarrasse des mouchards! »

S'il faut en croire les on-dit de la foule, cet individu avait été vu, un crayon à la main, prenant note des numéros des bataillons arrivant sur la place. Interpellé à ce sujet par des chasseurs à pied, il aurait répondu que cela ne les regardait pas. Ceux-ci l'auraient appelé mouchard, et il aurait frappé un des militaires avec un casse-tête. On se serait jeté sur lui, on l'aurait fouillé et on aurait alors trouvé dans les poches de son paletot un revolver, ainsi que des papiers émanant de la préfecture et indiquant qu'il appartenait à la police. Cette découverte aurait excité une colère qui n'avait pas tardé à dégénérer en une exaspération furieuse, qu'il devenait extrêmement difficile de calmer.

Le malheureux fut traîné du côté du canal, et l'arrêt de la foule allait être exécuté sans miséricorde, lorsque des citoyens plus calmes eurent la bonne pensée de pousser la foule devant le poste, où pénétrèrent l'individu arrêté et quelques-uns de ceux qui le conduisaient. L'officier qui commandait la compagnie de garde nationale de service (94ᵉ bataillon) fit fermer les grilles.

Les deux quais se garnissaient de milliers de curieux. Un millier d'autres stationnaient devant le poste, et réclamaient le prisonnier ou l'exécution de la sinistre sentence. L'officier monta sur la grille et expliqua à la foule que son devoir était de garder le prisonnier, afin de le faire envoyer à la préfecture ; il engageait donc le public à se calmer. On ne tint aucun compte de ses exhortations. On cria : « C'est cela, ils vont le faire échapper ! Qu'on nous le rende ! »

Des chasseurs à pied escaladèrent la grille et s'introduisirent dans le poste, d'autres citoyens en firent autant. Le poste ne tarda pas à être envahi, et on reprit le prisonnier, que l'on put encore sauver en l'entraînant de l'autre côté de la place, près de la rue de la Roquette. Mais les furieux, s'excitant les uns les autres, n'étaient point satisfaits ; ils poussaient les cris de : « Tapez dessus ! il faut l'assommer ! Ne le laissez donc pas aller par là ! Il faut le noyer ! »

Pendant ce temps, les coups de poing et les coups de pied pleuvaient sur le prisonnier, qui était plus mort que vif, et dont l'attitude aurait cependant dû exciter la commisération de ceux qui le maltraitaient.

Chose inouïe! à cette heure-là, une heure, il pouvait y avoir sur la place de la Bastille environ vingt mille personnes. Les forcenés qui réclamaient la mort de la victime n'étaient pas plus de quatre ou cinq cents, et encore y avait-il parmi eux deux cents gamins. Eh bien! cette minorité l'a emporté. On a repoussé le prisonnier vers le boulevard Bourdon. Là, il a supplié qu'on lui permît de se brûler la cervelle. Les chasseurs à pied, qui n'avaient pas cessé de le tenir au collet, le firent monter sur un banc un peu plus loin que le bâtiment du grenier d'abondance, et posèrent à la foule cette question : « Voulez-vous permettre au prisonnier de se brûler la cervelle avec son revolver? — Non, non! répondirent deux cents voix éraillées, à l'eau, à l'eau! il n'aurait qu'à tirer sur quelqu'un! ne lui rendez pas son revolver! »

Le cortége s'avança par le quai Henri IV. La rage des forcenés avait redoublé. Ils poussèrent la cruauté jusqu'à prévoir le cas où la victime pourrait savoir nager et, par suite, échapper à la mort. Ils prirent la précaution, sur la berge, de garrotter leur prisonnier et de lui attacher solidement les bras et les jambes. On le porta comme un véritable paquet en passant sur les péniches amarrées à cet endroit, et on le lança à une assez grande distance dans la Seine.

Nous ne saurions trop le répéter, un pareil acte a pu être commis impunément en présence de plusieurs milliers de spectateurs, qui se bornaient à assister paisiblement à toutes les péripéties de ce drame émouvant.

Le courant n'a pas tardé à entraîner le corps du malheureux. Des misérables, poussant la férocité jusqu'à ses dernières limites, lui jetaient des pierres et s'armaient de bâtons pour repousser le corps que le courant ramenait près des bateaux.

A plusieurs reprises, les pilotes de deux bateaux-mouches se sont approchés de façon à pouvoir jeter la bouée de sauvetage, mais chaque fois on leur criait de se retirer. Et, comme ils ne tenaient pas compte de ces cris, on leur adressait des menaces violentes. Ne paraissant pas bien comprendre ce qui se passait, ils ont fini par s'éloigner.

La victime de ce crime odieux a été entraînée sous l'estacade qui existe à la pointe de l'île Saint-Louis, où elle a disparu. Les recherches qui ont été faites ensuite pour retrouver le corps sont restées infructueuses.

Ces horribles scènes n'ont pas duré moins de deux heures.

Sur le quai Henri IV, deux personnes ayant hautement blâmé ce qui venait de se passer, sont huées et poursuivies par une bande de gamins. Ce n'est pas sans peine que ces honorables citoyens parviennent à échapper aux cris de : « A l'eau, à l'eau ! c'est un mouchard ! »

proférés contre eux. Rue du Petit-Musc et rue Beautreillis, on poursuit d'autres individus que l'on accuse encore d'appartenir à la police ; presque au même moment, un fait semblable se produisait boulevard Beaumarchais.

Nous revenons place de la Bastille, et nous voyons successivement défiler les détachements des 74e, 164e, 77e, 219e bataillons, la 7e compagnie du 183e, qui est précédée d'un fanion vert, au milieu duquel figure le bonnet rouge phrygien, avec une cocarde tricolore ; le 133e, précédé d'un drapeau noir sur lequel sont inscrits ces mots : « La république ou la mort ! » Ce drapeau est hissé à la grille du chapiteau, à côté d'un autre également noir, appartenant à un bataillon dont nous ignorons le numéro, et qui porte cette inscription : « Libre pensée. — Deuil politique! »

Viennent successivement des détachements du 102e, du 5e bataillon de guerre ; des 57e, 19e, 207e, 65e, 191e, 27e, 160e, 118e, 170e, 182e ; la loge de *l'Alliance,* du rite écossais ; des gardes mobiles du 5e bataillon de la Seine, des zouaves, des francs-tireurs, douze soldats du 4e bataillon du 20e de ligne ; des gardes nationaux du 14e arrondissement (Montrouge), des détachements des 64e, 52e, 158e, 190e, 114e, 86e, 144e.

Vers cinq heures, on attache au bras droit du génie de la liberté un drapeau rouge qui vient d'être apporté par des gardes nationaux.

La foule qui envahit la place, l'entrée du faubourg Saint-Antoine, la rue Saint-Antoine et les boulevards, augmente à tel point que la circulation des voitures devient extrêmement difficile. Les chevaux sont forcés d'aller au pas; malgré cette affluence, nous trouvons la rue de Rivoli remplie de monde se dirigeant vers la colonne de la Bastille.

Les cafés, les marchands de vins et les marchands de fleurs d'immortelles sont les seuls qui n'aient pas lieu de se plaindre de la journée.

Tel est le récit du *Journal des Débats*.

Ce même jour, 26 février, des officiers de zouaves, passant place de la Bastille sans saluer la colonne, étaient arrêtés par la foule, maltraités et laissés pour morts.

Ainsi, dès cette époque, sous prétexte de patriotisme et de républicanisme à outrance, les Parisiens en étaient à l'assassinat!.... Ils n'avaient plus rien à envier aux scélérats de la Dordogne qui, le 16 août précédent, avaient brûlé vif, à Hautefaye, le jeune M. de Moneis, convaincu de professer des opinions politiques qui déplaisaient au *peuple*.

La nuit du 26 au 27 fut extrêmement agitée, et, le 27 au matin, le général commandant la garde nationale et l'armée de Paris faisait afficher cet ordre du jour qui n'a besoin d'aucun commentaire :

« Le rappel a été, cette nuit, battu sans ordres.

« Quelques bataillons, la plupart trompés, ont pris les armes et ont servi, à leur insu, de coupables desseins.

« Il n'en est pas moins constant que l'immense majorité de la garde nationale résiste à ces excitations, et qu'elle a compris les devoirs imposés en ce moment à tout bon citoyen, à tout Français digne de ce nom.

« Le gouvernement lui confie donc sans hésitation la garde de la cité; il compte sur son dévouement, sur son intelligence, pour maintenir, dans ses quartiers, un ordre scrupuleux dont elle comprend plus que jamais la nécessité. La moindre agitation peut fournir des prétextes et amener d'irréparables malheurs. La garde nationale aidera ainsi la ville de Paris à traverser une crise douloureuse et elle la préservera de périls que le calme et la dignité peuvent seuls conjurer. Les auteurs des désordres seront recherchés activement et mis dans l'impuissance de nuire.

« Le gouvernement s'est adressé à la population tout entière et il lui a fait connaître la situation générale.

« Le général commandant supérieur fait appel à la garde nationale, et, au nom des intérêts les plus sacrés de Paris et de la France, il attend d'elle un concours actif, dévoué et patriotique. »

Malgré cet appel pressant et digne, l'affluence ne fut pas moins grande que les jours précédents sur la place de la Bastille. Plus que jamais, les couronnes jaunes et les drapeaux rouges pavoisèrent cette colonne de Juillet, dont la disparition serait moins regrettable que la chute du fût de la colonne Vendôme. Les discours les plus incendiaires sortirent de la bouche des énergumènes de la rue, et la foule y applaudit avec frénésie. C'était l'aurore d'une révolution nouvelle.... et les chefs du parti socialiste se promettaient, cette fois, de travailler Paris jusqu'à la mort. Les circonstances favorisaient singulièrement leurs projets, car, ce même jour, 27 février, le gouvernement adressait aux Parisiens la proclamation qui suit :

« Le gouvernement fait appel à votre patriotisme et à votre sagesse ; vous avez dans les mains le sort de Paris et de la France elle-même. Il dépend de vous de les sauver ou de les perdre.

« Après une résistance héroïque, la faim vous a contraints de livrer vos forts à l'ennemi victorieux ; les armées qui pouvaient venir à votre secours ont été rejetées derrière la Loire. Ces faits incontestables ont obligé le gouvernement et l'Assemblée nationale à ouvrir des négociations de paix.

« Pendant six jours, vos négociateurs ont disputé le terrain pied à pied ; ils ont fait tout ce qui était humainement possible pour obtenir les conditions les moins dommageables. Ils ont signé des préliminaires de paix qui vont être soumis à l'Assemblée nationale.

« Pendant le temps nécessaire à l'examen et à la discussion de ces préliminaires, les hostilités auraient recommencé et le sang aurait inutilement coulé sans une prolongation d'armistice.

« Cette prolongation n'a pu être obtenue qu'à la condition d'une occupation partielle, et très-momentanée, d'un quartier de Paris. Cette occupation sera limitée au quartier des Champs-Élysées. Il ne pourra entrer dans Paris que trente mille hommes, et ils devront se retirer dès que les préliminaires de paix auront été ratifiés, ce qui ne peut exiger qu'un petit nombre de jours.

« Si cette convention n'était pas respectée, l'armistice serait rompu : l'ennemi, déjà maître des forts, occuperait de vive force la cité tout entière ; vos propriétés, vos chefs-d'œuvre, vos monuments, garantis aujourd'hui par la convention, cesseraient de l'être.

« Ce malheur atteindrait toute la France. Les affreux ravages de la guerre, qui n'ont pas encore dépassé la Loire, s'étendraient jusqu'aux Pyrénées.

« Il est donc absolument vrai de dire qu'il s'agit du salut de Paris et de la France. N'imitez pas la faute de ceux qui n'ont pas voulu nous croire, lorsque, il y a huit mois, nous les adjurions de ne pas entreprendre une guerre qui devait être si funeste.

« L'armée française, qui a défendu Paris avec tant de courage, occupera la gauche de la Seine pour assurer la loyale exécution du nouvel armistice. C'est à la garde nationale de s'unir à elle pour maintenir l'ordre dans le reste de la cité.

« Que tous les bons citoyens qui se sont honorés à sa tête, et se sont montrés si braves devant l'ennemi, reprennent leur ascendant, et cette cruelle situation d'aujourd'hui se terminera par la paix et le retour de la prospérité publique. »

Et les chefs socialistes, toujours prêts à tirer bon parti des résultats dus aux talents diplomatiques de M. Favre, pensèrent que, grâce à cet habile négociateur, ils allaient pouvoir jouer les victimes.... les victimes animées d'un esprit d'indignation patriotique!... et, en conséquence de ce saint courroux, agiter leurs bandes armées. Les Prussiens entrer dans Paris!.... jamais le peuple ne le souffrirait. Et le peuple tapait sur les fusils, et il caressait les canons qu'il ne voulait pas laisser tomber aux mains des soldats de l'empereur Guillaume. Et l'agence prussienne de Paris collaborait, comme par un accord tacite, avec les socialistes et les gens de *l'Internationale*. Elle jetait des flots d'huile sur un brasier déjà rouge et incandescent. M. de Bismarck niera sans doute toute participation aux préludes d'une guerre civile qu'il lui importait tant de faire naître. Soit! il est sans doute trop galant homme pour se commettre avec la *populace* de Paris. Qu'il veuille donc bien nous faire connaître pourquoi, lorsque nous avons combattu l'insurrection, les Prussiens nous ont empêché de compléter en temps utile nos opérations d'investissement.

La soirée du 27 laissa percer des symptômes non équivoques des dispositions hostiles de la garde nationale, et de l'état d'insubordination dans lequel elle entendait se maintenir. L'amiral commandant supérieur du 3ᵉ secteur ayant demandé à quelques chefs de bataillon s'il pouvait compter sur eux : « *Nous relevons du*
« *comité central, répondirent-ils, et nous avons pris l'enga-*

« *gement de n'agir que d'après ses instructions.* » L'amiral, comprenant les dangers d'une telle situation, fit rentrer dans l'intérieur de Paris ses troupes désarmées en vertu des clauses de l'armistice; et les Bellevillois en profitèrent pour piller les magasins à poudre qu'on avait eu l'imprudence de confier à leur garde.

La journée du 28 février fut témoin d'une agitation tout aussi inquiétante que celle de la veille. Une troupe de Bellevillois, précédée de clairons et de tambours, se dirigea vers la caserne de la Pépinière pour inviter les marins à prendre part à une manifestation dite *patriotique*, qu'on avait projetée pour la nuit. Voici comment le *Journal officiel* rendit compte de l'échec de cette nouvelle tentative, assez adroitement machinée par les délégués du peuple :

« Vivement attaquées, les portes cédèrent, et la foule entra dans la cour, où déjà les marins avaient pu être mis en rangs par les soins de leurs officiers. Toutes les tentatives faites pour les entraîner restèrent impuissantes jusqu'au moment où leur commandant, voyant les chambres et les magasins aux vivres envahis, crut devoir permettre aux bataillons qui n'étaient pas de service de sortir de la caserne.

« Animés d'abord par l'idée d'empêcher les Prussiens d'entrer dans Paris, un certain nombre de matelots se mêlèrent à la foule qui se dirigeait, en suivant les boulevards, vers la place de la Bastille; mais bientôt, comprenant ce qu'on espérait d'eux, la plupart se séparèrent volontairement des agitateurs. Quelques amiraux qui les rencontrèrent leur signalèrent le danger de pareilles manifestations, et cet énergique appel fut entendu.

« Trente matelots environ arrivèrent jusqu'à la place de la Bastille et furent, tout d'abord, invités à prendre part à un banquet en plein air : mais, comprenant enfin qu'on cherchait à les embaucher pour le désordre, ils se retirèrent peu à peu et rentrèrent à leur caserne ; ce matin, il ne manquait que huit hommes à l'appel.

« Quant aux marins casernés, au nombre de six mille, à l'École militaire, aucun d'eux ne s'est absenté. »

Ce même jour, 28, vit s'affirmer au grand jour l'influence d'une société secrète qui avait béatement adopté le nom de *Comité central de la garde nationale*. Elle donnait à la population des ordres encore timides, mais des ordres !.. Nous reproduirons l'affiche de ce pouvoir nouveau, qui déjà battait en brèche l'autorité régulièrement constituée.

« COMITÉ CENTRAL DE LA GARDE NATIONALE.

« Citoyens,

« Le sentiment général de la population paraît être de ne pas s'opposer à l'entrée des Prussiens dans Paris. Le Comité central, qui avait émis un avis contraire, déclare qu'il se rallie à la résolution suivante :

« Il sera établi, tout autour des quartiers que doit occuper l'ennemi, une série de barricades propres à isoler complétement cette partie de la ville. Les habitants de la région circonscrite dans ces limites devront l'évacuer immédiatement.

« La garde nationale, de concert avec l'armée formée en cordon tout autour, veillera à ce que l'ennemi, ainsi isolé sur un sol qui ne sera plus notre ville, ne puisse, en aucune façon, communiquer avec les parties retranchées de Paris.

« Le Comité central engage donc toute la garde nationale à prêter son concours à l'exécution des mesures nécessaires pour arriver à ce but et éviter toute agression qui serait le renversement immédiat de la République. »

Une autre affiche, anonyme et manuscrite, donnait d'ailleurs des indications précises touchant l'état d'avancement de l'organisation des bandes qui devaient, moins de vingt jours après, se ruer en sauvages sur le pauvre Paris. Ce factum était curieux, et nous en avons alors pris copie sur les murs :

« Une convention a permis aux Prussiens d'occuper les Champs-Élysées, de la Seine au faubourg Saint-Honoré jusqu'à la place de la Concorde.

« Soit ! plus grande sera l'injure, plus terrible sera la vengeance.

« Cependant, si quelque pandour ose sortir du périmètre de notre honte, qu'il soit aussitôt déclaré traitre; qu'il devienne à l'instant cible pour nos balles, mèche pour notre pétrole, but pour nos *orsiniennes*, gaîne pour nos poignards!

« Qu'on se le dise!

« Par décision des Horaces,

« Le scribe : Populus. »

Le lendemain, 1ᵉʳ mars, fut vraiment un jour de deuil public, et l'attitude de Paris put un instant faire espérer que les nuages sombres allaient enfin disparaître de son horizon. C'était le jour où, conformément aux stipulations des préliminaires de paix, l'armée prussienne devait faire son entrée. Dès le matin, les édifices publics (la Bourse elle-même), les magasins, les cafés, les boutiques, tout fut fermé, sur les quais, sur les boulevards, dans les rues des quartiers les plus reculés. Partout des drapeaux tricolores au crêpe noir, ou des drapeaux noirs aux fenêtres; d'autres crêpes noirs au chapeau des passants; des voiles noirs au visage des statues de la place de la Concorde!.. Un journal annonçait que, suivant la décision prise par toute la presse, il ne paraîtrait plus durant l'occupation prussienne, et terminait ainsi son article sur l'aspect de Paris :

« Paris a volontairement suspendu sa vie. Il sent la responsabilité qui pèse sur lui en ces jours douloureux. Il comprend qu'il dépend de lui de ne pas ajouter aux malheurs qui accablent la patrie des malheurs plus terribles et peut-être irréparables; il comprend qu'il se doit à lui-même et à tous ceux qui, dans le monde entier, lui ont témoigné et lui témoignent tous les jours tant de respect et de si touchantes sympathies, de supporter avec une dignité fière cette nouvelle épreuve; il comprend enfin qu'après ces derniers mois, où il a été héroïque devant le danger, devant la faim, devant les misères de toutes sortes, il lui restait à se montrer capable d'un courage plus difficile encore : Paris est calme. »

Les Prussiens devaient entrer à dix heures du matin; à neuf heures et demie, ils se répandaient déjà dans les Champs-Élysées, et, à trois heures, on les vit déboucher, musique en tête, sur la place de la Concorde. Cette musique barbare chatouilla désagréablement les oreilles des Parisiens, qui, jusqu'alors, étaient demeurés silencieux. De violents coups de sifflets et des huées prolongées accompagnèrent jusqu'au soir les indécents concerts d'un plat vainqueur.

Ce soir du 1er mars, à sept heures et demie, un télégramme de Bordeaux nous annonça que l'assemblée nationale venait, à la majorité de 546 voix contre 107, de ratifier les préliminaires de paix. L'occupation prussienne ne devait donc pas être de longue durée. Le lendemain 2 mars, à six heures du matin, le ministre des affaires étrangères partait pour Versailles, et l'échange des ratifications avait lieu. Le soir, à neuf heures, tout était réglé entre les généraux français et allemands pour l'évacuation des troupes du roi Guillaume.

La journée du 2 fut monotone pour les Prussiens. Parqués sur la place de la Concorde, ils y tournoyaient comme des bêtes fauves, et considéraient, d'un œil ennuyé, la statue de Strasbourg, trop honorée de quatre factionnaires bavarois. Pour opérer une distraction, leur musique reprit son tapage de la veille et ne fit que soulever, dans la rue Royale, des tempêtes de sifflets. Les officiers qui chevauchèrent au jardin des Tuileries se firent huer par une foule menaçante; ceux qui tentèrent de visiter le Louvre eurent un désappointement complet. Jamais l'armée prussienne ne pardonnera à M. de Bismarck de ne lui avoir offert que ce triste aperçu de Paris.

Le 3 mars, la proclamation suivante était adressée aux habitants :

« L'armée allemande a évacué ce matin à 11 heures les quartiers où elle avait pénétré. Pendant son séjour, la tenue de Paris a été au-dessus de tout éloge ; partout, les lieux publics, les établissements industriels, les magasins des commerçants se sont fermés spontanément.

« Des cordons de ligne et de garde nationale, soigneusement disposés, ont formé, entre les troupes allemandes et la population, des frontières provisoires qu'ils ont fait respecter.

« Les occupants, laissés à eux-mêmes, ont pu comprendre que, si le droit succombe parfois devant la force, il n'est pas si facile de dompter les âmes, et que la fortune de la guerre ne domine pas seule le monde.

« Nous devons un juste tribut de reconnaissance aux habitants des arrondissements qui ont supporté la présence de l'étranger; ils ont racheté leurs concitoyens, préservé la cité de malheurs imminents et conservé Belfort à la France.

« Les municipalités du VIIIe, du XVIe et du XVIIe arrondissement ont fait leur devoir avec autant de zèle que d'abnégation. Paris n'aura jamais assez de respect pour ces magistrats dévoués qu'il trouve auprès de lui à toutes les heures de danger et de douleur.

« Le gouvernement de la République les remercie ; il comptera toujours sur eux, comme il compte sur la population, pour faire que Paris reste l'une des premières villes du monde. »

Toutes les causes de désordre semblaient donc devoir disparaître ; mais le départ précipité des Prussiens ne faisait l'affaire ni de la secte socialiste, ni des Prussiens eux-mêmes, surtout des officiers, furieux de n'avoir fait à Paris qu'une apparition dérisoire.

III.

L'INSURRECTION.

III.

L'INSURRECTION.

L'insurrection de 1871 était le fruit d'une vaste conspiration, élaborée de longue main à la faveur de six mois de guerre. Préparée et mùrie jusque dans les moindres détails d'exécution, ses proportions ont dépassé celles de toutes les crises analogues dont nous savons l'histoire. Elle nous offre, d'ailleurs, un caractère à part. Ce n'est pas une simple émeute parisienne, mais un grand mouvement social, organisé par l'armée permanente de la Révolution cosmopolite. L'*Internationale,* le *Garibaldisme,* le *Mazzinisme,* le *Fenianisme* se sont donné rendez-vous à Paris, et l'on compte, dans cette immense tourbe d'insurgés, des Américains, des Italiens, des Polonais, des Allemands. On y voit aussi des Belges, et 8,080 Anglais ou Irlandais, ainsi que le constate M. de Bismarck en son discours au parlement du 2 mai 1871, et M. de Bismarck doit le savoir. L'Américain Cluseret, le Prussien Frankel, le Russe Dombrowski, le Lithuanien Brunswick, l'Italien Romanelli, le Polonais Okolowitz, le Belge Spillthorn; et la Cecilia, et Wroblewski, et Wenzel, Hertzfeld, Rozycski, Syneck, Prolowitz, et cent autres illustres épées venues de tous les coins des deux mondes; tels sont les ardents coopérateurs des Flourens, des Eudes, des Henry, des Duval et *tutti quanti*, tous gens de guerre de l'école française, démocratique et sociale.

Cette armée, étrange et sinistre, relève d'un chef suprême, personnage muet, qui demeure dans l'ombre, et elle obéit ostensiblement aux Pyat, aux Delescluze, aux Rochefort, hommes politiques qui, n'étant pas *généraux*, ne se battent jamais.

Aux premiers jours de mars, tout est préparé pour une explosion prochaine, et, malgré le départ des Prussiens, le parti socialiste veut qu'elle se produise. Pour ce faire, il faut que Paris soit agité quand même.... et l'agitation continue. Aussi voit-on, dès la soirée du 3, afficher cette note du ministère de l'intérieur :

« Les faits les plus regrettables se sont produits depuis quelques jours et menacent gravement la paix de la cité. Des gardes nationaux en armes, obéissant, non à leurs chefs légitimes, mais à un comité central anonyme, qui ne peut leur donner aucun ordre sans commettre un crime sévèrement puni par les lois, se sont emparés d'un grand nombre d'armes et de munitions de guerre, sous prétexte de les soustraire à l'ennemi dont ils redoutaient l'invasion. Il semblait que de pareils actes dussent cesser après la retraite de l'armée prussienne. Il n'en a rien été : ce soir le poste des Gobelins a été forcé et des cartouches ont été pillées.

« Ceux qui provoquent ces désordres assument sur eux une terrible responsabilité ; c'est au moment où la ville de Paris, délivrée du contact de l'étranger, aspire à reprendre ses habitudes de calme et de travail, qu'ils sèment le trouble et préparent la guerre civile. Le gouvernement fait appel aux bons citoyens pour étouffer dans leurs germes ces coupables manifestations.

« Que tous ceux qui ont à cœur l'honneur et la paix de la cité se lèvent ; que la garde nationale, repoussant de perfides instigations, se range autour de ses chefs et prévienne des malheurs dont les conséquences seraient incalculables. Le gouvernement et le général en chef sont décidés à faire énergiquement leur devoir, ils feront exécuter les lois ; ils comptent sur le patriotisme et le dévouement de tous les habitants de Paris. »

Pour parer au danger, M. Thiers confiait, ce jour même 3 mars, le commandement supérieur des gardes nationales de la Seine au général d'Aurelle de Paladines, dont l'énergie bien connue était de nature à donner de sérieuses garanties de sécurité. Le 5, le général s'empressait de porter à la connaissance des soldats citoyens cet ordre laconique, vrai modèle d'éloquence militaire :

« Le président du conseil des ministres, chef du pouvoir exécutif de la République française, vient de me confier le commandement supérieur de la garde nationale de la Seine.

« Je sens tout le prix d'un tel honneur. Il m'impose de grands devoirs. Le premier de tous est d'assurer le maintien de l'ordre et le respect des lois et de la propriété.

« Pour réussir, j'ai besoin du concours de tous les bons citoyens. Je fais donc appel au patriotisme de la garde nationale et de tous ses officiers.

« Pendant le siége de Paris, elle a partagé avec l'armée la gloire et les périls de la défense : c'est à elle, dans les douloureuses circonstances que nous traversons, de donner l'exemple des vertus civiques, et à moi de la diriger dans ses nobles efforts.

« Ma règle de conduite sera la justice, le respect des droits acquis et de tous les services rendus.

« Il est nécessaire que le travail répare, le plus tôt possible, les malheurs de la guerre. L'ordre seul peut nous ramener à la prospérité. J'ai la ferme volonté de réprimer avec énergie tout ce qui pourrait porter atteinte à la tranquillité de la cité. »

Il était malheureusement tard pour prendre des mesures efficaces. Le déchaînement des passions mauvaises était universel, et le général devait être prochainement débordé. Symbole odieux du meurtre et de l'anarchie, le drapeau rouge déshonorait toujours la place de la Bastille. L'amiral Pothuau avait beau le faire enlever par ses marins, il reparaissait presque aussitôt et souillait le génie doré de la Liberté. Vingt-six bouches à feu, aux mains du *peuple*, étaient déjà rangées en bataille sur la place d'Italie, et, nouveau mont Aventin de la démagogie, la butte Montmartre se transformait en forteresse.

« On fait de la butte un véritable camp, écrivait, le 8 mars, un témoin oculaire.

« Ils sont là trois ou quatre cents gardes nationaux, peut-être plus, appartenant en partie aux 61e et 168e bataillons, qui veillent jour et nuit. Ils se relèvent régulièrement d'heure en heure, comme s'ils étaient vraiment en campagne.

« Ils ont deux tambours et quatre clairons, qui battent le rappel ou qui sonnent la charge quand l'envie leur en prend, sans que l'on sache pourquoi.

« Les officiers, le ventre orné de larges ceintures rouges, chaussés de grandes bottes, paradent sur la place, traînant de longs sabres, le cigare ou la pipe aux dents.

« Ils regardent les passants d'un air dédaigneux, et semblent avoir une grande idée de la haute mission qu'ils croient être appelés à remplir.

« Cette mission, voici quelle elle est :

« Au moment de l'entrée des Prussiens dans Paris, les gardes nationaux de Montmartre, craignant qu'on ne voulût leur enlever leur artillerie pour la livrer aux ennemis, se réunirent et traînèrent leurs pièces, au nombre de vingt à peu près, sur le plateau qui se trouve au milieu des buttes Montmartre.

« Puis ils organisèrent un poste pour les garder.

« Aujourd'hui que les Prussiens sont partis, ils pensent l'utiliser pour défendre « la République contre les me-« nées des réactionnaires. »

« Les pièces sont braquées sur Paris, et on veille sans relâche.

« Il y a quatre postes principaux : deux sur les flancs de la colline, un troisième sur le plateau où se trouvent les canons, et le quatrième au pied, sur la place Saint-Pierre. C'est le plus important.

« On bivouaque en plein air, auprès des fusils rangés en faisceaux.

« Il y a des sentinelles au coin de chaque rue. Une chose à noter, c'est qu'on ne voyait hier soir, comme sentinelles, que des gamins de seize à dix-sept ans, qui prenaient leur rôle au sérieux et rudoyaient terriblement les passants.

« Toutes les rues qui débouchent sur la place Saint-Pierre sont à demi fermées par des barricades composées de gros pavés.

« Le plus sérieux de ces obstacles est celui qui se trouve au coin de la rue des Acacias. Il est formé d'une grosse charrette renversée, que l'on a remplie de moellons. Au-dessus on a attaché, en guise de drapeau, un lambeau d'étoffe noire.

« Malgré tout cela, ou peut-être à cause de tout cela,

il règne autour des buttes Montmartre un silence de mort. Il y a peu de passants. On ne voit absolument que des gardes nationaux qui vont et viennent, le fusil au bras.

« La physionomie change complétement sur les boulevards de Clichy et Rochechouart. Les cafés regorgent de monde. Tous les concerts sont ouverts. Hommes et femmes se promènent tranquillement, sans s'inquiéter des bouches de cuivre qui sont braquées à cent pas de là. »

Tel était l'aspect des buttes Montmartre, au 6 mars.

Le gouvernement, on le voit, avait à prendre des mesures sérieuses. Mais, avant d'en venir à la répression, il crut devoir faire appel au bon sens public et s'empressa d'afficher ce document, qui porte, au *Journal officiel*, la date du 8 mars 1871 :

« Au moment où vont s'ouvrir les négociations qui nous conduiront à la conclusion d'un traité de paix définitif, chacun de nous doit se pénétrer de la gravité de notre douloureuse situation et de l'importance capitale des pénibles devoirs qu'elle nous impose. Nous traversons une des plus cruelles épreuves qui puissent être infligées à une nation. Nous ne pouvons nous en sauver que par le bon sens et la ferme volonté d'en finir avec les faiblesses et les chimères.

« Après avoir follement abdiqué au profit d'un pouvoir infatué de lui-même, la France a reconnu trop tard qu'elle était menée à l'abîme ; maintenant qu'elle y est tombée, c'est en elle seule qu'elle doit chercher la force qui l'en tirera. Aussi s'est-elle tout d'abord constituée en République, parce que la République, c'est-à-dire le gouvernement de tous par tous et pour tous, peut seule unir les âmes et les préparer à de nécessaires sacrifices. Ce serait donc un crime contre le pays que de l'attaquer par des intrigues ou des violences ayant pour but le succès d'une minorité monarchique ou dictatoriale. Ce ne serait pas un moindre crime de semer la division, de fomenter des troubles, de créer des agitations au profit de quelques ambitieux. Nous sommes à une heure où le plus grand patriotisme consiste à se soumettre à la discipline sociale et à l'obéissance aux lois. Ceux qui se font un jeu de les transgresser deviennent des ennemis publics, méritant toutes les sévérités de l'opinion d'abord, de la répression légale ensuite. Ceux qui veulent le maintien de la République et le retour à la prospérité veulent par là même le travail régulier, l'ordre dans la rue, l'obéissance aux chefs légitimes, le respect du droit de chacun. Au contraire, prêcher et pratiquer le mépris des lois, déshonorer la presse par l'injure et la calomnie, substituer des pouvoirs occultes à l'autorité légale, c'est faire œuvre de mauvais citoyen, c'est ruiner la République et ramener le despotisme.

« C'est pis encore, c'est retarder l'évacuation étrangère et peut-être nous exposer à une plus complète et plus terrible occupation. Sachons, en effet, envisager notre situation sans illusion. Nous avons été vaincus. Près de la moitié de notre sol a été au pouvoir d'un million d'Allemands : ils nous ont imposé la charge d'une indemnité écrasante de cinq milliards; ils n'abandonneront pas leur gage avant d'avoir été payés. Or, nous ne pouvons trouver des ressources que dans le crédit, et ce crédit nous ne pouvons l'obtenir qu'à force d'économie, de sagesse, de bonne conduite. Nous n'avons pas une minute à perdre pour nous remettre au travail, notre seul salut. C'est à ce moment suprême que nous aurions la triste folie de nous livrer à des dissensions civiles! Nous souffririons que quelques hommes, incapables de dire ce qu'ils veulent, troublassent la cité par des entreprises criminelles! Nous faisons un appel à la raison de nos concitoyens, et nous sommes sûrs qu'elle rendra impossibles de pareilles tentatives.

« Nos négociateurs vont avoir à débattre de graves, de difficiles, de douloureuses questions. Avec quelle autorité le pourront-ils faire, si on leur répète cette objection tant de fois opposée par nos adversaires : Vous n'êtes pas un gouvernement; on vous insulte, on vous désobéit, on vous tient en échec; vous ne pouvez offrir aucune garantie sérieuse de stabilité? Si, alors qu'ils se réunissent pour traiter, nos négociateurs ont à redouter des séditions, ils échoueront, comme au 31 octobre, lorsque l'émeute de l'Hôtel de ville a autorisé l'ennemi à nous refuser l'armistice qui eût pu nous sauver.

« Aujourd'hui encore, nous avons besoin de toute notre force pour lutter contre un adversaire habile et victorieux; cette force, nous la puiserons surtout dans l'opinion, qui ne nous sera favorable qu'autant que nous saurons nous la concilier par notre union, notre sagesse, notre dignité dans le malheur. Jamais une nation n'a eu un intérêt plus direct à pratiquer les véritables vertus civiques. C'est pour l'avoir oublié que nous souffrons ; et, par la grandeur même du mal qui nous accable, nous devons comprendre la nécessité absolue de profiter de la leçon et de placer notre refuge dans la connaissance et le respect de notre devoir.

« Le gouvernement met son honneur à fonder la République. Il la défendra énergiquement, avec le ferme dessein de lui donner pour base le crédit, sans lequel la richesse publique ne peut renaître ; le maintien de l'ordre et l'exécution des lois, qui seuls lui permettront de préparer une ère de réparation et de paix. »

Le gouvernement avait affaire, hélas! à des gens sur lesquels la logique n'a point prise et dont on n'a raison que par les moyens de rigueur. Il le comprit, et donna l'ordre de hâter l'arrivée à Paris des restes de l'armée du Nord. Quelques jours après, le 13 mars, il résolut de museler la presse démagogique, et suspendit, d'un seul coup, *le Vengeur*, *le Mot d'Ordre*, *le Cri du Peuple*, *la Caricature*, *le Père Duchesne* et *la Bouche de Fer*. Enfin, le chef du pouvoir exécutif donna des instructions précises pour la destruction des barricades de Montmartre et l'enlèvement des canons dont elles étaient armées. Après avoir mis en batterie les mitrailleuses et les pièces de 7 fabriquées sur les fonds provenant des souscriptions publiques, les gardes nationaux avaient aussi traîné aux buttes des bouches à feu appartenant à l'État, et ils en possédaient une centaine. C'est ce matériel qu'il s'agissait, tout d'abord, de faire rentrer dans les arsenaux. Il fut prescrit au général commandant l'armée de Paris de prendre telles dispositions qu'il jugerait convenables afin que le mouvement projeté fût irrésistible, et l'opération, décisive. Il lui était, en outre, expressément enjoint de demeurer immobile, de ne rien tenter, s'il n'était à l'avance assuré du succès, s'il n'avait la certitude absolue de pouvoir balayer à fond l'Aventin démagogique et de rétablir définitivement l'ordre dans Paris.

L'armée de Paris, suivant ces instructions, s'apprêta pour l'expédition qui devait avoir pour effet de prévenir une guerre civile, et, durant quelques jours, il y eut dans la situation une sorte d'accalmie. Mais ce n'était, hélas ! que le calme précurseur des tempêtes. Les gardes nationaux continuaient leurs manifestations à la Bastille et promenaient des canons dans tous les quartiers de Paris : du Champ de Mars au Luxembourg; du parc de Montrouge à Notre-Dame; de la place des Vosges à la place d'Italie; des buttes Montmartre aux buttes Chaumont. Ces allées et venues, inoffensives en apparence, mais, au fond, très-dangereuses, l'autorité les laissait faire. Elle ne semblait pas avoir l'air de prendre garde à ces invités perfides, mais elle poursuivait ses préparatifs. Quand tout fut prêt, et avant d'employer la force, le gouvernement voulut, une dernière fois, en appeler au patriotisme éclairé des Parisiens. Il fit, en conséquence, afficher, le 17 mars, les proclamations qu'on va lire :

« Habitants de Paris,

« Nous nous adressons encore à vous, à votre raison et à votre patriotisme, et nous espérons que nous serons écoutés. . . .

« Votre grande cité, qui ne peut vivre que par l'ordre, est profondément troublée dans quelques quartiers, et le trouble de ces quartiers, sans se propager dans les autres, suffit cependant pour y empêcher le retour du travail et de l'aisance.

« Depuis quelque temps, des hommes malintentionnés, sous prétexte de résister aux Prussiens, qui ne sont plus dans vos murs, se sont constitués les maîtres d'une partie de la ville, y ont élevé des retranchements, y montent la garde, vous forcent à la monter avec eux, par ordre d'un comité occulte qui prétend commander seul à une partie de la garde nationale, méconnaît ainsi l'autorité du général d'Aurelle, si digne d'être à votre tête, et veut former un gouvernement en opposition au gouvernement légal, institué par le suffrage universel.

« Ces hommes, qui vous ont causé déjà tant de mal, que vous avez dispersés vous-mêmes au 31 octobre, affichent la prétention de vous défendre contre les Prussiens, qui n'ont fait que paraître dans vos murs, et dont ces désordres retardent le départ définitif, braquent des canons qui, s'ils faisaient feu, ne foudroieraient que vos maisons, vos enfants et vous-mêmes; enfin, compromettent la République au lieu de la défendre; car, s'il s'établissait dans l'opinion de la France que la République est la compagne nécessaire du désordre, la République serait perdue. Ne les croyez pas, et écoutez la vérité que nous vous disons en toute sincérité !

« Le gouvernement institué par la nation tout entière, aurait déjà pu reprendre ces canons dérobés à l'État et qui, en ce moment, ne menacent que vous ; enlever ces retranchements ridicules qui n'arrêtent que le commerce, et mettre sous la main de la justice les criminels qui ne craindraient pas de faire succéder la guerre civile à la guerre étrangère ; mais il a voulu donner aux hommes trompés le temps de se séparer de ceux qui les trompent.

« Cependant le temps qu'on a accordé aux hommes de bonne foi pour se séparer des hommes de mauvaise foi est pris sur votre repos, sur votre bien-être, sur le bien-être de la France tout entière. Il faut donc ne pas le prolonger indéfiniment.

« Tant que dure cet état de choses, le commerce est arrêté, vos boutiques sont désertes, les commandes qui viendraient de toutes parts sont suspendues, vos bras sont oisifs, le crédit ne renaît pas, les capitaux dont le gouvernement a besoin pour délivrer le territoire de la présence de l'ennemi, hésitent à se présenter. Dans votre intérêt même, dans celui de votre cité, comme dans celui de la France, le gouvernement est résolu à agir. Les coupables qui ont prétendu instituer un gouvernement à eux vont être livrés à la justice régulière. Les canons dérobés à l'État vont être rétablis dans les arsenaux, et, pour exécuter cet acte urgent de justice et de raison, le gouvernement compte sur votre concours.

« Que les bons citoyens se séparent des mauvais; qu'ils aident à la force publique au lieu de lui résister. Ils hâteront ainsi le retour de l'aisance dans la cité, et rendront service à la République elle-même, que le désordre ruinerait dans l'opinion de la France.

« Parisiens, nous vous tenons ce langage parce que nous estimons votre bon sens, votre sagesse, votre patriotisme; mais, cet avertissement donné, vous nous approuverez de recourir à la force, car il faut à tout prix, et sans un jour de retard, que l'ordre, condition de votre bien-être, renaisse entier, immédiat, inaltérable. »

« A LA GARDE NATIONALE DE LA SEINE.

« Le gouvernement vous appelle à défendre votre cité, vos foyers, vos familles, vos propriétés.

« Quelques hommes égarés, se mettant au-dessus des lois, n'obéissant qu'à des chefs occultes, dirigent contre Paris les canons qui avaient été soustraits aux Prussiens.

« Ils résistent par la force à la garde nationale et à l'armée.

« Voulez-vous le souffrir?

« Voulez-vous, sous les yeux de l'étranger, prêt à profiter de nos discordes, abandonner Paris à la sédition?

« Si vous ne l'étouffez pas dans son germe, c'en est fait de la République et peut-être de la France!

« Vous avez leur sort entre vos mains.

« Le gouvernement a voulu que vos armes vous fussent laissées.

« Saisissez-les avec résolution pour rétablir le régime des lois, sauver la République de l'anarchie, qui serait sa perte; groupez-vous autour de vos chefs : c'est le seul moyen d'échapper à la ruine et à la domination de l'étranger. »

Dès qu'il fut informé des résolutions bien arrêtées du gouvernement, le parti du désordre se mit, suivant ses us, à jeter les hauts cris. — « On veut égorger nos frè-
« res!... on veut détruire la République!... proclamer
« un roi!... la réaction est sans pitié ni vergogne!...
« On va tirer sur le peuple!... » et autres clameurs bien connues. Pour en atténuer autant que possible l'effet, le pouvoir fit afficher encore cet avis qui porte la date du 18 mars :

« Gardes nationaux de Paris,

« On répand le bruit absurde que le gouvernement prépare un coup d'État.

« Le gouvernement de la République n'a et ne peut avoir d'autre but que le salut de la République.

« Les mesures qu'il a prises étaient indispensables au maintien de l'ordre ; il a voulu et il veut en finir avec un comité insurrectionnel dont les membres, presque tous inconnus à la population, ne représentent que les doctrines communistes, et mettraient Paris au pillage et la France au tombeau, si la garde nationale et l'armée ne se levaient pour défendre, d'un commun accord, la patrie et la République. »

C'était la journée du 18 mars, six mois, jour pour jour, après l'arrivée des Prussiens sous Paris, que le gouvernement venait de choisir pour réprimer l'émeute. Le drame allait avoir pour principale scène cette butte Montmartre jadis si bien nommée mont des martyrs, et digne aujourd'hui de reprendre le nom grotesque de mont Marat, qu'elle portait au temps de la Terreur. Les entrepreneurs de l'insurrection parisienne s'y étaient organisés militairement; ils y avaient nommé un commandant supérieur de leurs forces réunies, et leur fameux *Comité central* siégeait au numéro 8 de la rue des Rosiers, flanqué d'une cour martiale et d'un bureau de l'état-major de *la place!* Quant aux bouches à feu qui armaient la butte, elles ne menaçaient pas les Prussiens, comme en 1814, mais bien les Parisiens eux-mêmes, ainsi qu'il advint au temps de Henri IV. Le roi assiégeant sa bonne ville mit, en effet, deux pièces en batterie à l'abbaye de Montmartre et « *l'escopeterie commença sur la minuict et* « *dura deux grandes heures...* » ainsi que le raconte Sully. Les gens de la Commune savaient-ils donc l'histoire ? Est-ce en mémoire de ce fait de guerre qu'ils ont, avant le jour de l'incendie, brisé cette statue de Henri IV, qui décorait, en haut-relief, le porche de l'Hôtel de ville ?

Le 18 mars, à quatre heures du matin, les troupes de l'armée de Paris, reçurent l'ordre d'aller occuper les positions qui leur avaient été assignées. Toutes devaient prendre part à l'action ; mais il est juste de dire que la majeure part des fatigues de la journée incomba à la division Susbielle, composée de la brigade Paturel (17e bataillon de chasseurs, 31e et 76e de marche) et de la brigade Lecomte (18e bataillon de chasseurs, 88e et 136e de marche).

Trois régiments d'infanterie furent chargés du soin de garder les abords de l'Hôtel de ville; un autre, le 89e de marche, les Tuileries. La place de la Bastille fut occupée par un bataillon du 64e et deux compagnies du 24e. Les 113e, 114e et 120e restèrent consignés à la caserne du Prince-Eugène. Les rues de Flandre, de Puebla, de Crimée virent arriver de forts détachements d'infanterie; un bataillon de la garde républicaine et le 35e régiment d'infanterie eurent l'ordre de se placer aux alentours des buttes Chaumont. La place Clichy, la place Blanche, la place Pigalle; les boulevards des Batignolles, de Clichy et de Rochechouart furent occupés par la garde républicaine, le 1ᵉʳ bataillon de chasseurs à pied, le 136ᵉ régiment de marche, la gendarmerie à cheval, un détachement de chasseurs d'Afrique et une demi-batterie d'artillerie. Appuyées sur cette base d'opérations, d'autres troupes, parmi lesquelles le 88ᵉ de marche, furent, en outre, commandées pour aller prendre position sur les hauteurs de Montmartre avec des escouades de gardiens de la paix.

Dès six heures du matin, ces premiers ordres étaient exécutés. Les gardiens de la paix cernaient 150 ou 200 gardes nationaux préposés à la défense du parc d'artillerie des insurgés, et les troupes de soutien étaient maîtresses de tous les points importants. Il ne restait plus qu'à emmener les pièces et le succès était complet. Malheureusement, les attelages qui avaient été commandés à cet effet n'arrivèrent pas en temps opportun. La cause de ce fatal retard est jusqu'à présent restée obscure ; mais un fait certain, qu'il est douloureux de rappeler, c'est que les avant-trains étaient encore sur la place de la Concorde à l'heure où l'on aurait eu besoin de les atteler aux bouches à feu de la tour Solférino. Pendant qu'on attendait les conducteurs, l'émoi naissait et se propageait dans tout le pâté des buttes. Une population turbulente s'indignait tout haut de se voir interdire la circulation sur les boulevards; elle injuriait les factionnaires posés au débouché des rues ; elle menaçait les canonniers qui la surveillaient. En même temps, le Comité central faisait battre le rappel et, vers sept heures du matin, les boulevards étaient envahis par dix ou douze mille gardes nationaux des arrondissements des Batignolles, de Montmartre, de la Villette et de Belleville. Des groupes de curieux, des femmes, des enfants entouraient les soldats qui gardaient les pièces reconquises, les cajolaient, les amadouaient, leur demandaient s'ils auraient bien le cœur de tirer sur leurs frères !....

Cependant une dizaine d'avant-trains étaient parvenus jusque sur les hauteurs de la butte et en ramenaient des canons. Ils descendaient tranquillement, lorsque, à l'angle de la rue Lepic et de la rue des Abbesses, ils furent arrêtés par un rassemblement de quelques centaines d'habitants du quartier, principalement des enfants et des femmes. Le détachement d'infanterie venu pour les escorter, oubliant alors tous ses devoirs, se laissa disperser par la foule, et cédant à des séductions perfides, finit par lever la crosse en l'air. Ces misérables soldats appartenaient au 88e régiment de marche, de la brigade Lecomte. Le premier effet de leur défection fut de laisser les conducteurs d'artillerie noyés dans les flots d'une foule toujours grossissante, et dans l'impossibilité absolue de reculer ou d'avancer. Qu'arriva-t-il ? Les gardes nationaux leur reprirent leurs pièces. Il était alors neuf heures du matin.

Jugeant que l'entreprise était manquée, et n'avait plus

chance de réussir par le moyen d'un retour offensif, le général Vinoy donna l'ordre de battre en retraite et se retira par les Ternes. Cette détermination ne fut d'ailleurs prise qu'à raison des mauvaises nouvelles arrivant, en ce moment, des autres quartiers de Paris.

L'opération n'avait pas mieux réussi à Belleville que sur les hauteurs de Montmartre. Un détachement du 35e avait, il est vrai, pu s'emparer, dès le matin, des buttes Chaumont, défendues par un poste d'une vingtaine de gardes nationaux. Mais, dès que la nouvelle de ce coup de main se fut répandue dans le quartier, le rappel et la générale s'y firent entendre de toutes parts, et les *braves* tirailleurs de Belleville parvinrent à fraterniser avec la troupe. Ils reprirent donc possession des buttes, des pièces qu'on voulait leur enlever et de celles que l'artillerie avait amenées au coin de la rue d'Allemagne pour appuyer le mouvement de l'infanterie. En même temps, le 120e se laissait honteusement désarmer par le *peuple*, et les insurgés devenaient maîtres de la caserne du Prince-Eugène. La retraite du général Vinoy n'était, on le voit, que trop bien motivée.

Telle est l'histoire succincte de cette funeste matinée du 18 mars, dont les conséquences devaient être si terribles.

La guerre commence et les premiers épisodes en sont navrants. A dix heures du matin, place Pigalle, le capitaine de Saint-James, des chasseurs d'Afrique, est tué à bout portant par quelques gardes nationaux, et ce meurtre est le signal de tous les excès. Le général Lecomte est fait *prisonnier du peuple*, emmené au Château-Rouge, puis traîné par-devant la cour martiale qui siége rue des Rosiers. A cinq heures et demie du soir, après un jugement sommaire et dérisoire, le général est fusillé avec Clément Thomas, qu'on vient d'arrêter sur le boulevard Rochechouart. Et ce ne sont pas les seules victimes ! des gendarmes, des gardiens de la paix sont arrêtés dans toutes les rues, conduits rue des Rosiers, jugés et exécutés ! Paris entrevoit le retour de la Terreur, et, à l'ouverture de la Bourse, la rente baisse de *deux francs*.

Pendant que l'armée de Paris venait se masser tout entière sur la rive gauche de la Seine, l'insurrection naissante perfectionnait et étendait ses moyens de défense. Partout s'élevaient ces barricades si chères aux plèbes parisiennes... et les barricades, cette fois, étaient armées d'artillerie. On en voyait construire à Montmartre : rue des Martyrs, à son intersection avec le boulevard ; au haut de la rue Germain-Pilon ; au carrefour des rues Lepic, des Abbesses et des Dames ; place Blanche ; au débouché des rues Blanche et Fontaine ; place des Abbesses ; rue Gabrielle ; au pourtour de la tour Solférino et du moulin de la Galette, etc.

A Belleville : rue de Paris ; au haut de la rue du Faubourg-du-Temple ; rue de Belleville, à la hauteur de la rue de Tourtille ; au carrefour des rues Piat et Rebeval ; à l'angle des rues Clavel, de la Mare, de la Villette ; au carrefour des rues Dupré, des Lilas, des Bois ; aux angles des rues de Crimée, des Fêtes, des Solitaires; rues d'Allemagne, de Flandre, Lafayette, et Faubourg-Saint-Martin.

Dans le onzième arrondissement, où l'insurrection se propageait rapidement : rues Saint-Sébastien, Saint-Sabin; rue Sedaine, rue du Chemin-Vert, partout où le génie du mal inspirait l'immense émeute.

Pendant que ces travaux s'exécutaient dans les rues, l'insurrection prenait vigoureusement l'offensive. Elle descendait des hauteurs de Montmartre et de Belleville, roulait comme un torrent et débordait en tous sens pour inonder la ville entière. Vers quatre heures de l'après-midi, trois bataillons de gardes nationaux ivres prirent par la rue des Martyrs; trois autres suivirent le boulevard Rochechouart et la rue du Faubourg-Poissonnière; et les deux colonnes se dirigèrent vers l'Hôtel de ville, où elles se joignirent à une dizaine d'autres bataillons venus des quartiers de la rive gauche. A la même heure, des gardes nationaux de Belleville occupaient l'Imprimerie nationale, la caserne Napoléon, l'État-major de la place Vendôme, les gares de chemin de fer — et l'arrestation du général Chanzy était comme le prélude des saturnales dont l'ère venait de s'ouvrir.

A l'exception des hommes de quelques bataillons débauchés par les insurgés, toutes les troupes de l'armée de Paris se trouvaient cantonnées sur la rive gauche de la Seine; mais on les sentait molles, hésitantes, accessibles à la contagion; et, à moins qu'un événement imprévu ne vint à surgir, on ne pouvait plus raisonnablement compter sur leur concours. Cet événement, on essaya de le faire naître en appelant au secours la partie saine de la population, les gardes nationaux amis de l'ordre. On leur demanda de faire acte de bonne volonté et de donner l'exemple à des soldats qu'on peut entraîner encore plus facilement qu'on ne les pervertit. Le parti de l'ordre, déjà terrorisé, subissait les atteintes d'une lâcheté folle. Il ne mit sous les armes qu'un effectif dérisoire.

Dans cette situation critique, qui mettait en jeu le salut de la France, M. Thiers prit courageusement un grand parti, celui d'abandonner Paris à son sort mérité. Il battit donc en retraite devant l'insurrection menaçante, sans se laisser intimider par les horreurs possibles d'une guerre qui semblait devoir rappeler la révolte des mercenaires de Carthage, et celle de Spartacus à Rome.

Paris avait besoin d'une leçon, mais, hélas ! qu'elle fut dure ! Isolés du reste de la France, ses habitants devaient subir un joug odieux. Le despotisme abject des gens qui s'installaient à l'Hôtel de ville allait enfin châtier des excès anarchiques et des tendances trop révolutionnaires.

IV.

TOUT PARIS A VERSAILLES.

IV.

TOUT PARIS A VERSAILLES.

Versailles, la ville du roi-soleil, avait, durant six mois, servi de quartier général au roi de Prusse, et l'heure de sa délivrance semblait ne devoir jamais sonner. Cependant, après bien des pourparlers, bien des difficultés de toute nature, le Trésor de l'armée prussienne fit partir, le 10 mars, les derniers fourgons chargés de notre numéraire, et, dans la matinée du 12, Versailles fut définitivement évacué.

Dès le lendemain, arrivaient sur la place d'armes les premiers détachements des troupes qui allaient être chargées du soin de protéger l'Assemblée nationale et, tout d'abord, de nettoyer, de désinfecter des casernes souillées par d'immondes soldats. M. Thiers s'installait à l'hôtel de la préfecture et y recevait, dans la matinée du 16 mars, les autorités civiles et militaires. La chambre allait s'ouvrir, et l'on ne songeait qu'à mettre sérieusement à profit les premiers jours d'une paix nécessaire, quand, tout à coup, les événements du 18 mars bouleversèrent la situation. L'armée de Paris fut dirigée sur Versailles dans la nuit du 18 au 19, et le lendemain, 19, le personnel de tous les ministères, celui de toutes les administrations publiques, tous les rouages de la machine gouvernementale s'y concentrèrent également. Ce fut un flux prodigieux produit par un immense exode. Paris, siége du gouvernement, était désert, et Versailles devenait provisoirement la capitale de la France.

Le 19 mars, dès huit heures du matin, M. Thiers adressait la circulaire suivante aux autorités de tous les départements :

« Le gouvernement tout entier est réuni à Versailles ; l'Assemblée s'y réunit également.

« L'armée, au nombre de 40,000 hommes, s'y est concentrée en bon ordre, sous le commandement du général Vinoy. Toutes les autorités, tous les chefs de l'armée y sont arrivés.

« Les autorités civiles et militaires n'exécuteront d'autres ordres que ceux du gouvernement légal résidant à Versailles, sous peine d'être considérées en état de forfaiture.

« Les membres de l'Assemblée nationale sont invités à accélérer leur retour, pour être tous présents à la séance du 20 mars.

« La présente dépêche sera livrée à la connaissance du public.

« A. Thiers. »

Telle était la réponse catégorique faite par le chef du pouvoir exécutif à certaines proclamations affichées, à la même heure, sur tous les murs de Paris, par les soins du *Comité central de la garde nationale*. Ces morceaux déclamatoires, que nous reproduisons textuellement, peuvent se passer de tout commentaire.

« AU PEUPLE.

« Citoyens,

« Le peuple de Paris a secoué le joug qu'on essayait de lui imposer.

« Calme, impassible dans sa force, il a attendu sans crainte, comme sans provocation, les fous éhontés qui voulaient toucher à la République.

« Cette fois, nos frères de l'armée n'ont pas voulu porter la main sur l'arche sainte de nos libertés. Merci à tous, et que Paris et la France jettent ensemble les bases d'une République acclamée avec toutes ses conséquences, le seul gouvernement qui fermera pour toujours l'ère des invasions et des guerres civiles.

« L'état de siége est levé.

« Le peuple de Paris est convoqué dans ses sections pour faire ses élections communales.

« La sûreté de tous les citoyens est assurée par le concours de la garde nationale.

« Hôtel de ville, Paris, le 19 mars 1871. »

« AUX GARDES NATIONALES DE PARIS.

« Citoyens,

« Vous nous aviez chargés d'organiser la défense de Paris et de vos droits.

« Nous sommes convaincus d'avoir rempli cette mission. Aidés par votre généreux courage et votre admirable sang-froid, nous avons chassé le gouvernement qui nous trahissait.

« A ce moment, notre mandat est expiré, et nous vous le rapportons, car nous ne prétendons pas prendre la place de ceux que le souffle populaire vient de renverser.

« Préparez-vous et faites de suite vos élections communales, et donnez-nous pour récompense la seule que nous ayons jamais espérée : celle de vous voir établir la seule vraie République.

« En attendant, nous conservons, au nom du peuple, 'Hôtel de ville.

« Le Comité central de la garde nationale.

« Paris le 19 mars 1871. »

« LE COMITÉ CENTRAL DE LA GARDE NATIONALE,

« Considérant

« Qu'il y a urgence de constituer immédiatement l'administration communale de la ville de Paris,

« Arrête :

« 1° Les élections du conseil communal de la ville de Paris auront lieu mercredi prochain, 22 mars.

« 2° Le vote se fera au scrutin de liste et par arrondissement.

« Chaque arrondissement nommera un conseiller par chaque vingt mille habitants ou fraction excédante de plus de dix mille.

« 3° Le scrutin sera ouvert de huit heures du matin à six heures du soir. Le dépouillement aura lieu immédiatement.

« 4° Les municipalités des vingt arrondissements sont chargées, chacune en ce qui la concerne, de l'exécution du présent arrêté.

« Une affiche ultérieure indiquera le nombre des conseillers à élire par arrondissement.

« Hôtel de ville, Paris, le 19 mars 1871. »

« Le Comité central de la garde nationale. »

La journée du 20 mars fut encore signalée par une lutte oratoire entre l'insurrection et le gouvernement légal. On lisait dans le *Journal officiel* de Versailles :

« Hier, 19 mars, ont été envahis à Paris les bureaux du *Journal officiel*, dont le personnel s'était transporté, avec les archives, à Versailles, auprès du gouvernement et de l'Assemblée nationale. Les envahissseur se sont emparés des presses, du matériel et même des articles officiels et non officiels composés et restés dans l'atelier. C'est ainsi qu'ils ont pu donner à la publication de leurs actes une apparence régulière, et tromper le public de Paris par un faux journal du gouvernement de la France. »

A la suite de cet avis au public, venait cette longue explication des faits accomplis :

« Versailles, 20 mars 1871.

« Le gouvernement n'a pas voulu engager une action sanglante, alors qu'il y était provoqué par la résistance inattendue du Comité central de la garde nationale. Cette résistance, habilement organisée, dirigée par des conspirateurs audacieux autant que perfides, s'est traduite par l'invasion d'un flot de gardes nationaux sans armes et de population se jetant sur les soldats, rompant leurs rangs et leur arrachant leurs armes. Entraînés par ces coupables excitations, beaucoup de militaires ont oublié leur devoir. Vainement aussi la garde nationale avait-elle été convoquée; pendant toute la journée, elle n'a paru sur le terrain qu'en nombre insignifiant.

« C'est dans ces conjectures graves que, ne voulant pas livrer une bataille sanglante dans les rues de Paris, alors surtout qu'il semblait n'être pas assez fortement soutenu par la garde nationale, le gouvernement a pris le parti de se retirer à Versailles près l'Assemblée nationale, la seule représentation légale du pays.

« En quittant Paris, M. le ministre de l'intérieur a, sur la demande des maires, délégué à la commission qui serait nommée par eux le pouvoir d'administrer provisoirement la ville. Les maires se sont réunis plusieurs fois sans pouvoir arriver à une entente commune.

« Pendant ce temps, le Comité insurrectionnel s'installait à l'Hôtel de ville et faisait paraître deux proclamations, l'une pour annoncer sa prise de possession du pouvoir, l'autre pour convoquer les électeurs de Paris dans le but de nommer une assemblée communale.

« Pendant que ces faits s'accomplissaient, le Comité de la rue des Rosiers, à Montmartre, était le théâtre du criminel attentat commis sur la personne du général Lecomte et du général Clément Thomas, lâchement assassinés par une bande de sicaires. Le général Chanzy, qui arrivait de Bordeaux, était arrêté à la gare d'Orléans, ainsi que M. Turquet, représentant de l'Aisne.

« Les ministères étaient successivement occupés; les gares des chemins de fer envahies par des hommes armés, se livrant sur les voyageurs à des perquisitions arbitraires, mettant en état d'arrestation ceux qui leur paraissaient suspects, désarmant les soldats isolés, ou en corps, qui voulaient entrer à Paris. En même temps, plusieurs quartiers se couvraient de barricades armées de pièces de canon, et partout les citoyens étaient exposés à toutes les exigences d'une inquisition militaire dont il est impossible de deviner le but.

« Ce honteux état d'anarchie commence cependant à émouvoir les bons citoyens, qui s'aperçoivent trop tard de la faute qu'ils ont commise en ne prêtant pas de suite leur concours actif au gouvernement nommé par l'Assemblée. Qui peut, en effet, sans frémir, accepter les conséquences de cette déplorable sédition, s'abattant sur la ville comme une tempête soudaine, irrésistible, inexplicable? Les Prussiens sont à nos portes, nous avons traité avec eux. Mais si le gouvernement qui a signé les conventions préliminaires est renversé, tout est rompu. L'état de guerre recommence, et Paris est fatalement voué à l'occupation.

« Ainsi sont frappés de stérilité les longs et douloureux efforts à la suite desquels le gouvernement est parvenu à éviter ce malheur irréparable; mais ce n'est pas tout. Avec cette lamentable émeute, il n'y a plus ni crédit, ni travail. La France, ne pouvant pas satisfaire à ses engagements, est livrée à l'ennemi, qui lui imposera sa dure servitude. Voilà les fruits amers de la folie criminelle de quelques-uns, de l'abandon déplorable des autres.

« Il est temps encore de revenir à la raison et de reprendre courage. Le gouvernement et l'Assemblée ne désespèrent pas. Ils font appel au pays, ils s'appuient sur lui, décidés à le suivre résolûment et à lutter sans faiblesse contre la sédition. Des mesures énergiques vont être prises ; que les départements les secondent en se groupant autour de l'autorité qui émane de leurs libres suffrages. Ils ont pour eux le droit, le patriotisme, la décision : ils sauveront la France des horribles malheurs qui l'accablent.

« Déjà, comme nous l'avons dit, la garde nationale de Paris se reconstitue pour avoir raison de la surprise qui lui a été faite. L'amiral Saisset, acclamé sur les boulevards, a été nommé pour la commander. Le gouvernement est prêt à la seconder. Grâce à leur accord, les factieux qui ont porté à la République une si grave atteinte, seront forcés de rentrer dans l'ombre ; mais ce ne sera pas sans laisser derrière eux, avec les ruines qu'ils ont faites, avec le sang généreux versé par leurs assassins, la preuve certaine de leur affiliation avec les plus détestables agents de l'empire et les intrigues ennemies. Le jour de la justice est prochain. Il dépend de la fermeté de tous les bons citoyens qu'elle soit exemplaire. »

Le même jour, à la même heure, le *Journal officiel* de l'insurrection publiait ces trois chefs-d'œuvre littéraires, qui méritent bien de passer à la postérité !

« Paris, depuis le 18 mars, n'a d'autre gouvernement que celui du peuple : c'est le meilleur.

« Jamais révolution ne s'est accomplie dans des conditions pareilles à celles où nous sommes.

« Paris est devenu ville libre.

« Cette puissante centralisation n'existe plus.

« La monarchie est morte de cette constatation d'impuissance.

« Dans cette ville libre, chacun a le droit de parler, sans prétendre influer, en quoi que ce soit, sur les destinées de la France.

« Or, Paris demande :

« 1° L'élection de la mairie de Paris ;

« 2° L'élection des maires, adjoints et conseillers municipaux de la ville de Paris ;

« 3° L'élection de tous les chefs de la garde nationale, depuis le premier jusqu'au dernier ;

« 4° Paris n'a nullement l'intention de se séparer de la France ; loin de là : il a souffert pour elle l'empire, le gouvernement de la défense nationale, toutes leurs trahisons et toutes leurs lâchetés. Ce n'est pas, à coup sûr, pour l'abandonner aujourd'hui, mais pour lui dire, en qualité de sœur aînée : Soutiens-toi toi-même comme je me suis soutenue ; oppose-toi à l'oppression comme je m'y suis opposée ! »

« COMITÉ CENTRAL.

« Citoyens,

« En quittant Paris, le pouvoir qui vient de crouler sous le mépris populaire a paralysé, a désorganisé tous les services publics.

« Une circulaire a enjoint à tous ses employés de se rendre à Versailles.

« La télégraphie, ce service utile entre tous dans ces moments de crise suprême, de rénovation, n'a pas été oubliée dans ce complot monarchique. *Tous les services, toutes les communications avec la province, sont interrompus.* On veut nous tromper. Tous les employés supérieurs et beaucoup de subalternes sont déjà à Versailles.

« Nous signalons au peuple de Paris ce procédé criminel. C'est une nouvelle pièce à charge dans ce grand procès entre peuples et rois.

« En attendant et pour consacrer tout entières à l'œuvre du moment les forces qui nous restent, nous suspendons, à partir d'aujourd'hui, le service de la télégraphie privée dans Paris.

« Le Comité central de la garde nationale a convoqué pour mercredi prochain, 22 du courant, les électeurs des vingt arrondissements dans leurs comices, afin de nommer le conseil communal de Paris.

« Tous les citoyens comprendront l'utilité et l'importance de ces élections, qui assureront d'une manière régulière tous les services publics et l'administration de la capitale, dont le besoin est si urgent dans les graves circonstances présentes.

« En votant pour des républicains socialistes connus, dévoués, intelligents, probes et courageux, les électeurs parisiens assureront non-seulement le salut de la capitale et de la République, mais encore celui de la France.

« Jamais occasion aussi solennelle et aussi décisive ne s'est présentée pour le peuple de Paris; il tient son salut dans ses mains; du vote de mercredi prochain dépend son avenir.

« S'il suit le conseil que nous lui donnons, il est sauvé; s'il vote pour des réactionnaires, il est perdu.

« Il ne peut donc hésiter : il donnera une nouvelle preuve d'intelligence et de dévouement en consolidant à jamais par son vote la République démocratique. »

Cependant, l'Assemblée nationale se réunissait à Versailles, et dès le lendemain, 21 mars, adressait solennellement au peuple et à l'armée une proclamation dont voici l'exorde :

« Le plus grand attentat qui se puisse commettre chez un peuple qui veut être libre, une révolte ouverte contre la souveraineté nationale, ajoute, en ce moment, comme un nouveau désastre à tous les maux de la patrie;

« Des criminels, des insensés, au lendemain de nos revers, quand l'étranger s'éloignait à peine de nos champs ravagés, n'ont pas craint de porter dans ce Paris, qu'ils prétendent honorer et défendre, plus que le désordre et la ruine, le déshonneur ! »

La séance de l'Assemblée du 21 mars est trop remarquable à tous égards pour que nous n'en donnions pas une analyse succincte.

Le général Trochu monte, le premier, à la tribune, et dépose une proposition tendant à faire déclarer que le meurtre de Clément Thomas provoque un deuil public et que la France adopte la famille du général Lecomte.

M. Thiers succède au général Trochu. Il fait appel à l'union, au calme, au respect de toutes les opinions contre « *le parti du brigandage* », contre « *les scélérats qui ont versé dans Paris le sang le plus innocent et le plus pur* », qui, après l'assassinat de Lecomte et de Clément Thomas, viennent d'arrêter le général Chanzy, de condamner à mort l'amiral Saisset et le républicain Schœlcher. « On demande pour Paris, dit l'orateur, le droit commun en ce qui concerne l'administration municipale. Par le droit commun, entendez-vous que Paris élira ses représentants, que Paris fera ses affaires lui-même? Oui, si vous entendez par droit commun cette pensée-là, c'est la nôtre. Mais voulez-vous dire que Paris sera gouverné comme une ville de 3,000 âmes? Vous êtes trop raisonnables pour le désirer...

Nous vous demandons le temps nécessaire pour que l'on combine les dispositions législatives au moyen desquelles Paris pourra, sans danger pour le pays, et sans danger pour lui-même, administrer ses propres affaires. Mais si Paris prétendait, sous une forme qu'aucun gouvernement n'admettrait, non pas seulement se rendre maître de ses affaires, mais s'exposer à être esclave des factions, nous aimons trop Paris pour le mettre dans une situation pareille... Donnez-nous quelques jours, et Paris sera en possession de lui-même. Mais, auparavant, il faut qu'il ne soit plus au pouvoir des factions. »

Après cette déclaration, M. Thiers exposa clairement les faits qui venaient de se produire et d'amener la translation du gouvernement à Versailles. « On nous promettait, dit-il, de nous rendre les cent bouches à feu mises en batterie à Montmartre, et qui ne menaçaient plus les Prussiens, mais la population parisienne elle-même.

« Nous avons attendu quinze jours avant de chercher à rentrer dans l'ordre et la légalité; quand nous avons enfin réclamé les pièces, on nous les a formellement refusées. C'est que nous avions affaire à des hommes qui n'écoutent rien, que rien ne satisfait; qu'on ne saurait, par aucun moyen, se concilier. Nous avons voulu faire cesser cette situation et « *quant à moi,* » dit l'orateur, « *j'aime mieux avoir été vaincu que de ne pas avoir essayé* « *de les combattre.* » Nous avons donné des ordres approuvés par les militaires; les hauteurs de Montmartre ont été enlevées résolûment ; mais les factieux se sont bientôt jetés au milieu de nos attelages d'artillerie, et, alors, submergées au milieu de tant d'hommes, de femmes et d'enfants, nos troupes ont hésité !... Fallait-il les laisser ainsi noyées dans les flots d'une multitude affolée ? Je les ai fait revenir sur la rive gauche de la Seine, à l'abri de tout contact dangereux.

« Avant d'abandonner Paris, le général d'Aurelle de Paladines a dit à la garde nationale : « *Trouvez-moi* 10,000 « *hommes qui viennent combattre avec les troupes afin de* « *leur bien faire comprendre leur devoir.* » Car, dans des situations semblables, pour que des troupes voient clair dans ce qu'elles font, il faut que des citoyens ne portant pas le même uniforme soient au milieu d'elles... Le général d'Aurelle ne trouva pas plus de concours que n'en devait trouver l'amiral Saisset... Paris nous laissait seuls ; il nous fallait songer à la France !... Alors, je me suis dit que, malgré les calomnies, malgré les mauvais jugements, il ne fallait pas avoir une révolution de 48,... que, si Paris était perdu, il ne s'ensuivait pas que la France dût l'être aussi, et, en même temps, sa souveraineté nationale...

« Alors, résolûment, et à tous risques, nous avons donné l'ordre de faire une retraite.

« C'est grâce à cette résolution que l'armée de Paris et ses chefs ont été sauvés, et que vous avez pu trouver ici un lieu sûr pour parler au pays.

« Nous ne voulons pas attaquer Paris, nous voulons qu'il

réfléchisse et revienne à la raison, car il est dans l'aveuglement. Quand il en sera là, qu'il ne songera plus à dominer la France, il trouvera nos bras ouverts, mais il faut d'abord qu'il ouvre les siens !... »

Ce que M. Thiers ne disait pas, ce qu'il ne pouvait pas dire, c'est que, en réalité, il venait de battre en retraite devant les progrès de la secte socialiste, de l'*Internationale* et de l'étranger. Les agents de ces trois puissances occultes étaient manifestement les maîtres de Paris. Ils y menaient l'émeute, agitant dans les meilleures maisons les spectres de la Terreur, et portant la torche incendiaire sous le comptoir d'étain des *mastroquets* du peuple. Après avoir échoué le 21 septembre, les 8 et 31 octobre 1870; après s'être, au 22 janvier 1871, retirés l'oreille assez basse, ils venaient enfin de réussir!... En se transférant à Versailles, après la journée du 18 mars, le gouvernement laissait l'ennemi dans le vide; il rompait d'une semelle afin de le combattre, après avoir pris toutes dispositions pour un retour offensif.

M. Jules Favre prit à son tour la parole. Son discours refléta celui de M. Thiers, mais il s'en distingua par quelques traits où se reconnaît la manière du maître. « C'est à l'unanimité, dit-il, que la presse de Paris proteste contre les coupables attentats dont la capitale est victime... Quand on vous dit qu'un acte de votre souveraineté, relative à la constitution de la Commune, pourrait désarmer des passions indignes, on se trompe. « *Je rougirais si* « *j'étais dans la nécessité de vous répéter les insultes et*

« *les outrages que ces ennemis du bien public répandent*
« *sur l'autorité légitime issue du suffrage universel, met-*
« *tant au-dessus d'elle je ne sais quel idéal sanglant et*
« *rapace...* »

« Ce qu'on a voulu, c'est un essai de cette doctrine funeste qui, en philosophie, peut s'appeler l'individualisme, ou le matérialisme, et qui, en politique, s'appelle la République au-dessus du suffrage universel... Qui ne se rappelle la fable des *Membres et de l'Estomac?*... Paris affiche la prétention de vivre seul, de se séparer du reste de la nation. C'est une erreur politique, économique et sociale ; c'est une hérésie! Paris veut imposer sa domination à la France; il veut la guerre civile ouverte, audacieuse, accompagnée du meurtre lâche et du pillage dans l'ombre!... »

Paroles magnifiques, mais qui semblaient, à bon droit, étranges dans la bouche de M. Favre, l'un des organisateurs du coup de main du 4 septembre, l'un des hommes qui avaient imposé à la France le caprice d'une dizaine de députés de Paris, présidés par un général.

La péroraison du ministre des affaires étrangères fut, d'ailleurs, tout à fait imprévue. « Si un reproche peut nous être adressé, dit-il, c'est celui d'une excessive mollesse pendant le siége. Je me suis trompé en conservant les armes à la garde nationale, « *J'en demande pardon à Dieu* « *et aux hommes!* »

Toute confession, assurément, a le droit de se faire entendre, mais la confession publique est-elle bien un acte d'humilité? Nous avons écouté volontiers ce cri de l'âme de M. Favre ; mais, vraiment, nous ne saurions l'absoudre des erreurs et des fautes qui ont failli perdre la France.

Comme le disait l'orateur, le sort de Paris, et celui du pays lui-même, était entre les mains d'une *garde nationalesque* effrénée, dont le comité central s'arrogeait la direction. Pendant que la presse parisienne protestait, et que la foule parcourait les boulevards aux cris de : « *Vive le gouvernement ! à bas les comités ! à bas les assassins !* » le pouvoir insurrectionnel affichait tranquillement sur les murs :

« Le Comité central de la garde nationale est décidé à respecter les conditions de la paix.

« Seulement, il lui paraît de toute justice que les auteurs de la guerre maudite dont nous souffrons subissent la plus grande partie de l'indemnité imposée par nos impitoyables vainqueurs.

« Signé : GRÊLIER,

« *Délégué à l'intérieur.* »

Les électeurs avaient été convoqués pour le 22 mars, à l'effet de nommer un conseil municipal exempt de préjugés réactionnaires. Les maires et les députés de Paris, croyant pouvoir arrêter cette convocation illégale rédigèrent aussi, mais bien inutilement, leurs petites proclamations :

« Les maires et adjoints de Paris, et les représentants de la Seine, font savoir à leurs concitoyens que l'Assemblée nationale a, dans sa séance d'hier, voté l'urgence du projet de loi relatif aux élections du conseil municipal de la ville de Paris.

« La garde nationale, ne prenant conseil que de son patriotisme, tiendra à honneur d'écarter toute cause de conflit, en attendant les décisions qui seront prises par l'Assemblée nationale.

« Vive la France ! vive la République ! »

« La patrie sanglante et mutilée est près d'expirer, et nous, ses enfants, nous lui portons le dernier coup ! L'étranger est à nos portes, épiant le moment d'y entrer en maître, et nous tournerions les uns contre les autres nos armes fratricides !

« Au nom de tous les grands souvenirs de notre malheureuse France, au nom de nos enfants, dont nous détruirions à jamais l'avenir, nos cœurs brisés font appel aux vôtres.

« Que nos mains s'unissent encore comme elles s'unissaient durant les heures douloureuses et glorieuses du siége ! Ne perdons pas, en un jour, cet honneur qu'avaient gardé intact cinq mois de courage et de constance sans exemple !

« Cherchons, citoyens, ce qui nous unit et non ce qui nous divise.

« Nous voulions le maintien, l'affermissement de la grande institution de la garde nationale, dont l'existence est inséparable de celle de la République :

« Nous l'aurons.

« Nous voulions que Paris retrouvât sa liberté municipale, si longtemps confisquée par un arrogant despotisme :

« Nous l'aurons.

« Vos vœux ont été portés à l'Assemblée nationale par vos députés : l'Assemblée y a satisfait par un vote unanime, qui garantit les élections municipales, sous bref délai, à Paris et dans toutes les communes de France.

« En attendant ces élections, seules légales et régulières, seules conformes aux vrais principes des institutions républicaines, le devoir des bons citoyens est de ne pas répondre à un appel qui leur est adressé sans titre et sans droit.

« Nous, vos représentants municipaux; nous, vos députés, déclarons donc rester entièrement étrangers aux élections annoncées pour demain, et protestons contre leur illégalité.

« Citoyens, unissons-nous dans le respect de la loi, et la patrie et la République seront sauvées.

« Vive la France! vive la République! »

Le Comité central, groupe d'inconnus derrière lesquels se cachaient d'importants personnages, n'en persista pas moins dans sa résolution de faire procéder aux élections municipales. Il lui fallait un pouvoir *légal*, incontesté, et pour affirmer sa force, pour manifester son audace, il était capable de tout.

La journée du 22 mars, journée de sang et de deuil, fut souillée par les assassinats de la place Vendôme ; et les habitants de Versailles frémirent d'indignation quand ils lurent ce qui suit dans le *Journal officiel* :

« Aujourd'hui, vers une heure et demie, quatre mille personnes environ, parmi lesquelles des mobiles et des gardes nationaux sans armes, descendaient la rue de la Paix, aux cris de : « Vive la République ! vive l'Assem-
« blée ! » Un homme portant un drapeau marchait en tête. A la hauteur de la place Vendôme, la colonne se heurta contre des gardes nationaux des bataillons insurrectionnels, qui lui barrèrent le passage. Bientôt une force assez considérable se massa sur la place.

« La colonne veut passer outre. Les insurgés chargent leurs armes, font feu, et trois décharges successives atteignent une quinzaine de personnes. On évalue à six le nombre des morts. »

Un autre journal, *le Siècle*, donnait sur l'événement ces détails qui ne sont pas sans intérêt :

« Vers une heure de l'après-midi, un grand nombre de citoyens s'étaient réunis sur la place du nouvel Opéra, pour une manifestation pacifique. Ils étaient environ deux mille, sans armes.

« Les groupes étaient composés des éléments les plus divers : gardes nationaux, mobiles, soldats de la ligne, ouvriers, bourgeois, négociants, hommes de lettres. L'élément civil s'y trouvait en grande majorité. Il y avait là aussi beaucoup de promeneurs, des curieux indifférents, quelques femmes et même des enfants.

« Vers une heure et demie, une pancarte portant ces mots : *Appel aux hommes d'ordre!* fut promenée dans ces groupes. On se rassemble aux cris de : *Vive la République! vive la France! vive l'Assemblée!*

« Plusieurs officiers sans armes, de même que tous les citoyens, indistinctement, qui se trouvaient là, sont accueillis par des démonstrations sympathiques de la foule, qui grossit d'instant en instant.

« On dit dans les groupes que la situation actuelle de Paris ne peut pas se prolonger; que tous les citoyens qui veulent associer la République à la légalité, à l'ordre, doivent prendre part à cette manifestation pacifique.

« Enfin, le drapeau tricolore est déployé, et trois à quatre mille citoyens se mettent en marche.

« Ils s'avancent dans la rue de la Paix, vers la place Vendôme.

« Arrivés à la hauteur de la rue Neuve-des-Petits-Champs, ils rencontrent les sentinelles d'un bataillon aux ordres du Comité central. Derrière les sentinelles, les compagnies de ce bataillon viennent se former en ligne.

« Les citoyens placés en tête de la manifestation demandent aux sentinelles de leur livrer passage; ils essuient un refus. Une partie de la foule reprend quelques instants la direction des boulevards avec le porteur du drapeau tricolore.

« D'autres citoyens continuent à parlementer avec les sentinelles. Bientôt ceux qui sont groupés autour du drapeau reviennent sur leurs pas vers la place Vendôme.

« Quelqu'un s'écrie : « Ce sont des citoyens comme « nous, et ils ne tireront pas sur des hommes désarmés. »

« Tout à coup des roulements de tambour se font entendre dans la partie qui est comprise entre la rue Neuve-des-Petits-Champs et la place Vendôme.

« Ensuite, plusieurs coups de fusil sont tirés en l'air et jettent l'épouvante au sein de la foule. Plusieurs courageux citoyens s'écrient : « Restons ! » L'un d'eux ajoute : « Il n'est pas possible que des Français veuillent tirer « sur des compatriotes sans défense. »

« Mais, au même instant, les fusils s'abaissent, et un feu de mousqueterie est dirigé sur la foule, qui fuit, affolée d'horreur, dans la rue de la Paix. Ceux qui occupent les trottoirs cherchent un abri contre les balles dans l'embrasure des portes cochères, malheureusement fermées ; quelques-unes s'ouvrent, et beaucoup de citoyens y trouvent un refuge contre la mort.

« En un clin d'œil, la rue de la Paix est vide ; mais les victimes, dont le nombre nous est encore inconnu, ne sont point toutes relevées au moment où, le cœur navré de douleur et de dégoût, nous nous éloignons de cette lamentable scène. »

Il y avait une vingtaine de victimes, dont huit ou dix morts, parmi lesquels le colonel Tiby et l'ingénieur Baude, qui venait d'être nommé officier de la Légion d'honneur pour sa belle conduite pendant le siège.

Ce crime odieux a déshonoré Paris. Il doit, au plus tôt, faire disparaître cette abominable institution qui a nom garde nationale! Disons cependant, à la décharge de l'armée du désordre, que ses rangs venaient de s'ouvrir à bien des agents de l'ennemi, à des émissaires de l'*Internationale,* à des étrangers de toute race. Des étrangers!.. Les peuples de l'extrême Orient, que nous appelons barbares, suivent une politique invariable : ils ferment leurs ports aux Occidentaux. Que n'imitons-nous donc un peu les Japonais!

Le jeudi, 23 mars, fut marqué par deux événements importants : le retour à Versailles de quelques braves soldats qui avaient pu se soustraire aux griffes du Comité central, et la séance orageuse provoquée à la Chambre par l'invasion des maires de Paris.

Lors du départ précipité de l'armée de Paris pour Versailles, dans la nuit du 18 au 19 mars, les ordres n'avaient pu être régulièrement transmis à toutes les troupes, et le 69e régiment de marche, de la brigade Wolff, avait été laissé au Luxembourg avec un détachement du 43e et une section d'artillerie. Ces braves gens restaient dans le jardin, attendant toujours des ordres qui n'arrivaient pas.

Pendant trois jours, sollicités par les émeutiers, sommés à tout moment de se rendre, les soldats, fidèles à leur devoir, résistèrent à l'intimidation, aux menaces, aux attaques et aux mauvais conseils. Les vivres manquaient;

déjà, l'horreur des crimes commis à Montmartre avait donné la mesure exacte du mouvement, et la foule du quartier nourrissant les soldats, en leur passant des vivres à travers les grilles, semblait vouloir se grouper autour de ce noyau de résistance.

Le Comité central comprit le danger, et envoya, le 21, l'un de ses membres, Lullier, l'officier de marine, pour parlementer avec le 69e.

Le lieutenant-colonel Périer répondit que, devant la nécessité, il consentait à battre en retraite, mais qu'il entendait emporter ses armes et ses bagages et se faire suivre de son artillerie.

Lullier proposa de faire des concessions, au cas où le colonel en ferait lui-même, et offrit, comme moyen terme, de laisser partir le régiment, à la condition qu'il abandonnât ses canons. Il ajouta que le lendemain, 22, à une heure, il viendrait prendre la réponse.

Une demi-heure avant le terme fixé, le colonel forma sa troupe en colonne, plaça ses canons au centre, ouvrit les grilles et se mit en marche, battant en retraite par la rue de Vaugirard. Cette opération se fit d'une façon serrée, énergique; les soldats sentaient qu'ils traversaient une population hostile, et se gardaient contre toute surprise; de temps en temps, des manifestations sympathiques et des marques d'admiration les affermissaient dans l'accomplissement de leur devoir.

Arrivés à la porte de Vaugirard, les soldats fidèles se virent barrer la route par un bataillon, qui leva le pont-levis ; mais leur fière attitude eut raison de l'obstacle ; il fallut compter avec eux et leur céder la place.

Le lendemain, 23 mars, ils arrivaient à Versailles à onze heures du matin et se rangeaient en bataille devant l'hôtel de la préfecture. Le général Vinoy, qui était allé au-devant d'eux, avec la musique du 35°, les présenta au chef du pouvoir exécutif, et M. Thiers les complimenta chaleureusement de leur belle conduite. De plus, en sa séance du même jour, l'Assemblée nationale vota des félicitations aux officiers et soldats du 43°, du 69° et de la section d'artillerie qui venaient de donner un si bel exemple d'énergie et de fidélité. Cet acte de vigueur faisait heureusement contraste avec le désarroi des troupes qui avaient trahi leurs devoirs dans la journée du 18 mars. Le drapeau des lâches soldats ne fut point voilé d'un crêpe noir, comme le voulait un député, mais l'Assemblée prit, le 1er avril, les mesures les plus sévères à l'égard des 88° et 120° régiments de marche.

La fin de la séance de la Chambre fut troublée par le dépôt d'une proposition de M. Arnaud de l'Ariége, tendant à obtenir que les maires de Paris pussent venir exposer leurs doléances à la barre de l'Assemblée. La présidence et la questure eurent la faiblesse d'admettre dans une tribune publique ces maires, vêtus de noir, cravatés de blanc, portant en sautoir l'écharpe tricolore, et s'offrant majestueusement en spectacle aux députés, fort émus de cette entrée en scène. Des cris de : « *Vive la République !* » s'étant échangés entre cette escouade de maires et les bancs de la gauche, il s'ensuivit un tumulte qui pouvait dégénérer en vrai désordre, et l'imprudent M. Grévy ne trouva rien de mieux à faire que de lever brusquement la séance.

C'était une grande imprudence en effet que d'avoir autorisé l'introduction, même dans une tribune de la Chambre, d'une bande de messieurs revêtus d'insignes municipaux. Dès que le public d'une assemblée perd son caractère impersonnel et anonyme de public, il devient aussitôt partie intégrante de cette assemblée; il y prend place et y conquiert des droits. Un peu d'audace de la part des membres de la gauche, et nous avions une journée pareille à celle du 15 mai 1848!

A la séance du soir, M. Arnaud de l'Ariége reprit l'affaire en sous-œuvre. Il exposa candidement que les maires de Paris demandaient à rester en communication permanente avec l'Assemblée; à être autorisés par elle à prendre telle mesure qu'ils jugeraient convenable; à fixer au 28 mars l'élection du général de la garde nationale, et au 3 avril celle du conseil municipal de Paris. L'Assemblée s'empressa de voter l'urgence, bien résolue d'ailleurs à ne pas donner suite à cette demande oiseuse. « Surtout, disait le lendemain M. Thiers, évitons qu'une discussion puisse s'engager sur ce sujet brûlant. Quelques paroles imprudentes pourraient faire couler des torrents de sang. Au milieu des événements qui se précipitent, on éprouve une agitation intérieure qui ne trouve sa satisfaction que dans des luttes oratoires; voilà les entraînements auxquels il faut savoir résister ! » M. Arnaud de l'Ariége se rendit à ces raisons, et retira sa proposition, dès la séance du 25 mars.

Le 26, pendant que les insurgés de Paris procédaient à leurs élections municipales, l'Assemblée se laissait aller à la joie en apprenant la délivrance du général Chanzy, que le Comité central avait fait arrêter le 19.

Le général Fabrice venait de nier, dans une dépêche adressée à M. Jules Favre, toute participation au mouvement insurrectionnel, tout encouragement, toute connivence. Mais quelques députés ne craignaient pas d'émettre certains doutes, écho des préventions nationales. Le public ne pouvait, en effet, s'empêcher de remarquer la manière toute prussienne des révoltés parisiens qui prenaient des *otages,* ainsi que les généraux de M. de Moltke ; et des groupes agités faisaient circuler le nom du docteur allemand Rolph, ancien médecin-major de notre légion étrangère, et agent présumé de M. de Bismarck... On attribuait à ses intrigues l'insurrection de l'Algérie.

L'Assemblée nationale venait d'adopter les décrets destinés à honorer la mémoire des généraux Lecomte et Clément Thomas, quand elle reçut la nouvelle d'un nouvel et horrible attentat. Le préfet de la Loire venait d'être assassiné, le 25, dans l'une des salles de l'hôtel de ville de Saint-Étienne ! C'était encore un martyr, une victime expiatoire qui venait de s'offrir en holocauste pour le salut de notre ordre social, et c'était un homme éminent qui tombait. Ancien élève de l'École polytechnique, ingénieur distingué du corps des mines, Henry de l'Espée venait, comme son camarade Baude, tué trois jours auparavant, de prendre la part la plus active à la défense de Paris.

A la séance du 27, un député de la Loire vint à la tribune et dit :

« L'Assemblée nationale rendait hier un solennel
« hommage à la mémoire des généraux Lecomte et Clé-
« ment Thomas, traîtreusement assassinés à Paris. La
« ville de Saint-Étienne vient d'être souillée par un forfait
« non moins exécrable.

. . . .

« Les scélérats qui profitent de ce que notre infor-
« tunée France saigne par tous les pores, pour redou-
« bler contre elle leurs coups parricides, ont senti que
« le préfet de la Loire ne saurait être vaincu.
« Ils l'ont assassiné !
« Messieurs, pleurons, ou plutôt, honorons ensemble
« le trépas et, pour mieux dire, le martyre de ce héros,
« et que, dans un temps qu'ont attristé tant de défail-
« lances morales, l'Assemblée nationale déclare que
« Henry de l'Espée, le vaillant magistrat, le généreux
« citoyen, a bien mérité de son pays. »

Cette proposition, mise aux voix, fut immédiatement adoptée à l'unanimité.

Il est des gens fâcheux qui ne perdent jamais l'occasion de porter la perturbation dans les situations les plus calmes. La motion Arnaud de l'Ariége étant bien et dûment inhumée, voilà que l'important M. Louis Blanc demande à l'Assemblée de déclarer que les maires de Paris viennent d'agir en bons citoyens. Il était difficile d'émettre une plus dangereuse idée.

M. Thiers, montant à la tribune, réclama de nouveau de la Chambre la gravité de l'attitude, le silence et la fermeté. « Aucun parti, dit-il, ne sera trahi par
« nous ; contre aucun parti il ne se prépare de solution
« frauduleuse. Nous ne voulons que rétablir l'ordre....
« et le pays, ensuite, choisira librement ses destinées.
« Nous ne cherchons qu'à précipiter une chose : la con-
« valescence et la santé de notre cher pays. Nous avons
« trouvé la République établie; c'est un fait dont nous
« ne sommes pas les auteurs; mais je ne détruirai pas
« la forme de gouvernement dont je me sers pour
« rétablir l'ordre. *Je le jure devant Dieu!* J'espère
« que la France saura traverser ces épreuves et qu'elle
« en sortira *avec sa grandeur immortelle que rien n'a*
« *encore atteinte sérieusement.* »

Dans le cours de ce beau mouvement oratoire, M. Thiers avait laissé clairement entendre que les droits de Paris ne seraient jamais méconnus, mais que cette ville ne dominerait pas la France, et que, en définitive, force resterait à la loi.

Le même jour, 27 mars, le gouvernement faisait connaître les dispositions d'une nouvelle organisation de l'armée de Paris, due à l'initiative du général Letellier-Valazé, nommé, par décret du 24, sous-secrétaire d'État de la guerre. L'armée concentrée à Versailles, et se renforçant tous les jours, venait d'être répartie en huit divisions d'infanterie, dont une de réserve, et trois divisions de cavalerie.

La 1re division d'infanterie (de Maudhuy) était formée de la brigade Wolff (23e bataillon de marche de chasseurs à pied, 67e, 68e et 69e de marche) et de la brigade Hanrion (2e bataillon de marche de chasseurs, 45e de marche et 135e d'infanterie).

La 2e division (Susbielle) se composait de la brigade Paturel (18e bataillon de marche de chasseurs, 46e et 89e de marche) et de la brigade Bocher (17e bataillon de marche de chasseurs, 38e et 76e de marche).

A la 3e division (Bruat) appartenaient la brigade de Seigneurens (74e de marche, 1er régiment d'infanterie de marine, 2e régiment de marins fusiliers) et la brigade de Langourian (75e de marche, 2e régiment d'infanterie de marine et 1er de marins fusiliers).

La 4e division (Grenier) réunissait la brigade Garnier (10e bataillon de marche de chasseurs, 48e et 87e de marche) et la brigade Fournés (51e et 72e de marche).

La 5e division (Montaudon) mettait en ligne la brigade Dumont (30e bataillon de marche de chasseurs, 39e d'infanterie et régiment étranger) et la brigade Bonnet (31e et 36e de marche).

La 6ᵉ division (Pellé) comptait également deux brigades : l'une (Gandil) était formée du 19ᵉ bataillon de marche de chasseurs, des 39ᵉ et 41ᵉ de marche; l'autre (Carteret), des 70ᵉ et 71ᵉ de marche.

La 7ᵉ division (Vergé) était composée de la brigade Duplessis (24ᵉ bataillon de marche de chasseurs, 37ᵉ et 79ᵉ de marche) et de la brigade Archinard (90ᵉ et 91ᵉ de marche).

Enfin la division de réserve (Faron), noyau de l'armée primitive, était forte de trois brigades, commandées par les généraux de la Mariouse, Derroja et Daudel, et comprenant respectivement les 35ᵉ et 45ᵉ, les 109ᵉ et 110ᵉ, les 113ᵉ et 114ᵉ régiments d'infanterie. Cette division était destinée à rendre les plus grands services durant les opérations ultérieures.

La cavalerie était, comme il a été dit plus haut, répartie en trois divisions sous les ordres des généraux du Barail, du Preuil et Ressayre.

La 1ʳᵉ division comprenait les trois brigades Charlemagne (3ᵉ et 8ᵉ hussards), de Galiffet (9ᵉ et 12ᵉ chasseurs) et de Lajaille (7ᵉ et 11ᵉ chasseurs).

La 2ᵉ n'avait que deux brigades : l'une (Cousin), formée du 3ᵉ cuirassiers et du 4ᵉ dragons, tous deux de marche; l'autre (Dargentolle), des deux régiments de gendarmerie à cheval.

La 3ᵉ division (Ressayre) ne comptait encore qu'une brigade organisée (de Bernis) composée des 6ᵉ et 9ᵉ lanciers. Quant à la seconde brigade, qui devait être placée sous les ordres du général Bachelier, elle était alors en voie de formation.

Enfin, la garde républicaine à pied et à cheval était immédiatement sous la main du général Vinoy, commandant en chef l'armée de Paris cantonnée à Versailles.

Cette organisation de nos forces n'avait rien de prématuré, car, à des symptômes non équivoques, on pouvait pressentir l'imminence de la lutte... de la lutte entre le pouvoir régulier de la France et Paris affolé, en proie à la fureur des républicains fauves, aux férocités de l'*Internationale*, aux provocations sinistres des ennemis de la France. Paris n'était plus la ville héroïque qui avait fait l'admiration du monde ; c'était un bagne, avec ses échappés aux yeux caves, au teint plombé,... et armés jusqu'aux dents. Ses journaux *officiels* y faisaient l'apologie du tyrannicide et, plus généralement, de l'assassinat. On y marquait d'un trident rouge les maisons des propriétaires « *bons à fusiller* », et ces horreurs ne faisaient qu'aggraver chaque jour les prétentions de la Prusse menaçante. M. Thiers déclarait, en la séance du 29 mars, que ces désordres arrêtaient le mouvement d'évacuation de l'armée prussienne. « Les scélérats de Paris, disait-
« il, les assassins, prolongent sur notre sol la présence
« de l'ennemi. C'est pour eux un nouveau titre à la gra-
« titude de la France!... »

Il était, on le voit, urgent de prendre un parti et de combattre énergiquement l'insurrection. Nous étions prêts.

Le 28 mars, un service solennel avait été célébré dans la cathédrale de Versailles, à l'intention des soldats morts pendant la guerre. Pour avoir raison des bandits internationaux, nous allions encore faire couler des torrents de sang généreux.

V.

COURBEVOIE. — MEUDON. — CHATILLON.

V.

COURBEVOIE. — MEUDON. — CHATILLON.

Il faut reculer de bien des siècles et remonter jusqu'à l'antiquité pour trouver une histoire de place de guerre qui puisse rappeler l'étrange situation de Paris à la fin du mois de mars. Vers l'an 250 avant notre ère, trois pouvoirs bien distincts, trois armées, se partageaient la célèbre Syracuse : Icétas, de Leontium, tenait la ville proprement dite; Denys était maître de la citadelle, et la flotte carthaginoise était mouillée au port. Ainsi de Paris, au printemps de l'an 1871 : les Prussiens tenaient les forts de l'est et du nord; le gouvernement légal en était réduit au Mont-Valérien; et les insurgés, maîtres de l'enceinte, s'établissaient solidement dans les forts du sud.

Ces derniers, toujours audacieux, méditaient une entreprise dont le projet se laissa facilement pénétrer. On sut à Versailles que, fermement résolu à prendre l'offensive, le *Comité central* faisait d'importants préparatifs. Il désarmait les gardes nationaux soupçonnés d'attachement à la cause de l'ordre, réorganisait les francs-tireurs, créait 25 bataillons de guerre, 20 batteries de canons de 7, se chargeant par la culasse, et 15 batteries de mitrailleuses. Il réquisitionnait les chevaux, pillait les magasins d'habillement de la guerre, s'emparait des ateliers Godillot et faisait des commandes considérables de poudre, de pétrole, de fulmi-coton, de nitro-glycérine. Le 30 mars, les armements de la Commune furent terminés et ses opérations commencèrent : elle mit en marche 70,000 gardes nationaux, pourvus de huit jours de vivres et convenablement surexcités. Le lendemain 31, le mouvement de ces troupes se dessina, et, pendant la journée du 1er avril, diverses concentrations se manifestèrent au nord-ouest et au sud de Paris. Après s'être assuré qu'il n'y avait rien de sérieux dans une démonstration opérée par les insurgés vers Châtillon, le général Vinoy résolut de porter tous ses efforts sur la presqu'île de Gennevilliers. On y signalait en effet la présence de bon nombre de bandes, qui, après avoir pris et barricadé le pont de Neuilly, s'étaient répandues dans Courbevoie et Puteaux, et poussaient jusqu'à Nanterre et à Rueil.

Notre corps expéditionnaire était formé de deux brigades d'infanterie : l'une, brigade Daudel, de la division Faron; l'autre, brigade de Bernard de Seigneurens, de la division Bruat. Éclairé sur sa gauche par la brigade de cavalerie de Galiffet, de la division du Barail, sur sa droite, par deux escadrons de la garde républicaine, il se mit en marche le 2 avril, dimanche des Rameaux, à six heures du matin. Une colonne s'avança par Rueil et Nanterre ; l'autre, par Vaucresson et Montretout, et la jonction des deux détachements s'opéra sans encombre au rond-point des Bergères. C'est de là que nos soldats partirent pour enlever les positions barricadées de Courbevoie, défendues par quatre bataillons d'insurgés. En tête de colonne marchaient les gendarmes, soldats héroïques dont on ne parle jamais assez, non plus que des sapeurs du génie, aussi modestes qu'eux. Ils firent ce jour-là, comme toujours, l'admiration de l'armée, et l'on peut dire qu'ils ont sauvé la France !... Leur fermeté d'âme et l'exemple qu'ils donnèrent d'une solidité à toute épreuve surent entraîner nos troupes, dont l'hésitation disparut. Aussi la caserne fut-elle bientôt prise par les régiments de la marine, et la grande barricade céda-t-elle aux efforts du 113e d'infanterie. Le pont de Neuilly ne tarda pas à être dégagé, et, ayant ainsi balayé les approches de Courbevoie, le général Vinoy fit cesser le feu. A quatre heures de l'après-midi, les troupes qui venaient d'être engagées rentraient dans leurs cantonnements, et nos adversaires pouvaient compter leurs pertes. Cédant toujours à de mauvais instincts, ils osèrent se venger de ce premier échec en mettant très-lâchement à mort un homme qui s'avançait vers eux, seul et sans armes, et que son uniforme de chirurgien devait mettre à l'abri de toute violence. Des gens de cœur eussent respecté le docteur Pasquier, dont l'armée porte aujourd'hui le deuil.

La vue du sang répandu dans ces combats du dimanche

troubla singulièrement les yeux des chefs de la Commune de Paris, et les enflamma d'une nouvelle et furieuse audace. Réunis à l'Hôtel de ville, en conseil de guerre, ils décidèrent que, dès le lendemain, 3 avril, l'attaque de Versailles serait brusquée. On assure que le plan de campagne, conçu par Cluseret, comprenait l'exécution simultanée de trois mouvements, respectivement dirigés par les généraux d'aventure, Bergeret, Duval et Eudes ; qu'une diversion devait être opérée sur le Mont-Valérien, pendant que, d'une part, une colonne filerait par le Bas-Meudon, Chaville et Viroflay ; et que, de l'autre, un corps important, sorti de Paris par la porte de Châtillon, se dirigerait vers l'objectif, Versailles, par le Plessis-Picquet, Villacoublay et Vélizy. Ce que l'on sait, c'est que, le 3 avril, dès le point du jour, les insurgés se montraient en forces au nord-ouest, à Courbevoie, Nanterre et Rueil ; qu'ils se massaient, au sud, entre Meudon, la redoute de Châtillon et le Petit-Bicêtre.

Du côté du nord-ouest, les bandes s'avancèrent résolûment, se répandirent par la presqu'île et bordèrent la Seine depuis Bezons jusqu'à Chatou, Croissy et Bougival. Elles étaient pleines d'entrain et ne savaient point dissimuler le robuste espoir qui leur gonflait la poitrine. Les gens de la Commune, qui, depuis trois jours, ne cessaient de pousser le cri : « *A Versailles! à Versailles!* » leur avaient impudemment promis que le commandant du Mont-Valérien allait s'empresser de leur ouvrir ses portes, et les malheureux s'avançaient, orgueilleux et confiants. Leurs chefs militaires, revêtus de costumes de théâtre, et la ceinture bourrée de revolvers, les électrisaient encore en brandissant de grands sabres.

Cette allégresse guerrière devait bientôt modérer ses transports, car les bouches à feu du Mont-Valérien ne tardèrent pas à prendre part à la fête. Quelques projectiles bien lancés dispersèrent les premiers groupes de gardes nationaux; la masse de leurs bataillons fut ébranlée par l'arrivée en ligne des brigades Garnier, Dumont et Daudel; enfin, vivement canonnés par nos deux batteries de 12, de réserve, il leur fut impossible de tenir. Ils s'enfuirent, abandonnant leur artillerie, leurs barricades de Rueil, de Nanterre, de Courbevoie; et le désordre des rangs fut à son comble quand ils virent leur ligne de retraite sérieusement menacée par la division de cavalerie du Preuil. Dès lors, ce fut une déroute générale; le vide se fit dans la plaine, couverte de morts, et l'on y ramassa nombre de prisonniers.

Ici se place un épisode qu'il est utile de ne point passer sous silence. Vers huit heures du matin, les insurgés qui occupaient la gare de Rueil se dirigèrent sur Chatou; mais, le pont ayant été coupé, leur mouvement dut nécessairement s'interrompre. Quelques hommes seulement passèrent la Seine en bateau, annonçant que le reste de la troupe allait suivre.... On ne sut pas au juste le but qu'ils poursuivaient, car, surpris par les escadrons de chasseurs qui descendaient de Saint-Germain, ils furent sur-le-champ passés par les armes; mesure sévère, qu'explique d'ailleurs suffisamment cette proclamation du général de Galiffet, publiée quelques heures après dans le village de Chatou :

« La guerre a été déclarée par les bandes de Paris.

« Hier, avant-hier, aujourd'hui, elles m'ont assassiné mes soldats.

« C'est une guerre sans trêve ni pitié que je déclare à ces assassins. J'ai dû faire un exemple ce matin; qu'il soit salutaire; je désire ne pas en être réduit de nouveau à une pareille extrémité.

« N'oubliez pas que le pays, que la loi, que le droit, par conséquent, sont à Versailles et à l'Assemblée nationale, et non pas avec la grotesque assemblée de Paris, qui s'intitule Commune.

« *Le général commandant la brigade,*

« GALIFFET.

« 3 avril 1871. »

Pendant que ces choses se passaient, le reste des gardes nationaux attendaient sur la rive opposée, ne sachant trop que faire, quand ils furent subitement chargés par la gendarmerie à cheval. Une dispersion s'ensuivit. L'un des chefs du mouvement, le célèbre Flourens, s'étant réfugié dans une maison, avec son aide de camp Cypriani, y fut poursuivi par un gendarme. Traqué dans son réduit,

Flourens n'hésita pas à faire usage de son revolver ; mais le capitaine de gendarmerie Desmarest, accourant au secours du soldat mis en joue, pourfendit net, d'un coup de sabre, le coupable défenseur des *droits du peuple*. Déplorable fin d'un homme jeune encore dont la vie avait été d'abord celle d'un bénédictin ; fils d'un savant, qui fût devenu savant lui-même, s'il ne s'était laissé prendre aux adulations des faiseurs de république universelle ! Triste exemple de la sincérité exploitée, dévoyée, et, finalement, corrompue par des entrepreneurs de révolutions cosmopolites !

Le même jour, 3 avril, et dès l'aube, une autre attaque s'était entamée vers Sèvres, Meudon et le Petit-Bicêtre. Les insurgés occupaient les hauteurs de Meudon, la grande avenue qui, du château, descend à Bellevue, et bon nombre de maisons du village. Ils engagèrent l'action vers six heures du matin, mais ils avaient affaire à forte partie : leurs bataillons se heurtèrent, à Meudon, aux troupes de la brigade de la Mariouse, à la gendarmerie à pied et aux gardiens de la paix ; au Petit-Bicêtre, ils rencontrèrent la brigade Derroja, de la division de réserve, et les deux régiments de fusiliers marins, de la division Bruat. Partout, le choc fut terrible pour eux : le Petit-Bicêtre, ne tarda pas à leur être enlevé et les gendarmes parvinrent à les déloger de Meudon. Ces bandes sans discipline, incapables de tenir la campagne, lâchèrent pied de toutes parts, et trois pièces d'artillerie, en batterie sur la plate-forme du château de Meudon, ne tardèrent pas à en achever la déroute. Les fuyards se replièrent en désordre sur la redoute de Châtillon, laissant entre nos mains des bouches à feu, des caissons, des fusils, des prisonniers, parmi lesquels bon nombre de repris de justice et de condamnés militaires. Ceux-ci furent immédiatement passés par les armes, ainsi que tous les déserteurs.

L'attaque de Versailles venait d'avorter. Toutefois, et pour parer à tout danger de mouvement tournant par Meudon et Saint-Cyr, les grilles du parc furent fermées; les postes de surveillance, doublés; et les bois, semés d'éclaireurs.

Cependant les insurgés étaient restés maîtres de la redoute de Châtillon, et il importait de la leur enlever au plus tôt. Le lendemain, 4 avril, dès cinq heures du matin, la brigade Derroja était, avec la division Pellé, au pied de cet ouvrage, et deux batteries de 12 cherchaient à en éteindre le feu. Nos braves soldats ne laissèrent pas à l'artillerie le temps d'achever son œuvre; ils gravirent au pas de course les pentes du plateau, et chargèrent à l'arme blanche les défenseurs de la redoute, atterrés d'un élan dont ils n'avaient pas soupçonné la puissance. A huit heures, tout était fini; le drapeau de la France flottait à Châtillon.

Cette troisième journée était décisive en ce qu'elle réduisait à néant tous les projets de coup de main sur Versailles. L'entreprise de la Commune venait d'échouer misérablement, et les gardes nationaux ne devaient plus, on le pensait, être tentés de prendre part à de semblables équipées. Non-seulement, en effet, nos troupes n'avaient pas fraternisé avec eux, comme on le leur avait promis, ni levé la crosse en l'air à leur approche ; mais ces troupes, pleines d'ardeur, les avaient menés battant, le sabre-baïonnette aux reins. La partie était donc bien perdue pour les Parisiens insurgés.

Délivrée de ses appréhensions, l'Assemblée nationale s'empressa d'applaudir à cet heureux résultat, et vota séance tenante (4 avril), et à l'unanimité, « des remerci-« ments aux troupes de terre et de mer pour leur cou-« rage, leur bon esprit et leur patriotisme. »

Les journées des 3 et 4 avril nous avaient malheureusement coûté une centaine de blessés, parmi lesquels le général Pellé, atteint d'un éclat d'obus à la cuisse. Dans ce nombre figuraient aussi une trentaine de gendarmes, soldats d'une solidité antique, et qui peuvent être fiers de l'uniforme qu'ils portent. Les insurgés veulent bien confondre tous les soldats de l'armée sous cette dénomination de *gendarmes*, dont ils veulent faire une flétrissure. Ils font à nos soldats grand honneur : ils les reconnaissent dignes de combattre à côté des représentants de cette vieille gendarmerie française qui nous a valu tant de victoires.

Pour eux, agents intéressés d'une insurrection détestable, et qui n'ont aucun titre au nom de belligérants, il serait difficile de leur reconnaître grande vertu guerrière. Audacieuses derrière un abri, leurs bandes ne tiennent pas à découvert, et la mise en marche en rase campagne est toujours suivie d'un prompt désarroi des bataillons. La vaine tentative d'attaque de nos positions de Versailles leur causa des pertes très-sensibles; nos troupes firent en outre plus de 1,500 prisonniers, et l'on put voir de près le type des misérables qui, pour assouvir leurs passions de bêtes fauves, mettaient, de gaieté de cœur, le pays à deux doigts de sa perte. — « Jamais la basse démagogie n'avait offert aux regards affligés des honnêtes gens des visages plus ignobles. » La plupart étaient âgés de 40 à 60 ans, mais il y avait des vieillards et des enfants dans ces longues files de hideux personnages; on y voyait aussi quelques femmes. Le peloton de cavalerie qui les escortait avait grand'peine à les soustraire aux mains d'une foule exaspérée; on parvint cependant à les conduire sains et saufs jusqu'aux Grandes-Écuries. Là, les interrogatoires commencèrent par-devant le commandant Thenet, grand-prévôt de l'armée, et, faut-il le dire? la tenue des prisonniers fut pitoyable; leurs réponses portèrent l'empreinte d'un cachet de franche lâcheté. Parmi les prisonniers faits dans la journée du 4 figurait un certain Henry, acteur du théâtre Montparnasse et qui, s'improvisant chef de légion, avait eu l'idée originale de prendre pour chef d'état-major le marchand de sucre d'orge de son théâtre. Ce jeune homme aux grands cheveux noirs, à l'œil intelligent, n'eut pas, devant le grand-prévôt, une plus noble attitude que celle de ses compagnons d'infortune.

Quant au nommé Duval, cet autre général de rencontre, il avait été, dès le matin, fusillé au Petit-Bicêtre avec deux officiers d'état-major de la Commune. Tous trois avaient subi en fanfarons le sort que la loi réserve à tous chefs d'insurgés pris les armes à la main.

VI.

NEUILLY. — BÉCON. — ASNIÈRES.

VI.

NEUILLY. — BÉCON. — ASNIÈRES.

Il n'est drame si lugubre qui n'ait ses incidents comiques, et la démagogie française a l'habitude de semer de gais intermèdes les tragiques représentations qu'elle nous donne. Une de ses meilleures plaisanteries consiste à faire hurler les adeptes qu'elle mène au combat. Au premier coup de fusil tiré par l'adversaire, ces soldats nouveau modèle n'ont qu'un cri : — « *On mitraille le peuple! On égorge nos frères!* » Ils ont bien, eux, entamé la lutte, mais qu'est-ce que cela? Le *peuple* a seul, sans doute, le droit de faire usage de ses armes.

C'est ainsi que, le jour de son coup de main sur Versailles, la Commune, surprise en flagrant délit d'offensive, et furieuse de nous trouver en état de défense, écrivait avec une placidité naïve :

« La réaction monarchique est *sans pitié*. Hier, elle
« attaquait Neuilly; aujourd'hui, Vanves et Châtillon. »

Il était permis de sourire, mais non d'oublier les dangers d'une situation encore grosse d'orages. Les insurgés venaient, il est vrai, d'être battus à plate couture; mais ils faisaient encore montre d'une ténacité toute prussienne. On les vit, dans la nuit du 4 au 5 avril, tenter de jeter un pont de bateaux sur la Seine, à la hauteur de Sèvres. En même temps, leur artillerie faisait rage; et, toute la journée du 5, les forts d'Issy, de Vanves et de Montrouge ne cessèrent de tirer sur Châtillon, Meudon et le Moulin-de-Pierre.

La lutte devait donc bientôt reprendre, et l'on pressentait une nouvelle phase d'opérations militaires. Pour en assurer le succès, le chef du pouvoir exécutif prit, dès le 6 avril, un arrêté qui répartissait en *armée de réserve* et en *armée active* l'ensemble des troupes réunies à Versailles pour le rétablissement de l'ordre en France; et, afin de donner à nos armes le plus grand prestige, il en confiait le commandement en chef au maréchal de Mac-Mahon, à peine guéri de ses blessures.

Tout le monde sait les mérites du duc de Magenta, plus que jamais illustre depuis la fatale journée de Frœschwiller. Tout cœur français reflète un rayon de cette gloire; mais il convient que la gratitude publique puisse s'arrêter aussi, en toute connaissance de cause, sur les autres défenseurs de notre ordre social. Suivant ce principe, nous donnerons la composition des armées de Versailles placées sous les ordres du maréchal; l'intérêt patriotique qui doit s'attacher à cette page de notre récit fera facilement oublier l'aridité de la nomenclature.

L'armée *active* (général Borel, chef d'état-major; général Princeteau, commandant l'artillerie; général le Brettevillois, commandant le génie) se composait de trois corps, deux d'infanterie, un de cavalerie, respectivement commandés par les généraux de Ladmirault, de Cissey, du Barail.

Le 1er corps (général Saget, chef d'état-major; général Laffaille, commandant l'artillerie; général Dubost, commandant le génie) était formé des trois divisions Grenier, de Laveaucoupet et Montaudon. — La 1re (Grenier) comprenait la brigade Abbatucci (régiment de Bitche, 48e et 87e de marche) et la brigade Pradier (10e bataillon de marche de chasseurs à pied, 51e et 72e de marche). L'artillerie (commandant Lefèvre) y était représentée par la 27e batterie du 7e régiment, et la 20e du 10e, toutes deux du calibre de 4; et le génie (commandant Ferron), par la 1re compagnie (*bis*) du 1er régiment, avec parc. — La 2e division (de Laveaucoupet) était composée de la brigade Wolff (23e bataillon de marche de chasseurs, 67e, 68e et 69e de marche); et de la brigade Hanrion (2e bataillon de marche de chasseurs, 45e de marche et 135e d'infanterie). L'artillerie (commandant Vidal) y comptait aussi deux batteries de 4 : la 25e du 15e régiment, et la 18e du 10e. Le service du génie (commandant Loyre) était fait par la 2e compagnie (*bis*) du 1er régiment, avec parc. — La 3e division (Montaudon) mettait en ligne la brigade Dumont (30e bataillon de marche de chasseurs, 39e d'infanterie et régiment étranger) et la brigade Lefèvre (31ᵉ et 36ᵉ de marche). Elle avait pour artillerie, les 20ᵉ et 27ᵉ batteries du 8ᵉ régiment (commandant Pioct), toutes deux du calibre de 4; pour génie (commandant Becker), la 16ᵉ compagnie du 3ᵉ régiment, avec parc.

Outre ces trois divisions d'infanterie, le 1ᵉʳ corps avait, pour s'éclairer, la brigade de cavalerie de Galiffet (9ᵉ et 12ᵉ chasseurs), à laquelle était attachée une batterie de 4, à cheval, la 26ᵉ du 2ᵉ régiment, capitaine Devrey, sous les ordres du commandant Vidal. Enfin, sa réserve particulière comprenait : le régiment de gendarmerie à pied (colonel Gremelin), non embrigadé; deux batteries de 12, deux batteries à balles et une compagnie du génie.

Le 2ᵉ corps (général de Place, chef d'état-major; général de Berckheim, commandant l'artillerie; général Séré de Rivière, commandant le génie) comportait, comme le premier, trois divisions, commandées par les généraux Levassor-Sorval, Susbielle et Lacretelle. — La 1ʳᵉ (Levassor) était formée de la brigade Besson (4ᵉ bataillon de marche de chasseurs, 82ᵉ et 85ᵉ de marche) et de la brigade Daudel (113ᵉ et 114ᵉ d'infanterie). Son artillerie, sous les ordres du commandant Lefrançois, comptait deux batteries de 4, les 2ᵉ (*ter*) et 3ᵉ (*bis*) du 15ᵉ régiment. Elle avait pour troupes du génie (commandant Pleuvier) la 18ᵉ compagnie du 1ᵉʳ régiment, avec parc. — La 2ᵉ division (Susbielle) comprenait la brigade Bocher (18ᵉ bataillon de marche de chasseurs, 46ᵉ et 89ᵉ de marche) et la brigade Paturel (17ᵉ bataillon de marche de chasseurs,

38ᵉ et 76ᵉ de marche). A ces troupes s'adjoignaient la 24ᵉ batterie du 6ᵉ d'artillerie, et la 27ᵉ du 12ᵉ (commandant Jaubert), toutes deux du calibre de 4. Le génie (commandant Michon) était représenté par la 8ᵉ compagnie (*bis*) du 2ᵉ régiment, avec parc. — La 3ᵉ division (Lacretelle) réunissait la brigade Noël (19ᵉ bataillon de marche de chasseurs, 39ᵉ et 41ᵉ de marche) et la brigade Péchot (70ᵉ et 71ᵉ de marche), avec deux batteries d'artillerie du calibre de 4 (commandant Desruol) : la 21ᵉ du 11ᵉ régiment et la 12ᵉ du 22ᵉ. Le 8ᵉ compagnie (*bis*) du 1ᵉʳ régiment du génie, avec parc, sous les ordres du commandant Faugeron, complétait la division Lacretelle.

Le 2ᵉ corps avait aussi pour s'éclairer un peu de cavalerie, le 6ᵉ lanciers. Sa réserve était de deux batteries d'artillerie de 12, de deux batteries à balles et d'une compagnie du génie.

Le 3ᵉ corps (colonel Balland, chef d'état-major) se composait de trois divisions de cavalerie, commandées par les généraux Halna du Fretay, du Preuil et Ressayre. — La 1ʳᵉ division (Halna du Fretay) était formée de la brigade Charlemagne (3ᵉ et 8ᵉ hussards) et de la brigade de Lajaille (7ᵉ et 11ᵉ chasseurs). — La 2ᵉ (du Preuil) réunissait la brigade Cousin (4ᵉ dragons et 3ᵉ cuirassiers) et la brigade Dargentolle (1ᵉʳ et 2ᵉ régiments de gendarmerie à cheval). — La 3ᵉ division (Ressayre) comportait la brigade de Bernis (9ᵉ lanciers et 7ᵉ dragons) et la brigade Bachelier (4ᵉ et 8ᵉ cuirassiers).

Le 3ᵉ corps avait, en outre, une batterie d'artillerie

à cheval, du calibre de 4, attachée à chacune de ses divisions. C'étaient : pour la division du Fretay, la 22ᵉ batterie du 18ᵉ régiment (capitaine Gouzy); pour la division du Preuil, la 24ᵉ du 19ᵉ (capitaine Raffon de Val); enfin, pour la division Ressayre, la 25ᵉ batterie du 19ᵉ (capitaine Lepage). Ces trois batteries étaient, pour l'ensemble des mouvements, sous les ordres du chef d'escadron Pinel de Grandchamp.

Telle était l'organisation des trois corps composant l'armée *active*. Le maréchal de Mac-Mahon pouvait d'ailleurs, s'il le jugeait à propos, étendre son commandement sur l'armée dite de *réserve,* qui demeurait sous les ordres directs du général Vinoy.

Cette armée de réserve (général de Valdan, chef d'état-major; général René, commandant l'artillerie; général Dupouët, commandant le génie) était formée des divisions Faron, Bruat et Vergé. — La 1ʳᵉ (Faron) comprenait la brigade de la Mariouse (35ᵉ et 42ᵉ d'infanterie), la brigade Derroja (109ᵉ et 110ᵉ d'infanterie) et la brigade Berthe (22ᵉ bataillon de marche de chasseurs, 64ᵉ et 65ᵉ d'infanterie). A cet effectif étaient attachées trois batteries du calibre de 4 (commandant Bocquenet) : la 19ᵉ du 11ᵉ régiment d'artillerie, la 16ᵉ du 6ᵉ, et la 22ᵉ du 8ᵉ. Une compagnie du génie, la 18ᵉ (*bis*) du 2ᵉ régiment, avec parc, sous les ordres du commandant de Bussy, complétait les forces de cette division. — La 2ᵉ division n'avait que deux brigades : la première (de Bernard de Seigneurens) réunissait le 74ᵉ de marche, le 1ᵉʳ régiment d'infanterie de marine et le 2ᵉ de marins fusiliers ; la seconde (de Langourian), le 75ᵉ de marche, le 2ᵉ d'infanterie de marine et le 1ᵉʳ de marins fusiliers. La 27ᵉ batterie du 6ᵉ d'artillerie et la 21ᵉ du 15ᵉ, toutes deux du calibre de 4, et sous les ordres du commandant Rabatel, formaient l'artillerie de la division Bruat. Elle avait pour troupes du génie la 3ᵉ compagnie (*bis*) du 1ᵉʳ régiment, avec parc (commandant Sainte-Beuve). — La 3ᵉ division (Vergé) était également répartie en deux brigades : l'une (Duplessis) formée du 26ᵉ bataillon de marche de chasseurs, des 37ᵉ et 79ᵉ de marche ; l'autre (Archinard), des 90ᵉ et 91ᵉ de marche. Ces troupes étaient soutenues par deux batteries de 4, la 16ᵉ et la 18ᵉ du 11ᵉ régiment, sous les ordres du commandant Louis, et le service du génie (commandant Guéry) y était fait par la 1ʳᵉ compagnie (*bis*) du 3ᵉ régiment, avec parc.

L'armée du général Vinoy avait, en outre, pour réserve, la garde républicaine à pied et à cheval, non embrigadée, deux batteries de 12, deux batteries à balles et une compagnie du génie.

Telle était la composition de cette *armée de réserve*, que le général en chef avait à ses ordres chaque fois qu'il jugeait à propos de faire concourir les deux armées à une commune opération. On verra, dans la suite de ce récit, que l'armée active s'accrut, vers la fin d'avril, d'un 4ᵉ et d'un 5ᵉ corps, respectivement placés sous le commandement des généraux Douay et Clinchant. Les forces destinées à la répression de l'insurrection de Paris se trouvèrent donc, de fait, divisées en six corps distincts, dont un de réserve, et cet ensemble eut lui-même pour réserve générale : 2 batteries à balles, 4 batteries de 7, 4 batteries de 12, et six compagnies du génie.

C'est avec ces moyens puissants que le maréchal de Mac-Mahon fut appelé à poursuivre le cours des opérations militaires. Le 6 avril, le jour même où paraissait l'arrêté du pouvoir exécutif portant organisation des deux armées, l'action reprenait dans la presqu'île de Gennevilliers, à gauche du rond-point des Bergères. Soutenu par la brigade de Galiffet et le canon du Mont-Valérien, le régiment de gendarmerie à pied délogea sans peine quelques centaines d'insurgés qui gardaient Courbevoie; occupa la caserne et, poussant vigoureusement en avant, dégagea complétement le pont de Neuilly, dont les barricades furent, l'une après l'autre, emportées. Repoussés de toutes parts, avec des pertes considérables, les gardes nationaux se replièrent en désordre dans l'ouvrage élevé en avant de la porte Maillot.

Nous étions maîtres du pont, mais non de Neuilly même, et nous avions à nous y établir solidement, afin de disposer librement du passage de la Seine, dont on pensait avoir à faire ultérieurement usage. Une opération fut ordonnée à cet effet, et, dans la matinée du 7 avril, la division Montaudon et la brigade de Galiffet, du 1er corps de l'armée active, étaient réunies à la brigade Besson, de la 1re division du 2e corps, en avant du pont de Neuilly, que les insurgés avaient fortement barricadé. Une vive fusillade partait de cette barricade et des maisons collatérales. Nos troupes y répondaient, mais ne pouvaient avancer sans s'exposer à de grands périls. Pour avoir raison de cette résistance, le général Montaudon donna, vers midi, l'ordre de cesser le feu, forma ses troupes en deux colonnes, qui prirent position à droite et à gauche du pont; et disposa son artillerie de manière à prendre d'écharpe les défenses des communeux. Vers deux heures et demie, huit pièces de 7 tiraient sur la porte Maillot; quatre pièces de 12, sur la barricade; et le Mont-Valérien secondait l'action de ces douze bouches à feu. Après une heure de canonnade bien nourrie, l'avenue de Neuilly n'était plus tenable, et la barricade du pont paraissait fortement ébréchée.

Pendant ce temps, la compagnie du génie s'était bravement jetée dans les maisons d'angle et, partant de là, avait cheminé à travers les maisons qui, à droite et à gauche, bordent la grande avenue; ouvrant des murs, perçant des créneaux, préparant une occupation sérieuse des quartiers de Neuilly qui touchent à la Seine. Cette opération, dirigée par le commandant Becker, était terminée à trois heures et demie. Aussitôt, le général Montaudon lança ses colonnes en avant, sur le pont. La barricade fut enlevée en un clin d'œil, les maisons collatérales furent occupées, nos travaux de tête de pont commencèrent et, à quatre heures et demie, nous étions absolument maîtres de la position.

Ce brillant succès était, d'ailleurs, assez chèrement

acheté. On avait pris quatre canons aux insurgés, on les avait repoussés jusqu'à l'enceinte en leur tuant beaucoup de monde ; mais, de notre côté, nous avions à déplorer la mort des généraux Besson et Péchot. Le général Montaudon lui-même avait été blessé. Vers cinq heures du soir, le ministre de l'intérieur faisait part de ces nouvelles à la Chambre, et ajoutait : « C'est un succès, messieurs...
« l'Assemblée rendra hommage au courage de l'armée...
« elle sera profondément reconnaissante envers ceux qui
« donnent leur vie pour le pays. »

Cette action de vigueur, suivie de l'armement de notre tête de pont de Neuilly, calma quelque peu l'ardeur belliqueuse des insurgés, toujours contenue, d'ailleurs, par les pièces de gros calibre du Mont-Valérien. Cependant, dans l'après-midi du 9 avril, vers cinq heures et demie du soir, quelques groupes apparurent dans la direction d'Asnières : la cavalerie chargée d'éclairer notre flanc gauche les culbuta promptement, et grande fut la déroute des communeux.

Les jours suivants ne furent signalés par aucun engagement sérieux et se passèrent en combats d'artillerie. D'une part, la porte Maillot échangea des obus avec nos batteries de Neuilly ; de l'autre, les forts du sud tirèrent avec fureur contre nos positions de Châtillon, de la Tour-aux-Anglais, du Moulin-de-Pierre, ou, pour mieux dire, ils tirèrent à peu près dans le vide, car les pointeurs de la Commune, tout endiablés qu'ils fussent, en étaient encore à l'enfance de l'art. Ces audacieux, ne sachant mettre en doute la puissance d'aucun moyen, organisèrent, au Trocadéro, des batteries destinées à contrebattre le Mont-Valérien, si gênant pour la porte Maillot, pour l'avenue de la Grande-Armée et le rond-point de l'Étoile.

La Commune y enterra, dit-on, des pièces de 24, dont elle força les charges, mais sans jamais obtenir une portée suffisante. Ses projectiles n'atteignirent que Puteaux et Suresnes, et les coups les plus longs ne touchèrent que le pied des glacis du fort.

Les journées du 12 et du 13 avril furent à peu près insignifiantes au point de vue des opérations militaires. On eut cependant à repousser quelques petites sorties, et notre cavalerie, se portant rapidement vers Juvisy et Choisy-le-Roi, coupa les dernières communications des insurgés avec Orléans.

La journée du 14 fut employée à contrebattre la batterie des défenseurs d'Asnières. D'autre part, le général Wolff, gêné par le feu de plusieurs maisons dominant notre tête de pont de Neuilly, se jeta résolûment dans la grande avenue, cerna ces maisons crénelées, passa par les armes tous les communeux qu'il y trouva, et les occupa, à son tour, très-solidement.

Le 15 et le 16, la canonnade reprit avec violence au nord-ouest et au sud de Paris, sans amener, plus que les jours précédents, de résultats appréciables ; mais la journée du lendemain, 17 avril, devait être féconde. C'est à cette date, en effet, que se rapporte la prise du château de Bécon.

Situé sur le sommet d'un tertre qui domine la Seine, entre Courbevoie et Asnières, le château de Bécon commande la route qui relie ces deux positions ; et les insurgés, bien inspirés, l'avaient mis en état de défense. Une première fois, dans la nuit du 12 au 13, on avait tenté d'enlever l'obstacle ; mais le bataillon d'infanterie et la compagnie du génie chargés de l'opération s'étaient heurtés à une forte barricade, qui en protégeait les abords. Accueillis par une vive fusillade partant des créneaux de tous les murs du château, nos soldats avaient dû rentrer à Courbevoie, avec leur chef de bataillon blessé. L'autorité militaire décida qu'il ne serait plus fait d'attaque de nuit, attendu que ces sortes de surprises n'ont chance de succès que lorsqu'on dispose de vieilles troupes, parfaitement aguerries. Les sapeurs du génie étaient solides, mais nos jeunes régiments de marche n'avaient pas encore le calme et la fermeté nécessaires. On s'arrêta donc à l'idée d'une attaque de vive force. L'exécution en fut confiée au général Montaudon, qui, dès le matin du 17, ouvrit un feu très-vif sur la position ennemie. Après une heure de canonnade, la brigade Lefèvre (2e de la 3e division du 1er corps) reçut l'ordre de se porter en avant. Mais le concours de deux régiments (31e et 36e de marche) était inutile. Le colonel Davoust, s'élançant à la tête du 36e, emporta le château, où le génie (16e compagnie du 3e régiment) s'empressa d'organiser des épaulements propres à recevoir une batterie. — « La position d'Asnières, ainsi con-
« trebattue, ne pourra plus inquiéter notre tête de pont

« de Neuilly, » dit le chef du pouvoir exécutif en rendant compte de ce brillant fait d'armes, et le public, tout en lisant la circulaire aux préfets, ne pouvait se défendre de songer à la singulière fortune de M. Thiers. Il attaque, disait-on, ces fortifications de Paris qu'il a construites; il ordonne l'assaut de ce château de Bécon, où il passa tout un été (1835) consacré à de paisibles études!

La journée du 18 avril ne vit aucun mouvement important se produire du côté des forts du sud, mais il n'en fut pas de même dans la région nord-ouest de Paris. Pendant que les insurgés ouvraient le feu de leurs nouvelles batteries du Point-du-Jour, le régiment de gendarmerie à pied leur enlevait le village de Bois-Colombes. Ces gendarmes, serviteurs intrépides, dont on ne saurait trop faire valoir le mérite militaire, se portèrent au delà du village, s'emparèrent de celui de Gennevilliers, et balayèrent la plaine en faisant essuyer aux gardes nationaux de grandes pertes en morts et prisonniers. Une locomotive blindée, que manœuvrait l'artillerie communeuse, se trouva dans le plus grand péril par suite de l'enlèvement opportun de quelques rails de la voie. Tous les insurgés refluèrent sur la rive gauche de la Seine, ne conservant sur la rive opposée que l'unique position d'Asnières, laquelle allait encore leur être enlevée dès le lendemain.

Le 19 avril, en effet, à l'heure où les insurgés démasquaient deux pièces au viaduc d'Auteuil, et où leur batterie flottante du Point-du-Jour ouvrait également son feu contre Meudon, la division Montaudon abordait les barricades d'Asnières. Nos soldats s'emparèrent d'abord de la partie du village située au sud de l'embranchement des voies ferrées; ils traquèrent ensuite les gardes nationaux, de maison en maison, dans toute la partie nord. Ceux-ci, sentant enfin que le pont, leur seule ligne de retraite, était sérieusement menacé, lâchèrent pied et se précipitèrent vers la rive. Des bandes entières fuyaient, effarées, avec un entrain qui rappelait celui des gardes nationaux de Belleville au combat de Neuilly-sur-Marne, et le passage de la Seine s'effectua dans le plus grand désordre.

Asnières emporté, toute la rive de la Seine était à nous; aussi la presqu'île de Gennevilliers fut-elle, comme l'île de la Grande-Jatte, promptement évacuée par les partisans qui l'occupaient. Refoulés dans la zone comprise entre la Seine et l'enceinte de la place, les insurgés ne tinrent plus, dès ce moment, qu'une portion de Neuilly et le village de Levallois.

Les résultats acquis depuis quinze jours étaient assez satisfaisants pour qu'on fût en droit de fonder grand espoir sur l'issue de la nouvelle série d'opérations qui allait s'ouvrir.

VII.

LES MOULINEAUX. — LE MOULIN-SAQUET. — LE FORT D'ISSY.

VII.

LES MOULINEAUX. — LE MOULIN-SAQUET. — LE FORT D'ISSY.

Les journées des 2, 3 et 4 avril avaient été employées à repousser le coup de main tenté sur Versailles. Nous avions consacré la quinzaine suivante à reprendre intégralement la presqu'île de Gennevilliers et à nous fortifier dans les positions conquises. Un champ nouveau s'offrait à nos soldats, qui allaient, suivant l'expression du gouvernement, commencer les *opérations actives.*

Les journées du 20 au 24 avril se passèrent en importants travaux, exécutés, sous le feu, par les sapeurs du génie, et en diverses concentrations de troupes. Nos soldats prisonniers en Allemagne revenaient peu à peu en France, et l'on prenait soin de les réunir à Cherbourg, à Cambrai, à Auxerre. Dès qu'ils furent suffisamment compactes, ces trois groupes de forces vives furent dirigés sur Versailles. Là, en vertu d'un ordre daté du 24 avril, nos braves gens furent répartis en deux corps (4e et 5e corps de l'armée active), sous les ordres des généraux Douay et Clinchant.

Le 4ᵉ corps fut formé des divisions Berthaut et l'Hériller.

La première (Berthaut) se composa de la brigade Gandil (10ᵉ bataillon de chasseurs, 26ᵉ d'infanterie et 5ᵉ d'infanterie *provisoire*) et de la brigade Carteret-Trécourt (94ᵉ d'infanterie et 6ᵉ d'infanterie *provisoire*). Elle eut pour artillerie les 2ᵉ et 12ᵉ batteries, de 4, du 15ᵉ régiment, commandant Bodin; pour génie, la 4ᵉ compagnie (*bis*) du 1ᵉʳ régiment, commandant Guichard. — La seconde division (l'Hériller) fut également formée à deux brigades : l'une (55ᵉ et 58ᵉ d'infanterie) commandée par le général Leroy de Dais; l'autre (détachement du 27ᵉ d'infanterie et troupes diverses venant de Cherbourg), par le général Nayral. On lui attacha deux batteries de 4, sous les ordres du commandant Rebillot : la 5ᵉ batterie du 12ᵉ régiment, et la 27ᵉ du 2ᵉ. Le service du génie (commandant Peaucellier) fut confié à la 11ᵉ compagnie (*bis*) du 2ᵉ régiment. — Le 4ᵉ corps eut, en outre, pour s'éclairer, deux escadrons de lanciers et le 4ᵉ hussards. Enfin, sa réserve d'artillerie fut d'une batterie à balles et de deux batteries de 12.

Le 5ᵉ corps comprit les deux divisions Duplessis et Garnier.

La première (Duplessis) réunit la brigade Roussel de Courcy (1ᵉʳ et 3ᵉ d'infanterie *provisoires*) et la brigade Blot (2ᵉ et 4ᵉ *provisoires*). Son artillerie fut formée de deux batteries de 4, les 1re et 2e (*bis*) du 15e régiment, sous les ordres du commandant Putz ; son génie, de la 17e compagnie du 3e régiment, commandée par le chef de bataillon Barillon. — La seconde division (Garnier) fut composée de la brigade Brauer (13e et 14e d'infanterie *provisoires*) et de la brigade Cottrets (15e *provisoire* et détachement du 17e). L'artillerie fut représentée par les 28e et 31e batteries du 14e régiment (commandant Lebas), toutes deux du calibre de 4 ; et le génie, par la 19e compagnie du 2e régiment, sous les ordres du commandant Varaigne. — Le 5e corps eut pour s'éclairer le 6e chasseurs à cheval, et sa réserve d'artillerie fut formée de deux batteries de 12 et d'une batterie à balles.

Tel était le complément d'organisation de l'armée active.

Le jour même (24 avril) où paraissait la décision ministérielle relative à cette formation nouvelle, les insurgés tâtaient nos positions du sud. Déjà, dans la journée du 22, ils avaient, à deux reprises, attaqué les retranchements du village de Bagneux, défendus par deux compagnies du 46e de marche, et leurs attaques avaient été infructueuses. Ils revenaient à la charge, éclairés par une petite bande que commandait un sergent. L'audace de cette avant-garde ne fut point précisément couronnée de succès, car elle tomba sur une embuscade de nos tirailleurs du 70e de marche, et fut en totalité détruite à bout portant. Encore une fois, ces gens de la Commune, dépourvus de toute solidité au feu, faisaient preuve d'une ténacité comparable à celle de nos ennemis les Prussiens.

Le lendemain, 25 avril, toutes nos batteries du sud furent démasquées, et le feu commença.

Tandis que nos troupes se concentraient et que le génie poursuivait ses travaux, notre artillerie n'était pas, tant s'en faut, restée inactive. Mettant habilement à profit les tristes et singuliers hasards de la guerre, elle avait disposé ses moyens d'action derrière la plupart des épaulements récemment élevés par les Prussiens, et plus de cent-cinquante bouches à feu allaient concourir à l'attaque des défenses de l'insurrection parisienne. On comptait, sur la *terrasse de Meudon*, 8 canons de 24 et 8 canons de 12, rayés, de siége; à *Châtillon*, 9 canons de 24, rayés, de place; 8 canons de 24, rayés, de siége; 6 canons de 7; 20 canons de 12, rayés, de siége; et 12 canons de 12 rayés, de campagne; à la *station de Meudon* (chemin de fer de l'Ouest), 5 canons de 7; à *Bellevue* (maison des Tourelles), 5 canons de 24, rayés, de place; au *Parc crénelé*, 2 canons de 24, rayés, de siége; 1 canon de 24, rayé, de place; 3 canons de 12 rayés, de siége; à l'*établissement hydrothérapique*, 3 canons de 24, de place; à *Brimborion*, 6 canons de 7; au *pavillon de Breteuil*, 6 canons de 0^m,16 rayés, de la marine; à la *batterie de brèche d'Issy* (Moulin-de-Pierre), 6 canons de 24, rayés, de siége; *à la lanterne de Démosthènes*, 3 canons de 12, rayés, de campagne; au *pont de Sèvres*, 3 pièces semblables, dont une enfilant le pont de bateaux jeté sur la Seine. Toutes ces batteries étaient servies par l'artillerie du 2ᵉ corps, placée sous le commandement supérieur du général de Berckheim. Le 2ᵉ corps avait, en outre, à sa disposition 8 canons de 4, rayés, de montagne; 4 mortiers de 0ᵐ,15 et 4 de 0ᵐ,22.

De son côté, l'artillerie du 1ᵉʳ corps (général Lafaille), manœuvrait 6 canons de 24, de siége; 6 de 12, de siége; 2 canons de 4, rayés, de montagne; 6 mortiers de 0ᵐ,15 et 2 mortiers de 0ᵐ,22.

Enfin, au moment où tout ce matériel entrait en action, on allait commencer à Montretout une batterie de 70 pièces de gros calibre, dont il sera parlé plus loin, et l'on formait le projet d'établir dans le parc d'Issy une batterie de 20 pièces de 24.

Dès l'ouverture du feu, le 25 avril, nos batteries du centre endommagèrent notablement le fort d'Issy et le réduisirent momentanément au silence. Mais ce premier succès nous coûta quelques morts, parmi lesquelles celle du capitaine d'artillerie Masson, frappé d'un obus sur le terre-plein de la batterie n° 3, située au-dessus de la sablonnière de Châtillon. Le lendemain, 26, nos bouches à feu maintinrent très-heureusement leur supériorité, et le fort se vit littéralement écrasé sous nos projectiles. Malgré tout, nos adversaires faisaient rage. Montrouge et Vanves soutenaient vigoureusement Issy; le Point-du-Jour ne cessait de nous inquiéter. Le bastion 65, armé de 4 pièces; la courtine 65-66, le bastion 68 et la batterie de l'octroi (près de la station du chemin de fer de ceinture), disputaient au Trocadéro la gloire de toucher le Mont-Valérien. Les pièces de l'octroi contrebattaient, en même temps, Meudon et la lanterne de Démosthènes. Quatre locomotives blindées, en panne sur le viaduc, en arrière du bastion 65, tiraient sans relâche sur notre batterie de Breteuil. Enfin, la canonnière Farcy, flanquée de 4 autres canonnières et de la batterie flottante n° 5, attaquaient alternativement Breteuil, Sèvres et Brimborion. La batterie flottante, descendant jusqu'à Billancourt, eut même un jour l'audace de s'y tablir pour canonner Meudon.

Au nord-ouest de Paris, le feu n'était pas moins violent. Asnières se trouvait en butte aux coups d'une batterie établie à l'imprimerie Paul Dupont, et à ceux d'une locomotive blindée sans cesse en mouvement sur la voie. Bécon était canonné par Levallois et la gare de Saint-Ouen; Courbevoie, par les fronts de l'enceinte 50-53. Enfin, maîtres de quelques pièces de marine, que les Prussiens leur avaient laissé prendre à Saint-Ouen, les insurgés procédaient de nouveau à l'armement de Montmartre, afin de couvrir de feux la presqu'île de Gennevilliers.

Malgré cet acharnement, et tant de dispositions comminatoires, nos artilleurs éteignaient Issy, et le génie poussait activement ses cheminements vers le fort, qui, réduit décidément au silence, ne faisait plus guère entendre qu'un coup de canon d'heure en heure. Dans la nuit du 26 au 27 ; nos tranchées du côté de la Seine étant assez avancées pour ne plus permettre à l'ennemi de retours offensifs, on résolut de brusquer une attaque sur les Moulineaux.

Prenant en main quatre compagnies du 35ᵉ d'infanterie, auxquelles s'étaient joints 300 hommes du 110ᵉ et 100 marins fusiliers, de la division Bruat, le général Faron aborda franchement cette position difficile, que défendaient deux bataillons d'insurgés. Des barricades, des maisons furent lestement enlevées, et la majeure partie du village tomba vite en notre pouvoir. Le succès de cette brillante opération était pour nous d'une haute importance : nous étions débarrassés des batteries installées sur la route 189, lesquelles gênaient beaucoup le tir des nôtres ; nous n'étions plus qu'à 8 ou 900 mètres du but ; enfin, du village des Moulineaux, nous pouvions facilement cheminer jusqu'au parc d'Issy, qui s'incline vers la Seine, en contre-bas du fort, et échappe ainsi à ses vues.

Les 27, 28 et 29 avril, notre artillerie continua son feu, et l'oreille attentive du public ne fut distraite que par la nouvelle d'une razzia d'insurgés due à l'adresse des éclaireurs du 70ᵉ ; les débris épars de la bande ainsi surprise avaient été menés battant jusqu'aux Hautes-Bruyères.

Nos projectiles pleuvaient sur le parc d'Issy, qui devenait inhabitable, et le génie, travaillant sans relâche, le serrait de plus en plus près. Les approches paraissant suffisamment avancées sur le parc, on résolut de tenter une action de vigueur dans la nuit du 29 au 30 avril. Cette nuit donc, vers une heure, les batteries de Meudon, de Châtillon et des Moulineaux se turent tout d'un coup ; et nos colonnes tombèrent à l'improviste sur les insurgés, qui, surpris de cette attaque, s'enfuirent aussitôt dans le plus grand désordre, abandonnant canons, mitrailleuses et fusils. Une dépêche du général de Cissey, commandant le 2ᵉ corps, rend exactement compte de ce nouveau succès de nos armes.

« Bel-Air, 30 avril, 6 h. 55 matin.

« Je reçois du général Faron la dépêche suivante :

« Fleury, le 30 avril, à 6 h. matin. — Opération bien
« réussie. Le cimetière, les tranchées, les carrières et le
« parc d'Issy ont été enlevés avec beaucoup d'élan par les
« bataillons des brigades Derroja, Paturel et Berthe, avec
« le concours des marins fusiliers.

« Nous occupons fortement les nouvelles positions,
« très-rapprochées des saillants de l'entrée du fort.

« Le parc est relié au chemin de fer par une tranchée
« passant en avant du cimetière.

« De notre côté, peu de morts ; une vingtaine de bles-
« sés.

« Les insurgés, en très-grand nombre, se sont précipi-
« tamment retirés, laissant de nombreux morts et des
« blessés ainsi qu'une centaine de prisonniers, huit pièces
« d'artillerie, beaucoup de munitions et huit chevaux. »

Pendant que nous prenions ainsi possession du cimetière, des tranchées, des carrières et du parc d'Issy, une diversion s'opérait sur la ferme de Bonnamy, sise en avant de Châtillon, et, dans une seconde dépêche adressée au chef du pouvoir exécutif, le général commandant le 2e corps faisait le plus grand éloge des troupes auxquelles cette opération avait été confiée. Une compagnie du 70e et la compagnie d'éclaireurs du 71e avaient, en s'emparant de la ferme, mis 30 insurgés hors de combat et fait 75 prisonniers.

Lé soir, vers cinq heures, ces prisonniers, et ceux qu'on avait faits au parc d'Issy, défilèrent à Versailles, par l'avenue de Paris. Leurs mitrailleuses et leurs canons suivirent, ornés par nos soldats de lilas en fleurs et de quelques-uns de ces guidons rouges que la Commune plantait à profusion sur tous les points qu'elle occupait. Une foule compacte ne cessait d'applaudir à grands cris, et les amateurs d'éphémérides militaires ne manquèrent pas d'observer que cette fête tombait à point pour faire oublier l'anniversaire d'un échec de nos armes.

En effet, vingt-deux ans auparavant, le 30 avril 1849, nous éprouvions un premier mécompte sous les murs d'une autre grande ville, d'une capitale qui servait alors d'asile aux bandits des deux mondes, et nous étions forcés d'en entreprendre le siége... le siége de Rome!..
Aujourd'hui c'est celui de Paris qu'il nous fallait faire!...
de notre Paris, corrompu par les malfaiteurs de la presse et

devenu le repaire de quelques scélérats, chargés d'y organiser la jacquerie moderne !..

L'affaire du 30 avril mécontenta singulièrement les chefs de l'insurrection parisienne, qui décrétèrent, *ab irato*, la création d'un comité de salut public, et firent disparaître Cluseret. « L'incurie et la négligence du délégué « à la guerre ayant, disaient-ils, failli compromettre notre « possession du fort d'Issy, la commission exécutive a cru « de son devoir de proposer l'arrestation du citoyen « Cluseret à la Commune, qui l'a décrétée. » Ainsi la Commune, après chaque désastre, croyait guérir ses plaies originelles en sacrifiant son ministre de la guerre ; mais, fort heureusement pour notre ordre social, le salut des coupables ne devait pas dépendre de l'étrange application d'un procédé carthaginois.

Il faut cependant reconnaître que, en ces circonstances, le gouvernement communeux faisait preuve de certaine puissance d'intuition. Il venait de s'ourdir un complot entre les nommés Bourget, de l'*Internationale;* Billioray, membre de la Commune; et Cérisier, ancien zéphyr, alors capitaine au 101e bataillon de la garde nationale insurgée. Ces messieurs devaient, moyennant finances, livrer le fort d'Issy au général Valentin, préfet de police; mais l'arrivée de Rossel à la guerre déjoua tous leurs projets. La chute du fort et la fuite dudit Rossel devaient bientôt démontrer aux conspirateurs qu'ils n'étaient pas seuls à battre en brèche l'instable édifice de la Commune de Paris.

Il nous eût certainement été possible de nous rendre maîtres du fort d'Issy dans la journée du 30, si nous ne nous étions laissé arrêter par des considérations d'humanité. A cinq heures du soir, le feu du fort avait été complétement éteint, et les insurgés, arborant le drapeau parlementaire, demandaient à négocier avec nous. Nos batteries cessèrent alors de tirer. A six heures et demie, un parlementaire leur fut envoyé par le général Faron, avec cette sommation du major de tranchée :

« SOMMATION.

« Au nom et par ordre de M. le maréchal commandant en chef l'armée, nous, major de tranchée, sommons le commandant des insurgés réunis en ce moment au fort d'Issy d'avoir à se rendre, lui et tout le personnel enfermé dans ledit fort.

« Un *délai d'un quart d'heure* est accordé pour répondre à la présente sommation.

« Si le commandant des forces insurgées déclare, par écrit, en son nom et au nom de la garnison tout entière du fort d'Issy, qu'il se soumet, lui et les siens, à la présente sommation, sans autre condition que d'obtenir la vie sauve et la liberté, moins l'autorisation de résider dans Paris, cette faveur sera accordée.

« Faute par lui de répondre dans le délai indiqué plus haut, toute la garnison sera passée par les armes.

« Tranchées devant le fort d'Issy, 30 avril 1871.

« Le colonel d'état-major,
« major de tranchée,

« E. LEPERCHE. »

Les insurgés demandèrent une demi-heure pour délibérer; mais, ce délai expiré, ils n'étaient pas parvenus à se mettre d'accord, bien que l'attitude de la grande majorité des gardes nationaux indiquât visiblement le désir de mettre bas les armes. La nuit qui survint interrompit les négociations entamées, mais elle fut singulièrement mise à profit par les communeux, qui l'employèrent à renforcer leurs défenses, à relever par des troupes fraîches la garnison du fort, à opérer des rechanges de matériel, à réoccuper solidement le château d'Issy. Malgré cette violation des lois de la guerre, leur drapeau parlementaire fut de nouveau hissé le lendemain, 1er mai, vers dix heures du matin. Nos officiers d'état-major, répondant à l'appel du pavillon blanc, se trouvèrent alors en présence du fameux Eudes, qui leur déclara vouloir continuer la résistance, attendu que, disait-il avec aménité, la Commune ne traitait pas avec « des assassins ». Il leur remit d'ailleurs ce factum de Rossel, le successeur de Cluseret à la délégation de la guerre :

« Paris, 1ᵉʳ mai 1871.

« AU CITOYEN LEPERCHE, MAJOR DES TRANCHÉES DEVANT LE FORT D'ISSY.

« Mon cher camarade,

« La prochaine fois que vous vous permettrez de nous envoyer une sommation aussi insolente que votre lettre autographe d'hier, je ferai fusiller votre parlementaire conformément aux usages de la guerre.

« Votre dévoué camarade,

« Rossel,

« délégué de la Commune de Paris. »

La rupture des négociations venait, dit-on, de ce que les conditions de la capitulation offerte ne concernaient ni Eudes, ni Mégy, assassins sérieux, auxquels on ne garantissait point la vie sauve. Toujours est-il que les hostilités durent être immédiatement reprises, et que le feu, recommençant avec fureur, ne s'interrompit plus un seul instant de la journée.

La nuit du 1ᵉʳ au 2 mai fut témoin de deux faits importants : la prise de la gare de Clamart et celle du château d'Issy.

A onze heures, le 22ᵉ bataillon de chasseurs à pied, de la brigade Berthe, embusqué depuis 8 heures du soir, s'approcha de la gare en silence. « — *Qui vive?* » fit la sentinelle ennemie. — « 22e *bataillon de la garde nationale!* » répondit un loustic. La sentinelle fut alors supprimée par un procédé sans réplique, et le 22e chasseurs enleva la gare à l'arme blanche, sans tirer un seul coup de fusil, mais semant sans bruit la terreur et la mort parmi deux bataillons de gardes nationaux et une compagnie de francs-tireurs communeux.

Presque à la même heure, deux bataillons d'infanterie de la brigade de la Mariouse, l'un du 35e, l'autre du 42e, emportaient vigoureusement le château d'Issy. Sur ce point, la résistance fut de beaucoup plus énergique qu'à la gare de Clamart, et nous dûmes conquérir le terrain pied à pied, au prix de quelques sacrifices. On eut, entre autres, à déplorer la mort du capitaine du génie Bunel, atteint d'une balle en pleine poitrine, au moment où il enlevait une barricade. Ces deux affaires coûtèrent bien plus cher aux communeux, qui nous laissèrent 300 morts et 400 prisonniers.

La journée du 2 fut signalée, au sud de Paris, par quelques petits retours offensifs, et de folles mousquetades de l'ennemi; dans la région nord-ouest, par une escarmouche qui égaya les troupes du général Montaudon. Un détachement d'insurgés, ayant tenté d'enlever l'un de nos avant-postes de Neuilly, y laissa 35 morts ou blessés et une vingtaine de prisonniers, dont une cantinière en costume d'opéra-comique.

Le fort d'Issy se trouvait investi et, en partie, isolé de la place, mais nous n'en étions pas encore maîtres, et il était permis de rechercher une prompte solution de la question capitale. M. Thiers s'était ménagé quelques intelligences, à la faveur desquelles il se flattait d'entrer dans Paris. On lui avait donné des indications précises et, croyant à la réussite des projets que d'adroits agents lui laissaient concevoir, il fit mettre sur pied toute l'armée active, ainsi que l'armée de réserve, dans la nuit du 2 au 3 mai. Il alla, de sa personne, coucher à Sèvres; quant aux troupes, elles se portèrent vers le bois de Boulogne, se massèrent à la hauteur du front 54-55 de l'enceinte et se tinrent prêtes à passer par la porte Dauphine, qu'on devait leur ouvrir. Cette entrée par la limite des 5e et 6e secteurs était habilement combinée. Malheureusement, et pour des raisons encore obscures, les gardes nationaux de Passy et d'Auteuil (38e et 72e bataillons) ne purent faire les signaux convenus, et l'opération avorta. C'était la deuxième fois, depuis dix jours, qu'on tentait une surprise de ce genre.

La trace de cet échec fut vite effacée par la nouvelle de la réussite d'un coup de main très-élégant. Le 4 mai, dès sept heures du matin, le commandant du 2e corps télégraphiait au chef du pouvoir exécutif :

« Succès complet à la droite des attaques.
« La redoute du Moulin-Saquet a été prise d'assaut,
« avec beaucoup d'entrain, par les troupes du général
« Lacretelle.

« 200 insurgés tués sont restés sur le terrain ; nous
« avons ramené beaucoup d'officiers insurgés et 300 pri-
« sonniers, 8 canons et plusieurs fanions.

« 2 canons ennemis, renversés dans un fossé, ont été,
« en outre, abandonnés. »

Et M. Thiers ajoutait malicieusement, en sa circulaire du même jour : — « Telle est la victoire que la
« Commune pourra célébrer demain dans ses bulletins. »

L'issue de cette petite affaire avait, en effet, de quoi
réjouir les cœurs les plus sombres de l'Assemblée nationale. Quatre compagnies du 39° de marche, soutenues par les éclaireurs du 41° et du 71°, étaient parties,
vers sept heures du soir, des environs du Plessis-Picquet, et avaient gagné la haute Seine par l'Hay, Chevilly
et Thiais. Après s'être fait reconnaître des avant-postes
de cavalerie du 3° corps, elles avaient suivi la route de
Choisy-le-Roi à Vitry, puis traversé ce village à la
hâte ; et, vers deux heures du matin, le gros du détachement était tombé sur la gorge de l'ouvrage, tandis que
quelques assaillants résolus en escaladaient, sur divers
points, les parapets. Les défenseurs de la redoute, appartenant aux 55° et 120° bataillons communeux, avaient
été surpris dans un sommeil alourdi par les libations, et
aucun d'eux n'avait opposé de résistance. Le 4 mai, à
3 heures, leurs drapeaux rouges et leurs canons, pavoisés
de lilas, arrivaient triomphalement devant l'hôtel de la

préfecture et, vers six heures, les acclamations de la foule saluaient une longue chaîne de prisonniers, défilant la tête basse. Une voiture, bourrée d'officiers, de médecins et de cantinières, fut surtout accueillie par les huées d'un public dont la dignité n'est malheureusement pas la vertu dominante.

Les journées des 3, 4 et 5 mai n'avaient pas été perdues pour les troupes chargées d'éteindre le feu du fort d'Issy et d'en couper les communications avec l'enceinte et le fort de Vanves. Mais ces troupes avaient rencontré quelques difficultés à l'attaque du redan destiné à relier les deux forts : la tuilerie, l'hospice des aliénés, le passage en dessus du chemin de fer (point coté 64 sur la carte au $\frac{1}{40,000}$) leur avaient été vivement disputés.

C'est seulement dans la nuit du 5 au 6 qu'elles purent s'emparer de ces positions et s'installer définitivement à la gare de Clamart. Nous ne saurions mieux faire, à ce sujet, que de reproduire le texte de la dépêche officielle :

« Cette nuit (du 5 au 6 mai), 240 marins et deux com-
« pagnies du 17ᵉ bataillon de chasseurs à pied, conduits
« par le général Paturel, se sont résolûment élancés sur
« le chemin de fer et sur le passage voûté qu'on se dis-
« pute depuis trois jours. Les marins, accueillis par un
« feu très-vif, ont été vaillamment soutenus par les deux
« compagnies du 17ᵉ, et la ligne du chemin de fer, ainsi
« que le passage voûté, sont restés en notre pouvoir. Ce-
« pendant, la garnison de Vanves, cherchant, en ce mo-

« ment, à prendre nos soldats à revers, était prête à
« sortir de ses positions, lorsque le colonel Vilmette s'est
« jeté sur elle à la tête du 2ᵉ régiment provisoire, a en-
« levé les tranchées des insurgés, a pris le redan où ils
« se logeaient, en a tué et pris un grand nombre, et a
« terminé ce brillant engagement par un coup de main
« décisif.

« On a tourné aussitôt le redan contre l'ennemi; on y
« a pris quantité d'armes, de munitions, de sacs, de vi-
« vres, abandonnés par la garnison de Vanves, et le dra-
« peau du 119ᵉ bataillon insurgé. »

Ce succès nous coûtait malheureusement assez cher. Nous avions fait des pertes sensibles, surtout parmi nos marins et nos sapeurs. On eut à déplorer la mort du capitaine du génie Lafosse, atteint d'une balle au ventre, à l'attaque du redan. C'était la deuxième fois qu'on voyait un camarade de l'indigne Rossel tomber bravement au vrai champ d'honneur. D'autres officiers avaient encore été mis hors de combat pendant ces opérations. Le major de tranchée Leperche, les lieutenants Parot et de Broglie avaient été gravement blessés.

Il était temps d'arrêter l'effusion d'un sang généreux, et l'heure des mouvements décisifs allait enfin sonner. Toutefois, avant de frapper les grands coups, le gouvernement résolut de faire un dernier appel aux Parisiens égarés. Pendant que les ballons lancés par les insurgés laissaient tomber sur leur passage une foule d'imprimés incendiaires, M. Thiers faisait répandre dans Paris la proclamation suivante :

« LE GOUVERNEMENT DE LA RÉPUBLIQUE FRANÇAISE AUX PARISIENS.

« La France, librement consultée par le suffrage universel, a élu un gouvernement qui est le seul légal, le seul qui puisse commander l'obéissance, si le suffrage universel n'est pas un vain mot.

« Ce gouvernement vous a donné les mêmes droits que ceux dont jouissent Lyon, Marseille, Toulouse, Bordeaux, et, à moins de mentir au principe de l'égalité, vous ne pouvez demander plus de droits que n'en ont toutes les autres villes du territoire.

« En présence de ce gouvernement, la Commune, c'est-à-dire la minorité qui vous opprime et qui ose se couvrir de l'infâme drapeau rouge, a la prétention d'imposer à la France ses violences. Par ses œuvres vous pouvez juger du régime qu'elle vous destine. Elle viole les propriétés, emprisonne les citoyens pour en faire des otages, transforme en déserts vos rues et vos places publiques, où s'étalait le commerce du monde, suspend le travail dans Paris, le paralyse dans toute la France, arrête la prospérité qui était prête à renaître, retarde l'évacuation du territoire par les Allemands et vous expose à une nouvelle attaque de leur part, qu'ils se déclarent prêts à exécuter sans merci, si nous ne venons pas nous-mêmes comprimer l'insurrection.

« Nous avons écouté toutes les délégations qui nous ont été envoyées, et pas une ne nous a offert une condition qui ne fût l'abaissement de la souveraineté nationale devant la révolte, le sacrifice de toutes les libertés et de tous les intérêts. Nous avons répété à ces délégations que nous laisserions la vie sauve à ceux qui déposeraient les armes, que nous continuerions le subside aux ouvriers nécessiteux. Nous l'avons promis, nous le promettons encore; mais il faut que cette insurrection cesse, car elle ne peut se prolonger sans que la France y périsse.

« Le gouvernement qui vous parle aurait désiré que vous pussiez vous affranchir vous-mêmes des quelques tyrans qui se jouent de votre liberté et de votre vie. Puisque vous ne le pouvez pas, il faut bien qu'il s'en charge, et c'est pour cela qu'il a réuni une armée sous vos murs, armée qui vient, au prix de son sang, non pas vous conquérir, mais vous délivrer.

« Jusqu'ici, il s'est borné à l'attaque des ouvrages extérieurs. Le moment est venu où, pour abréger votre supplice, il doit attaquer l'enceinte elle-même. Il ne bombardera pas Paris, comme les gens de la Commune et du Comité de salut public ne manqueront pas de vous le dire. Un bombardement menace toute la ville, la rend inhabitable, et a pour but d'intimider les citoyens et de les contraindre à une capitulation. Le gouvernement ne tirera le canon que pour forcer une de vos portes, et s'efforcera de limiter au point attaqué les ravages de cette guerre dont il n'est pas l'auteur.

« Il sait, il aurait compris de lui-même, si vous ne le lui aviez fait dire de toutes parts, qu'aussitôt que les soldats auront franchi l'enceinte, vous vous rallierez au drapeau national, pour contribuer, avec notre vaillante armée, à détruire une sanguinaire et cruelle tyrannie.

« Il dépend de vous de prévenir les désastres qui sont inséparables d'un assaut. Vous êtes cent fois plus nombreux que les sectaires de la Commune. Réunissez-vous, ouvrez-nous les portes qu'ils ferment à la loi, à l'ordre, à votre prospérité et à la France. Les portes ouvertes, le canon cessera de se faire entendre ; le calme, l'ordre, l'abondance, la paix, rentreront dans vos murs ; les Allemands évacueront votre territoire, et les traces de vos maux disparaîtront rapidement.

« Mais, si vous n'agissez pas, le gouvernement sera obligé de prendre, pour vous délivrer, les moyens les plus prompts et les plus sûrs. Il vous le doit à vous, mais il le doit surtout à la France, parce que les maux qui pèsent sur vous pèsent sur elle, parce que le chômage qui vous ruine s'est étendu à elle et la ruine également; parce qu'elle a le droit de se sauver, si vous ne savez pas vous sauver vous-mêmes.

« Parisiens, pensez-y mûrement : dans très-peu de jours, nous serons dans Paris. La France veut en finir avec la guerre civile. Elle le veut, elle le doit, elle le peut. Elle marche pour vous délivrer. Vous pouvez contribuer à vous sauver vous-mêmes, en rendant l'assaut inutile, et en reprenant votre place, dès aujourd'hui, au milieu de vos concitoyens et de vos frères. »

C'est le dimanche, 7 mai, que ce document fut connu du public; le lendemain, 8, à dix heures du matin, la grande batterie de Montretout ouvrait son feu et battait l'escarpe du corps de place, du bastion 63 au bastion 72.

Cette batterie, qui demeurera célèbre dans l'histoire du siège de 1871, n'était pas installée, comme la plupart des autres groupes de bouches à feu, derrière des épaulements d'ancienne date, car les Prussiens n'avaient rien construit dans cette région. Elle venait d'être organisée de toutes pièces, et les travaux, poussés avec la plus grande activité, n'avaient demandé que six jours et six nuits, du 29 avril au 4 mai. M. Thiers était venu, chaque jour, visiter ces travaux, qu'exécutaient 600 ouvriers, terrassiers et charpentiers, habilement dirigés par MM. Hunebelle frères, dont le nom, l'intelligence et le dévouement sont bien connus de ceux qui ont pris part à la défense de Paris. Dans ce court espace de temps, 15,000 mètres cubes de terre avaient été remués; les embrasures, les magasins à poudre, les abris, les communications couvertes, tout avait été terminé.

Établie entre le chemin de fer de Paris à Versailles et la route de Ville-d'Avray au Mont-Valérien, la batterie de Montretout était, en réalité, un ensemble de huit batteries distinctes, savoir : les deux batteries du parc Pozzo di Borgo; la batterie de la route (de Ville-d'Avray au Mont-Valérien); la batterie du Puits; les deux batteries des Vignes; la batterie située en avant du chalet Mathieu (de la Corrèze); enfin, la batterie en avant de la maison du docteur Vivier, laquelle était convertie en grand magasin à poudre. Les crêtes de ces divers épaulements présentaient un développement total de plus de 1,500 mètres courants.

L'armement, commencé le 4 mai, était terminé le 8 au matin. Il se composait de 70 pièces de gros calibre, approvisionnées chacune à 500 coups, savoir : 30 canons rayés, de place; 32 canons de $0^m,16$ de la marine (*aliàs* canons de 30); et 8 canons de $0^m,22$, rayés et frettés, de la marine, vulgairement appelés pièces de 80, à raison du projectile, qui pèse effectivement 80 kilogrammes.

En prise aux premiers coups de ces 70 bouches à feu, l'enceinte de Paris demeurait silencieuse et comme étonnée de ce formidable concert de détonations. Seul, le bastion 72 envoyait, de temps à autre, quelque obus inutile.

Quant au fort d'Issy, il ne tirait presque plus, car nous étions maîtres de l'église et d'une partie du village; nos tirailleurs arrêtaient ou culbutaient ses convois sur la route de Vanves à Clamart, et toutes ses communications allaient être coupées. Quelles résolutions les défenseurs furent-ils alors conduits à prendre? Quel genre de discussion s'éleva-t-il entre les divers commandements militaires des communeux? Il serait difficile de le préciser. Ce qu'on sait, c'est que dans la matinée du 9 mai, à l'heure où s'allumait un incendie au fort de Vanves, les insurgés du fort d'Issy, officiers en tête, s'esquivèrent par divers chemins pour se replier partie sur le couvent des Oiseaux, partie sur le lycée de Vanves. Cinq gardes nationaux, chargés de mettre le feu aux poudres pour faire sauter le fort, se gardèrent d'obéir et suivirent prudemment les camarades qui venaient de se défiler.

Vers dix heures du matin, le fort paraissait inerte; rien ne remuait plus derrière ses plongées... On voulut connaître la cause de cet étrange silence. Suivi de quelques sapeurs du génie, le chef de bataillon Barillon s'avança vers la porte... le pont-levis en était baissé. Il entra. Le fort était vide.

Nos batteries ayant cessé le feu, le 38ᵉ de marche accourut prendre possession des défenses que nous venions de battre si rudement depuis huit jours... et le lieutenant-colonel Biadelli reçut les récompenses dues au commandant Barillon. Contrairement à leur attente, nos soldats trouvèrent dans le fort abandonné une quantité d'approvisionnements considérable : des munitions, des vivres, principalement des spiritueux. Ils purent constater, à cet égard, le fait d'une préparation singulière : le contenu de la plupart des barils était mêlé d'une assez forte proportion d'infusion de tabac. Cet odieux mélange avait pour effet de surexciter les courages, d'allumer des ivresses belliqueuses, mais produisait aussi plus d'un résultat fatal : grâce à la nicotine, tout homme blessé était un homme mort. Les membres du Comité de salut public n'avaient, du reste, aucun souci de ces accidents inévitables, car ils ne professaient pour la vie humaine qu'un respect très-modéré.

La Commune, cette manière de gouvernement punique, avait, on le sait, pris l'habitude de se venger de chacun de ses échecs en brisant le rouage principal de sa *délégation de la guerre*. A Bergeret sacrifié avait succédé Cluseret ; à Cluseret, Rossel ; à Rossel devait succéder Delescluze.

Ce Rossel, qu'une éducation d'honnête homme eût dû détourner de l'idée de se faire chef de gueux, avait-il vraiment des convictions? Ce protée qu'on appelle République avait-il revêtu quelque forme qui lui pût inspirer une foi? Ou bien, était-ce un vulgaire ambitieux, que ne tourmentait la recherche d'aucune panacée sociale? L'histoire nous le dira plus tard ; aujourd'hui, nous ne tenons que le fait. Soit dégoût, prudence, ou vénalité, Rossel eut l'esprit de quitter la scène qu'il occupait depuis huit jours à peine, et trouva plaisant de disparaître en envoyant sa démission.

La lettre en laquelle il exposait les motifs de sa retraite *spontanée* jette une éclatante lumière sur les événements qui font l'objet de ce récit et sur l'anarchie à laquelle étaient alors livrés les divers pouvoirs insurrectionnels qui tyrannisaient la capitale d'un grand pays. Il convient donc de la reproduire en entier.

« Paris, le 9 mai 1871.

« Citoyens membres de la Commune,

« Chargé par vous, à titre provisoire, de la délégation de la guerre, je me sens incapable de porter plus longtemps la responsabilité d'un commandement où tout le monde délibère et où personne n'obéit.

« Lorsqu'il a fallu organiser l'artillerie, le comité central d'artillerie a délibéré et n'a rien prescrit. Après deux mois de révolution, tout le service de vos canons repose sur l'énergie de quelques volontaires dont le nombre est insuffisant.

« A mon arrivée au ministère, lorsque j'ai voulu favoriser la concentration des armes, la réquisition des chevaux, la poursuite des réfractaires, j'ai demandé à la Commune de développer les municipalités d'arrondissement.

« La Commune a délibéré et n'a rien résolu.

« Plus tard, le Comité central de la fédération est venu offrir presque impérieusement son concours à l'administration de la guerre. Consulté par le Comité de salut public, j'ai accepté ce concours de la manière la plus nette, et je me suis dessaisi, en faveur des membres de ce comité, de tous les renseignements que j'avais sur l'organisation. Depuis ce temps-là, le Comité central délibère, et n'a pas encore su agir. Pendant ce délai, l'ennemi enveloppait le fort d'Issy d'attaques aventureuses et imprudentes, dont je le punirais si j'avais la moindre force militaire disponible.

« La garnison, mal commandée, prenait peur, et les officiers délibéraient, chassaient du fort le capitaine Dumont, homme énergique qui arrivait pour les commander, et, tout en délibérant, évacuaient leur fort, après avoir sottement parlé de le faire sauter, chose plus impossible pour eux que de le défendre.

« Ce n'est pas assez. Avant-hier, pendant que chacun devait être au travail ou au feu, les chefs de légions délibéraient pour substituer un nouveau système d'organisation à celui que j'avais adopté, afin de suppléer à l'imprévoyance de leur autorité toujours mobile et mal obéie. Il résulta de leur conciliabule un projet, au moment où il fallait des hommes, et une déclaration de principes, au moment où il fallait des actes.

« Mon indignation les ramena à d'autres pensées, et ils ne me promirent pour aujourd'hui, comme le dernier terme de leurs efforts, qu'une force organisée de 12,000 hommes, avec lesquels je m'engage à marcher à l'ennemi. Ces hommes devaient être réunis à onze heures et demie ; il est une heure, et ils ne sont pas prêts ; au lieu d'être 12,000, ils sont environ 7,000. Ce n'est pas du tout la même chose.

« Ainsi, la nullité du comité d'artillerie empêchait l'organisation de l'artillerie ; les incertitudes du Comité central de la fédération arrêtent l'administration ; les préoccupations mesquines des chefs de légions paralysent la mobilisation des troupes.

« Je ne suis pas homme à reculer devant la répression, et, hier, pendant que les chefs de légions discutaient, le peloton d'exécution les attendait dans la cour. Mais je ne veux pas prendre seul l'initiative d'une mesure énergique, endosser seul l'odieux des exécutions qu'il faudrait faire pour tirer de ce chaos l'organisation, l'obéissance et la victoire. Encore si j'étais protégé par la publicité de mes actes et de mon impuissance, je pourrais conserver mon mandat. Mais la Commune n'a pas eu le courage d'affronter la publicité. Deux fois déjà, je vous ai donné des éclaircissements nécessaires, et deux fois, malgré moi, vous avez voulu avoir le comité secret.

« Mon prédécesseur a eu le tort de se débattre au milieu de cette situation absurde.

« Éclairé par son exemple, sachant que la force d'un révolutionnaire ne consiste que dans la netteté de la situation, j'ai deux lignes à choisir : briser l'obstacle qui entrave mon action, ou me retirer.

« Je ne briserai pas l'obstacle, car l'obstacle, c'est vous et votre faiblesse : je ne veux pas attenter à la souveraineté publique.

« Je me retire, et j'ai l'honneur de vous demander une cellule à Mazas.

« ROSSEL. »

Le 10 mai, tandis que Rossel disparaissait de la scène,

après avoir jeté, comme un trait de Parthe, ce singulier adieu à la Commune, une fête patriotique mettait en émoi toute la population de Versailles. Nos soldats ramenaient, par l'avenue de Paris, 28 des 109 bouches à feu trouvées dans le fort d'Issy, ainsi que les loques rouges qui, naguère, servaient de drapeaux aux 5e, 94e, 99e et 115e bataillons insurgés. Ce cortége se composait de délégations prises parmi les troupes de toutes armes qui avaient concouru aux opérations sous le fort d'Issy. Le génie des divisions Susbielle et Faron marchait en tête de colonne. Puis venaient : la brigade Paturel, représentée par des détachements du 17e bataillon de marche de chasseurs à pied, des 38e et 76e de marche; le 39e de marche, de la brigade Noël. On remarquait ensuite et l'on acclamait presque toute la division Faron : le 35e d'infanterie, de la brigade de la Mariouse ; les 109e et 110e, de la brigade Derroja ; le 22e bataillon de marche de chasseurs et le 65e d'infanterie, de la brigade Berthe; enfin, le 75e de marche, de la brigade de Langourian. A la suite, roulaient les canons, couverts de feuillage. Il y avait des aubépines aux tambours, des lilas aux fusils, et la joie brillait dans tous les yeux. A trois heures, la colonne s'arrêtait devant l'hôtel de la préfecture; les clairons sonnaient aux champs. Le chef du pouvoir exécutif, accompagné du général en chef, vint recevoir au perron les chefs de cette députation militaire et leur adressa des félicitations chaleureuses. Les troupes répondirent en acclamant M. Thiers ainsi que le maréchal de Mac-Mahon.

De là, le cortége se dirigea vers la cour du château. Les divers détachements vinrent se ranger autour de la statue de Louis XIV, et demandèrent à offrir à l'Assemblée les trophées que l'armée venait de conquérir. Plus de deux cents députés quittèrent aussitôt la séance, et se rendirent dans la cour de Marbre pour y saluer les représentants de l'armée. Les tambours battirent aux champs, puis le silence se fit. C'est alors que M. Léon de Malleville, vice-président de l'assemblée nationale, adressa aux troupes réunies l'allocution suivante :

« Soldats ! héroïques enfants de la France !

« Délégué par le président de l'assemblée nationale,
« accompagné des membres de son bureau et d'un grand
« nombre de mes collègues, je viens, non vous remercier
« d'avoir fait votre devoir, — vous n'avez besoin des en-
« couragements de personne pour le bien remplir, —
« mais vous féliciter de l'immense service que vous ren-
« dez à la France, en prouvant au monde qu'elle veut et
« qu'elle saura rester maîtresse d'elle-même.

« Non, la France ne courbera la tête sous le joug d'au-
« cune faction; non, elle ne livrera pas ses destinées au
« caprice insolent de quelques-uns de ses enfants rebelles,
« qu'on dit égarés et que, à trop juste titre, elle nomme
« criminels.

« Vous avez, au prix de votre sang, reconquis ces ar-
« mes, ces canons, qui vous appartiennent, qu'une

« odieuse surprise vous avait ravis, et qui, dans vos mains,
« ne serviront désormais qu'au triomphe de l'ordre, de
« la liberté et de l'indépendance de votre pays.

« Puissions-nous, quand nous aurons cicatrisé les plaies
« de la patrie, ne conserver de nos malheurs présents que
« l'impérissable souvenir de votre héroïsme et de votre
« dévouement !

« Soldats ! c'est au nom de l'assemblée nationale, c'est
« au nom de la France qu'elle représente, que je vous
« adresse ces félicitations !

« Vive l'armée ! vive la France ! »

Le discours officiel de M. de Malleville ne devait pas
être l'unique récompense de notre armée, car le maréchal de Mac-Mahon lui adressait cet ordre en date du
même jour :

« Soldats !

« Vous avez répondu à la confiance que la France
« avait mise en vous.

« Par votre bravoure, votre énergie, vous avez vaincu
« les obstacles que vous opposait une insurrection disposant de tous les moyens préparés par nous contre l'étranger.

« Vous lui avez enlevé successivement les positions de
« Meudon, Sèvres, Rueil, Courbevoie, Bécon, Asnières,
« les Moulineaux et le Moulin-Saquet. Vous venez enfin
« d'entrer dans le fort d'Issy.

« Dans ces différents combats, plus de 3,000 prison-
« niers et de 150 bouches à feu sont restés entre vos mains.

« Le pays applaudit à vos succès, et y voit le présage de
« la fin d'une lutte que nous déplorons tous.

« Paris nous appelle pour le délivrer du prétendu gou-
« vernement qui l'opprime. Avant peu, nous planterons
« sur ses remparts le drapeau national, et nous obtien-
« drons le rétablissement de l'ordre réclamé par la France
« et l'Europe entière.

« Soldats! vous avez mérité la reconnaissance de la
« patrie. »

Elle n'était pas encore terminée la mission de nos braves soldats, mais ils étaient prêts à la bien remplir jusqu'au bout. Ils marchaient résolûment, presque avec entrain, heureux de servir l'homme éminent dont ils sentaient la profonde affection. — « Ils trouvaient en moi, dit lui-même M. Thiers, à la séance du 8 juin, un ami invariable de l'armée, un homme qui aime le soldat, comme on aimerait son propre enfant.

Oui, quand je vois ces fils de nos champs, étrangers à nos passions, étrangers souvent à cette instruction qui relève le patriotisme; quand je les vois, songeant uniquement à l'honneur militaire qu'on a fait entrer dans leurs cœurs, mourir pour vous, pour nous, pour le pays, je suis touché profondément et j'éprouve un besoin indicible de les environner de toute ma sollicitude... »
Paroles touchantes qui ont remué tous les cœurs et que l'armée n'oubliera jamais!

VIII.

LE FORT DE VANVES. — L'ATTAQUE DU CORPS
DE PLACE. — L'ENTRÉE DANS PARIS.

VIII.

LE FORT DE VANVES. — L'ATTAQUE DU CORPS DE PLACE. — L'ENTRÉE DANS PARIS.

La chute du fort d'Issy n'était pas le seul événement qui fît alors hausser les fonds publics et décréter Rossel d'accusation, du chef de trahison ou de vénalité. La nuit du 8 au 9 mai était encore signalée par d'importants progrès obtenus sur l'autre rive de la Seine. Pendant que la brave division Faron terminait honorablement son tour de service, le 4ᵉ corps de l'armée active débutait par une heureuse opération. Soutenu par une vigoureuse canonnade de la batterie de Montretout, et favorisé par la nuit sombre, le général Douay venait de passer la Seine et de s'établir en avant de Boulogne, devant les bastions 67, 66 et 65, qui forment le *Point-du-Jour*. Vers dix heures du soir, la brigade Gandil (1ʳᵉ de la division Berthaut, composée du 10ᵉ bataillon de chasseurs, des 26ᵉ d'infanterie et 5ᵉ *provisoire*) commença l'ouverture de la tranchée, aidée, dans cette tâche, par le 26ᵉ bataillon de chasseurs et le 37ᵉ de marche, de la 1ʳᵉ brigade de la 3ᵉ division (Vergé) de l'armée de réserve. 1,400 travailleurs, guidés par les officiers du génie, creusèrent une parallèle qui s'étendit de la Seine aux dernières maisons de Boulogne, à la distance de moins de 300 mètres de l'enceinte. Grâce à leur activité, ces braves gens étaient, à quatre heures du matin, parfaitement couverts et à l'abri des feux de l'ennemi. Et le lendemain, 10 mai, à la séance de la chambre, M. Thiers, répondant à une interpellation, insistait sur cet événement militaire, prélude d'un siége en règle. « *Quand notre armée*, dit-il, *ouvre « la tranchée à 300 mètres de Paris, cela ne signifie pas « que nous ne voulons pas y entrer.* » A la séance du mardi, 11 mai, séance orageuse s'il en fût, M. Thiers, reprenant cette question du siége, exprima l'espoir que huit jours devaient suffire à faire brèche au corps de place. Il annonça d'ailleurs aux députés que la paix avec l'Allemagne venait d'être définitivement signée ; que, par conséquent, nous n'avions plus à craindre son immixtion directe dans nos affaires intérieures. Les Prussiens renonçaient ostensiblement à l'idée de pénétrer une seconde fois dans Paris ; il suffisait à leur joie de voir commencer la démolition de la colonne Vendôme. Nous saurons sans doute plus tard le prix qu'ils ont offert de ce bronze qu'ils n'auront pas.

Les insurgés de Paris avaient des instincts pervers ; ils n'étaient animés que de l'esprit de haine et de dévastation. Nos premiers cheminements ne tardèrent pas à surexciter la rage de leur comité de salut public, qui fit afficher, le 10 mai, le décret suivant :

« *Art.* 1er. — Les biens meubles des propriétés de Thiers
« seront saisis par les soins de l'administration des do-
« maines.
« *Art.* 2. — La maison de Thiers, située place Saint-
« Georges, sera rasée. »

Odieux et pitoyable décret qui ne fait qu'honorer un grand citoyen ! Triste et misérable parodie des rigueurs de la Rome antique par quelques grands hommes des ruisseaux de Paris ! En attendant que l'histoire s'empare de ces exploits et rende à chacun la justice due, l'Assemblée nationale exprima, par un ordre du jour motivé, en date du 11 mai, que le proscrit dont on démolissait la maison faisait preuve d'un patriotisme et d'un sens politique qui lui inspiraient toute confiance en l'avenir.

L'Assemblée avait bien raison, car, dès le lendemain, on inaugurait les premiers services qu'était appelée à rendre une grande création de M. Thiers. Ayant à pourvoir aux besoins d'une armée considérable, et ne disposant, à cet effet, que d'une seule ligne de chemin de fer, desservie, à Versailles, par l'unique gare de la rue des Chantiers, le chef du pouvoir exécutif avait conçu l'idée d'une gare nouvelle, aux vastes proportions. Il en avait conféré avec la compagnie de l'Ouest, à la date du 19 avril ; les projets, dressés par MM. Delaître et Pagès, ingénieurs de la compagnie, avaient été arrêtés et approuvés le 22. Le 12 mai, c'est-à-dire vingt jours après, une partie de l'œuvre était parachevée, et l'exploitation commençait.

Cette gare, dite *des Matelots*, de ce qu'elle est établie sur des terrains de l'ancienne liste civile, avoisinant l'avenue de ce nom, entre Versailles et Saint-Cyr, cette gare, ainsi créée, représentait une quantité de travail considérable. Dans le court intervalle de vingt jours, les frères Hunebelle, entrepreneurs de la compagnie de l'Ouest, avaient remué 50,000 mètres de terre, posé 9,000 mètres de ballast, mis en place 3,000 mètres courants de voie, fait toutes les maçonneries et les charpentes, les empierrements, les quais et les chemins d'accès. Desservie par un quai de 300 mètres, l'œuvre se composait de sept voies parallèles, de 400 mètres de longueur chacune, soit de plus de 2 kilomètres courants de garage. Les approvisionnements réguliers de l'armée de Versailles étaient désormais assurés.

Mais ce n'est pas seulement à l'administration militaire que la gare des Matelots doit servir. Elle reçoit une destination plus large, et c'est là que se manifestera tout le mérite de la conception. Les travaux qui se poursuivent vont lui donner 35 voies parallèles, de 1 kilomètre de longueur chacune, soit ensemble 35 kilomètres de garage; deux fois la distance de Paris à Versailles! Ce dock immense ne sera pas uniquement le réceptacle des arrivages du chemin de l'Ouest; mais deux raccordements le mettront, par Pontoise et Chevreuse, en relation directe avec tous les chemins de fer de France. De cette façon, Paris sera, dès qu'on le voudra, déshérité du privilége de centraliser les mouvements commerciaux, d'être l'*étoile* nécessaire de nos communications, l'entrepôt forcé des marchandises de toute provenance, en un mot, le grand marché du monde. Cette épée de Damoclès saura peut-être, dans l'avenir, trancher toutes les complications démagogiques, et le génie politique de M. Thiers mérite notre franche admiration.

Le vendredi, 12, à midi, les troupes du 2ᵉ corps (de Cissey) faisaient, à leur tour, hommage à M. Thiers d'un succès des plus brillants. Le 4ᵉ bataillon de chasseurs à pied (brigade Lian) et les partisans du 113ᵉ d'infanterie (brigade Osmont) enlevaient le groupe de maisons situées à l'intersection de la route stratégique avec la route de Montrouge à Châtillon, et coupaient ainsi toute communication entre les forts de Vanves et de Montrouge. Quelques heures plus tard, le commandant de Pontécoulant à la tête d'un bataillon du 46ᵉ de marche (brigade Bocher) s'emparait, à Issy, du couvent des Oiseaux. « A la « suite de cette affaire, dit le rapport officiel, les in-« surgés, comprenant qu'ils ne pouvaient plus tenir en « dehors de l'enceinte, ont successivement abandonné « toutes les parties du village qu'ils occupaient encore, « laissant entre nos mains un grand nombre de prison-« niers. »

L'occupation du lycée de Vanves, effectuée dans la

nuit du 12 au 13, amenait nos troupes à quelques centaines de mètres de l'enceinte.

Cette même nuit, on agissait également dans une autre direction, non loin du point où nous avions ouvert une parallèle. Dans la soirée du 12, on avait fait partir de Versailles plusieurs voitures chargées d'engins spéciaux, échelles, ponts-roulants, tout un matériel de franchissement et d'escalade. Divers détachements s'étaient dirigés vers le Point-du-Jour, et toute l'armée avait été tenue sur pied, prête à partir. Le gouvernement espérait, à l'aide d'intelligences, la faire entrer dans la place par la porte Dauphine... Mais cette troisième tentative n'eut pas plus de succès que les deux premiers essais de surprise, et la déconvenue fut complète. Accueillis par une vive fusillade et quelques décharges de mitrailleuses, nos soldats durent rebrousser chemin.

Ils se consolèrent vite de ce mécompte, car la journée du 13 fut témoin de l'arrivée triomphale des drapeaux et des huit canons pris aux insurgés du couvent des Oiseaux, à Issy. Ce fut, comme toujours, fête à Versailles : défilé par l'avenue de Paris; station devant l'hôtel de la préfecture; chaudes félicitations de M. Thiers; formation en bataille dans la cour de Marbre du château, et, enfin, allocution aux troupes par un membre du bureau de l'assemblée nationale. Voici le discours de M. Benoist d'Azy :

« Soldats !

« Chargé par le président de l'assemblée de venir au
« milieu de vous pour vous exprimer les sentiments qui
« nous animent tous en présence de vos glorieux faits
« d'armes, je suis heureux d'avoir à vous féliciter de vos
« succès, et à vous remercier au nom de la patrie tout
« entière.

« Ce sera une gloire pour l'armée française que ces no-
« bles efforts pour rétablir l'ordre et mettre fin à une
« guerre odieuse. La Providence vous a protégés et con-
« duits, elle vous guidera encore. Espérons que, dans
« peu de jours, nous verrons la fin de ces combats contre
« des misérables; les uns, étrangers à notre pays, les au-
« tres, entraînés par la séduction ou la violence aux plus
« détestables crimes.

« Unissons tous nos efforts pour délivrer notre patrie
« de tant de calamités, et ayons la ferme confiance que
« la France retrouvera sa gloire, sa paix, sa sécurité, sa
« prospérité, et elle le devra à sa noble armée.

« Vive l'armée! vive la France! »

Cette journée du 13 mai fut témoin des plus vigoureux
engagements soutenus par la division Susbielle, du
2ᵉ corps, engagements qui entraînèrent l'évacuation
complète du village d'Issy et du lycée de Vanves. Les projectiles employés, parmi lesquels se trouvaient des gre-

nades au picrate de potasse, transformèrent en un véritable amas de décombres la grande rue d'Issy et un grand nombre de maisons des rues latérales. Le couvent des Oiseaux et le petit séminaire, dans lesquels les insurgés opposèrent une grande résistance, furent littéralement bouleversés de fond en comble. « L'infortunée popu-
« lation d'Issy, ajoutait le rapport officiel, a salué avec
« joie ses libérateurs. Malgré la ruine totale qui l'accable,
« malgré ses dernières souffrances, elle a témoigné de
« la façon la plus touchante ses sympathies à nos braves
« soldats. »

Le lendemain dimanche, 14 mai, un télégramme du ministre de l'intérieur annonçait à Versailles que le fort de Vanves venait d'être pris, à midi et demi, et qu'il était occupé par nos troupes. Depuis le matin, l'investissement en était complet; mais cette opération nous avait fait faire des pertes sérieuses, entre autres, celles des capitaines du génie Rosheim, disparu, et Durand de Villers, tué, le matin même, à 9 heures et demie, alors que, la pioche à la main, il dirigeait une sape volante en avant de la gorge du fort.

Quant aux défenseurs, ils avaient fui, pendant la nuit, par une galerie souterraine qui, de la poterne de la courtine 1-2 du fort, aboutit aux carrières Dardan et Michau, situées sur le chemin de Paris à Châtillon, à la hauteur du *sentier de la Fosse du pied d'âne*. Ceux qui parvinrent à déboucher dans ces carrières à ciel ouvert gagnèrent, par le chemin précité, la route de Paris à Chevreuse, traversèrent le village de Montrouge, et rentrèrent dans la place par cette porte de Châtillon, dont le nom fut si bien chansonné durant le siége précédent, avec le nom de M. de Bismarck. Mais la plupart des insurgés s'égarèrent dans le dédale des catacombes.... et ils y eussent tous péri sans le dévouement d'un sieur Chollet, agent du service des mines, qui parvint à en sauver quelques centaines. Pendant ce temps, la communication souterraine était coupée dans le fossé du fort, et tout retour offensif devenait impossible, même pour un homme isolé. Cette opération, dirigée par M. l'ingénieur Descos, eut, d'ailleurs, un résultat inattendu : elle nous fit faire prisonniers une cinquantaine de communeux, qui n'avaient pas eu le temps de s'enfuir et n'avaient plus le courage de faire sauter la maçonnerie des escarpes.

On trouva le fort de Vanves dans un état déplorable. Les casernes en étaient incendiées ; les casemates, éventrées ; la majeure partie des bouches à feu, hors de service ; le sol, inondé de vins et de spiritueux qui noyaient les décombres ; et, çà et là, dans un infernal chaos, émergaient des blessés râlant encore, et des cadavres depuis longtemps en putréfaction. Un spectacle plus affreux était fait pour nous glacer d'horreur : dignes émules des sauvages du lac Tchad, les insurgés de Paris avaient cloué à un poteau l'un des nôtres, fait prisonnier. Le malheureux soldat avait payé d'un long martyre l'honneur d'être resté fidèle à son drapeau.

La nuit du 14 au 15 fut témoin d'une opération importante. Nos batteries de Courbevoie, de Bécon et d'Asnières canonnèrent vigoureusement Levallois et Clichy, ainsi que le corps de place, du bastion 43 au bastion 47. Les insurgés durent évacuer les deux villages qu'ils tentèrent en vain de reprendre au petit jour. Quant à nous, profitant de l'effet produit par l'artillerie, il nous fut possible de réparer sur la Seine le pont de bateaux qui avait été rompu le jour de la prise d'Asnières. Nos communications se trouvaient ainsi complétement rétablies.

La conséquence première de la prise du fort de Vanves fut de nous permettre d'ouvrir une parallèle, à bonne distance de la place. Il y eut dès lors deux attaques distinctes : l'une, sur la rive droite ; l'autre, sur la rive gauche de la Seine ; combinaison d'autant plus heureuse que nos cheminements du bois de Boulogne étaient assez vivement contrariés par les feux d'écharpe du bastion 50 ; et ceux de Mortemart, par les bastions 64 et 65. Pour relier les deux attaques, le 2ᵉ corps détacha quelques forces à l'effet d'occuper l'île Saint-Germain. Le général Séré de Rivière, commandant le génie, n'eut besoin que d'une nuit pour jeter le pont et construire une batterie, qui coula bientôt deux canonnières communeuses, embossées en avant du viaduc d'Auteuil. Cette batterie, prenant, d'ailleurs, à revers le terrain compris entre l'enceinte et les forts du sud, en fit déguerpir toutes les bandes qui s'y étaient logées, et, dès lors, il nous devint possible de pousser rapidement nos cheminements en avant de la parallèle.

C'est à partir de ce moment que se dessinent les opérations du siége proprement dit de l'enceinte, et les divers corps assiégeants sont distribués sur les fronts d'attaque de la manière suivante : Le 1ᵉʳ corps de l'armée active (de Ladmirault; — quartier général à Rueil, villa Beaupréau) surveille Asnières et Neuilly; le 2ᵉ corps (de Cissey; — quartier général au château du Bel-Air, près Bièvre) occupe les forts et les villages de Vanves et d'Issy; le 3ᵉ corps (du Barail ; — quartier général au château de Villebon, près Palaiseau) fouille la campagne, de Versailles à Choisy-le-Roi; le 4ᵉ corps (Douay; — quartier général à Villeneuve-l'Étang) a pris position de la route de Saint-Cloud au grand lac du bois de Boulogne; le 5ᵉ corps (Clinchant; — quartier général à Marnes) sert de réserve au 4ᵉ corps, et s'échelonne jusqu'à Neuilly, par derrière le grand lac.

Quant à l'armée de réserve (Vinoy), elle est répartie de la manière suivante :

La 1ʳᵉ division (Faron; — à Issy) opère avec le 2ᵉ corps; la 2ᵉ (Bruat; — à Rueil et Sèvres), avec le 4ᵉ corps; la 3ᵉ division (Vergé), flanquant le général Douay, s'étend de la route de Saint-Cloud à la Seine, en enserrant le Point-du-Jour.

A la même époque, c'est-à-dire vers le 15 mai, le service de l'artillerie modifie l'action du matériel dont il dispose. Pour armer les batteries de brèche en construction dans le bois de Boulogne et à Billancourt, il prend : à Montretout 20 pièces de 24 long; au 2ᵉ corps, 4 pièces de 24 court; de plus, il expédie de Versailles 20 pièces de 24 long, et réunit ainsi 44 pièces de gros calibre, que doivent appuyer 10 mortiers de $0^m,27$, 12 de $0^m,22$, et 14 mortiers de $0^m,15$; ensemble, 80 bouches à feu. L'armement du Mont-Valérien est, en même temps, renforcé de 16 canons de $0^m,16$, de la marine; on envoie cinq autres pièces de $0^m,16$ au château de Bécon; et, pour que la batterie de Montretout ne cesse point de produire ses effets imposants, on lui expédie 10 canons de même calibre, destinés à remplacer les pièces de 24 long qu'on lui a enlevées. Elle sera donc encore armée de 60 bouches à feu, tirant chacune plus de 40 coups par 24 heures, en attendant l'arrivée de dix autres pièces de $0^m,16$, de la marine, à grande portée, c'est-à-dire capables d'une charge de 5 kilogrammes de poudre. Confié aux soins intelligents du commandant Cary, le service de l'artillerie de la place de Versailles déploie une activité prodigieuse : il reçoit et expédie chaque jour des quantités considérables de bois de plate-forme, de sacs à terre, de projectiles, d'engins et de munitions de toute espèce; il a, chaque jour, sur pied plus de 150 attelages à six chevaux.

L'attaque de gauche, c'est-à-dire celle de la rive droite de la Seine, avait heureusement disposé trois batteries de brèche : deux derrière les lacs du bois de Boulogne et la troisième à la butte Mortemart. L'attaque de droite, ou de la rive gauche, en avait deux au lycée de Vanves.

Les batteries de la rive droite tiraient en brèche sur les portes de la Muette (courtine 57-58), d'Auteuil (courtine 62-63), de Saint-Cloud (courtine 65-66) et du Point-du-Jour (courtine 66-67). Celles de la rive gauche battaient la porte d'Issy (courtine 70-71). Leur tir continu avait déjà produit des effets de ruine très-prononcés au 21 mai, date de notre entrée dans Paris.

Les journées du 15 au 21 ne sont signalées que par des événements d'une importance secondaire, mais qu'il est néanmoins utile de mentionner à leur date. Pendant que nos soldats poursuivent leurs cheminements sur les fronts d'attaque, la batterie de Montretout continue d'envoyer au rempart ses coups d'écharpe et d'enfilade ; le Mont-Valérien la seconde énergiquement ; quelques mitrailleuses prennent, çà ou là, position, au moment du besoin ; et cet ensemble d'efforts combinés contrarie singulièrement la défense. Chaque jour, le feu des insurgés, à peine ouvert, s'éteint ; leurs essais de fusillade n'aboutissent à rien de sérieux ; il leur devient impossible d'entreprendre des travaux de contr'approche. Aussi évacuent-ils successivement tous les terre-pleins de l'enceinte, pour se porter en arrière et organiser des retranchements intérieurs mieux à l'abri de nos projectiles.

Le 15 mai, on apprend qu'ils ont réarmé les buttes Montmartre et qu'ils battent Gennevilliers. Ils occupent encore Levallois et une partie de Neuilly ; leurs locomotives blindées font assez de mal à Asnières et à Colombes.

Le 16 mai fut pour Versailles un nouveau jour de fête militaire. L'avenue de Paris vit défiler les troupes qui ve-

naient de s'emparer du fort de Vanves. Elles s'arrêtèrent, suivant l'usage, devant l'hôtel de la préfecture, où le maréchal de Mac-Mahon les présenta à M. Thiers. Le maréchal crut devoir faire, tout particulièrement, l'éloge des sapeurs du génie, « qui, dit-il, se conduisent admi-
« rablement, sous la direction de braves officiers qui ne
« marchandent à l'État ni leurs fatigues ni leur sang.
« Quatre officiers du génie ont déjà succombé. »

La colonne se rendit ensuite dans la cour de Marbre, où, rangée en bataille, elle fut haranguée par M. Grévy, président de l'assemblée nationale. Elle était encadrée par les bouches à feu ramenées du fort de Vanves, au nombre de trente-deux, de divers calibres.

A ce propos, il n'est pas inutile d'énumérer les trophées déjà conquis, et qu'on voyait, au 16 mai, dans le parc des Grandes-Écuries. A cette date, on avait pris aux insurgés et *amené à Versailles :* 14 canons de 12, rayés, de siége; 1 canon de 12, rayé, de campagne; 35 canons de 7; 5 mitrailleuses de Reffye; 3 canons de 4, rayés, de montagne; 28 obusiers de $0^m,15$; 3 mitrailleuses système Gatling; une, système Frey; une, Montigny; et une, Henricq; en tout, 96 bouches à feu.

Pendant qu'un public enthousiaste admirait ces belles rangées de pièces reprises aux insurgés, ceux-ci commettaient un crime odieux et insensé : ils renversaient la colonne Vendôme.

Des officiers prussiens assistaient à ce spectacle.

En apprenant quel prix certains personnages avaient

mis à leur place, afin de se repaître, à l'aise, de toutes les scènes d'une cérémonie abominable et dégoûtante, M. Thiers, cruellement ému, s'était écrié : — « *Je suis* « *honteux, maintenant, d'être Français!*.... » Mais ce cri de désespoir devait bientôt se perdre dans un concert de clameurs patriotiques.

Le 18 mai, le maréchal de Mac-Mahon adressait à l'armée cet ordre du jour :

« Soldats !

« La colonne Vendôme vient de tomber.

« L'étranger l'avait respectée. La Commune de Paris
« l'a renversée. Des hommes qui se disent Français ont
« osé détruire, sous les yeux des Allemands, qui nous
« observent, ce témoin des victoires de vos pères
« contre l'Europe coalisée.

« Espéraient-ils, les auteurs indignes de cet attentat
« à la gloire nationale, effacer la mémoire des vertus
« militaires dont ce monument était le glorieux sym-
« bole ?

« Soldats! si les souvenirs que la colonne nous rap-
« pelait ne sont plus gravés sur l'airain, ils resteront du
« moins vivants dans nos cœurs, et, nous inspirant d'eux,
« nous saurons donner à la France un nouveau gage de
« bravoure, de dévouement et de patriotisme. »

Et le 22 mai, l'Assemblée nationale adoptait, à l'unanimité, ce projet de loi :

« La colonne de la place Vendôme sera rétablie aux
« frais de l'État. Elle sera surmontée d'une statue repré-
« sentant la France !... »

Le lendemain de la chute de la Colonne, et comme pour punir Paris de son crime, une horrible explosion, qu'on entendit de Versailles, se produisit, vers six heures du soir, aux abords du Champ-de-Mars. C'était la cartoucherie de l'avenue Rapp qui sautait, en coûtant la vie à quelques centaines de femmes et d'enfants.

Les chefs de la Commune étaient furieux de voir une brèche s'ouvrir, déjà béante, à la porte d'Auteuil. Ils exhalèrent leur rage en nous accusant d'être les auteurs de cette catastrophe, et tentèrent de faire accepter cette monstrueuse imposture.

Quant aux catholiques, ils observèrent que l'explosion de la cartoucherie avait lieu moins d'une heure après le sac de l'église Notre-Dame des Victoires. Le mercredi, 17 mai, disent-ils, un commissaire de police, du nom de Le Moussu, envahit l'église à la tête du 159ᵉ bataillon de la garde nationale, appartenant au 20ᵉ arrondissement (quartier de Belleville), à cinq heures moins un quart, au moment où finissait l'exercice du mois de Marie. Pendant qu'il expulsait brutalement, mais non sans peine, les fidèles restés dans la chapelle de la Vierge, M. l'abbé Delacroix, sous-directeur de l'Archiconfrérie, sauvait les espèces consacrées, qu'il emportait, dans l'église de Saint-Roch. Le citoyen Le Moussu, après avoir mis en état d'arrestation deux vicaires de la paroisse, les abbés du Courroy et Amodru, et deux membres du conseil de fabrique, ordonna le sac de l'église. Une rage vraiment infernale fut déployée dans cette orgie communeuse : les tabernacles furent arrachés ; les autels, démolis ; les confessionnaux, renversés ; les dalles du temple, brisées. Le corps de sainte Aurélie, qui reposait sous l'autel de la Vierge, et celui du vénérable Des Genettes, ancien curé de la paroisse et fondateur de l'Archiconfrérie, inhumé au pied du même autel, furent profanés. Les caveaux renfermant les ossements desséchés des religieux Augustins qui étaient morts dans cet ancien couvent furent violés. En même temps, on volait l'argent des troncs ; on dépouillait l'église de tous ses ornements *sans exception ;* on dévalisait les sacristies ; et la fureur de ces misérables ne s'arrêta que lorsque le sanctuaire ne présenta plus que l'aspect d'une ruine.

Alors commença une autre orgie non moins navrante. L'argent trouvé dans l'église avait été partagé entre ces héros du pillage. Il servit à payer les frais d'une ripaille à laquelle prirent part des cantinières et d'autres femmes de mœurs douteuses. Ces revenants de 93 se revêtirent des ornements sacerdotaux et simulèrent des cérémonies religieuses où l'odieux se mêlait au grotesque. La saturnale ne cessa que lorsque la fatigue et l'ivresse eurent couché les pillards sur le carreau. Le lendemain, ils firent sur le seuil de la porte une exposition des ossements des religieux trouvés dans les caveaux, et ils montrèrent, de loin, au peuple assemblé sur la place, la tête en cire, ornée de cheveux recouvrant le crâne, de sainte Aurélie, qu'ils présentèrent comme la tête d'une jeune fille assassinée récemment par les prêtres de l'église. Puis, pour compléter ce hideux tableau, ils firent sur la place publique le simulacre de se donner réciproquement la communion, au moyen de pains azymes non consacrés, qu'ils avaient trouvés dans les sacristies, et dont ils jetèrent les restes au vent.

La nuit du 17 au 18 mai vit encore échouer une tentative de surprise de notre part. Les citoyens Bourget, Billioray, Mortier, Cérisier et le dessinateur Pilotell : telle était l'âme de la conspiration. Ces honnêtes communeux devaient, à une heure après minuit, ouvrir le Point-du-Jour à nos soldats, déguisés en gardes nationaux. Mais, à l'heure convenue, Cérisier prit peur et se contenta de garder l'argent qui lui avait été remis à compte sur le prix de sa trahison (25,000 fr.). Quand nos troupes se présentèrent, force leur fut de battre en retraite sous un feu nourri de mitrailleuses.

Le 18 mai, les troupes du 2e corps, s'avançant toujours vers le corps de place, repoussèrent vivement l'ennemi jusqu'aux dernières maisons du Petit-Vanves, de Malakoff et du Grand-Montrouge. Contrairement à leur habitude, les hommes de la Commune tenaient assez solidement, mais sans pouvoir cependant résister à l'élan de nos troupes. Ils étaient soutenus par les bastions 72 et 73, qui envoyaient des bombes de 0^m,32 jusque dans le fort d'Issy. Un de nos officiers d'artillerie y fut littéralement coupé en deux et, de treize hommes réfugiés dans une casemate, cinq furent tués, et les autres, blessés. Nos batteries s'appliquèrent aussitôt à éteindre le feu des bastions... En moins d'une heure le résultat fut atteint.

Le même jour, et dans le but de resserrer les défenseurs sur tout le pourtour de l'enceinte fortifiée, nous dessinions un mouvement sur la redoute des Hautes-Bruyères, et nous délogions l'ennemi du moulin de Cachan : on y fit une cinquantaine de prisonniers, qui arrivèrent à Versailles le lendemain, 19, vers quatre heures de l'après-midi.

Pendant ce temps, nos cheminements se poursuivaient avec la plus grande activité, et nos batteries tiraient toujours en brèche. On était en droit d'espérer que la semaine du 21 au 27 mai ne s'écoulerait pas sans qu'on pût donner l'assaut au corps de place; mais, lasse enfin de nous frapper, la fortune permit à l'événement de dépasser nos prévisions. La journée du dimanche, 21 mai, vit commencer le dernier acte du drame de l'insurrection communeuse et elle est, à ce titre, très-mémorable.

Dès la veille, on avait appris l'arrestation de Rochefort, ce pamphlétaire-vaudevilliste, devenu le noir apôtre d'une guerre sociale. Triste compère des Peaux rouges de Paris, il les avait abandonnés à l'heure du danger, et cet acte de lâcheté prévu lui valut les huées aiguës de la foule, lors de son arrivée à Versailles, le dimanche, à deux heures.

Cet événement n'était, d'ailleurs, lui-même que le précurseur d'un fait considérable. Vers cinq heures du soir, un officier de marine apportait à Versailles la nouvelle de l'entrée de nos troupes dans Paris. A six heures, le maréchal de Mac-Mahon télégraphiait au général Vinoy :

« Le corps Douay entre à Paris par la porte du front
« 65-66. — La division Bruat suivra et occupera ses posi-
« tions. — Faites prendre les armes à la division Faron. »

Et, à six heures et demie, le gouvernement adressait cette dépêche aux autorités de toutes les communes de France :

« La porte de Saint-Cloud vient de s'abattre sous le
« feu de nos canons. Le général Douay s'y est précipité,
« et il entre, en ce moment, dans Paris avec ses troupes.
« Les corps des généraux de Ladmirault et Clinchant s'é-
« branlent pour le suivre. »

Ce fut aussitôt dans Versailles une joie indicible.

M. Thiers n'était pas à l'hôtel de la préfecture lorsqu'on y apportait cette nouvelle inattendue : il visitait alors les chantiers de la gare *des Matelots*. Quand il revint chez lui, vers sept heures, et qu'il y apprit l'heureux événement, on le vit pâlir et tomber avec effusion dans les bras de ceux qui l'entouraient.

Quelques instants après, il partait pour le Mont-Valérien.

Ainsi tombait Paris, ce Paris que les Prussiens avaient récemment honoré d'un vain bombardement, et que les insurgés croyaient probablement imprenable ! Sa chute était due à une surprise, ou plutôt à la retraite de ses défenseurs ; mais ce résultat n'était lui-même qu'une conséquence de la bonne conduite des opérations. Car, à la guerre, on ne saurait trop le répéter, c'est un jeu serré qui prépare ces circonstances favorables, qu'on impute, à tort, au hasard. Nous venions de prendre une forteresse que nos ennemis n'avaient pas essayé d'assiéger suivant les règles admises, et l'armée prussienne pouvait reconnaître, une fois de plus, notre supériorité dans l'art de l'attaque des places.

Quant à l'armée française, l'insurrection du 18 mars, venant à la suite d'une guerre désastreuse, l'avait empêchée de tomber dans le découragement et le marasme. La prise de Paris lui rendait son prestige, et les Prussiens eux-mêmes admiraient cette résurrection.

IX.

LE TROCADÉRO. — MONTMARTRE. — L'INCENDIE.

IX.

LE TROCADÉRO. — MONTMARTRE. — L'INCENDIE.

Peu de temps avant l'entrée de nos troupes dans Paris, le chef du pouvoir exécutif écrivait aux préfets : — « Ceux « qui s'inquiètent ont grand tort... nous battons en « brèche... jamais nous n'avons été plus près du but. » M. Thiers avait alors une parfaite intuition de l'issue des événements, mais il lui était difficile de prévoir et d'indiquer les circonstances mêmes de la solution qui allait intervenir. Le lendemain, 22 mai, il put seulement rendre compte à l'Assemblée nationale des faits qui s'étaient accomplis dans l'après-midi du 21.

« Grâce à la puissance de l'artillerie dont nous disposions, nous avons pu, dit-il, cheminer avec une rapidité peu ordinaire soit contre les forts, soit contre les parties de l'enceinte que nous devions franchir.

« C'était chose bien difficile de traverser à la sape un espace aussi considérable que le bois de Boulogne.

« Ce travail a été fait en cinq jours ; nous ne pensions pas donner l'assaut avant trois ou quatre jours.

« Cette cruelle nécessité nous a été épargnée ; le sang généreux de nos soldats n'a pas coulé, ou du moins a coulé dans une proportion bien moindre qu'on ne pouvait le craindre.

« Hier, dans l'après-midi, le brave général Douay s'est aperçu que notre artillerie avait fait plus de ravages qu'il ne le supposait, et que la brèche de la porte de Saint-Cloud était abordable.

« Des officiers du génie avec des compagnies se sont précipités ; l'armée a suivi. »

Il est permis d'ajouter quelques traits à ce récit nécessairement sobre de détails. On savait, en effet, que, grâce à l'action efficace de nos bouches à feu, les bastions du Point-du-Jour n'étaient plus tenables ; que, cédant, à nos efforts multipliés, les défenseurs en avaient abandonné les terre-pleins, pour organiser en arrière des retranchements intérieurs. On continuait néanmoins les approches aussi méthodiquement que si le feu de l'enceinte n'eût pas été, depuis quelques jours, éteint. Les opérations se poursuivaient régulièrement, quand le dimanche 21, vers midi, le capitaine du génie Garnier, de service à la tranchée, aperçut, sur la plongée voisine de la porte de Saint-Cloud, un homme agitant un mouchoir blanc et faisant des signaux. C'était, comme on le sut plus tard, M. Ducatel, employé du service des ponts et chaussées. Le pays reconnaissant devra garder précieusement le souvenir du nom de ce courageux citoyen.

Le capitaine Garnier, s'étant approché, apprit de M. Ducatel que les défenses étaient désertes, et qu'une action de vigueur avait chance de succès. Une reconnaissance rapide lui permit de vérifier l'exactitude de l'assertion : quelques insurgés seulement gardaient la porte de Saint-Cloud, et ne paraissaient pas devoir opposer grande résistance à nos efforts. Cela étant, M. Garnier franchit bravement la porte à la tête de ses sapeurs, s'en empara, et s'y établit solidement en attendant des renforts. A trois heures et demie, le capitaine de frégate Trèves, qui se trouvait là par hasard, s'empressa de télégraphier à Versailles, et fut ultérieurement promu capitaine de vaisseau, en récompense de la belle conduite du trop modeste Garnier.

Les batteries de brèche ayant cessé le feu, la division Vergé (3e de l'armée de réserve), placée provisoirement sous les ordres du général Douay, commença le mouvement en avant. Elle franchit la porte à trois heures et demie et prit immédiatement position au Point-du-Jour. A dix heures du soir, elle occupait, de concert avec la division Berthaut (1re du 4e corps de l'armée active), tout le massif compris entre la fortification et le chemin de fer de ceinture.

En même temps, le 1er corps (de Ladmirault) pénétrait dans la place par les portes d'Auteuil et de Passy.

Le 2ᵉ corps (de Cissey) tenait, comme l'on sait, le village de Malakoff ou de la Nouvelle-Californie. Il avait vu, de son côté, arborer un drapeau blanc sur le rempart désert, et les Communeux qui occupaient le Grand-Montrouge se diriger précipitamment vers la porte d'Orléans, afin de rentrer dans Paris. Quand, vers le soir, le général apprit l'événement de la porte de Saint-Cloud, il donna, sur-le-champ, aux troupes, l'ordre de se porter en avant. Quelques hommes montèrent à la brèche, mais le gros des colonnes pénétra par la porte de Versailles et la trouée du chemin de l'Ouest qui s'ouvre sur la face gauche du bastion 75.

Trois de nos corps d'armée (les 1ᵉʳ et 2ᵉ de l'armée active et le corps de réserve) se trouvaient ainsi dans Paris. Le quartier général fut installé à l'église d'Auteuil.

Avant de poursuivre le récit de ces événements, il est nécessaire de mentionner le brillant combat soutenu, dans la journée du 21, par la cavalerie du 3ᵉ corps (du Barail). Dès le matin, quatre bataillons d'insurgés formés sur trois colonnes tentaient de s'échapper par la ligne d'Orléans. Soutenus par le fort d'Ivry et le canon d'une locomotive blindée, ils se dirigeaient vers Choisy-le-Roi, dans l'intention de poursuivre vers Juvisy, quand ils se heurtèrent à la brigade Lajaille (7ᵉ et 11ᵉ chasseurs), de la division Halna du Fretay, et à la brigade Dargentolle (8ᵉ et 9ᵉ dragons), de la division du Preuil. Les dragons mirent pied à terre, occupèrent les maisons de Choisy et firent un feu tellement nourri que, malgré plusieurs retours offensifs, les Communeux durent rétrograder dans leurs lignes. A midi, le combat était terminé, ne nous coûtant que trois hommes tués et une dizaine de blessés. Le 7e chasseurs s'était emparé d'un drapeau rouge, celui du 237e bataillon de la garde nationale insurgée.

La nuit du 21 au 22 mai et la matinée du 22 furent employées en mouvements préparatoires et en engagements divers, conformément au plan d'ensemble arrêté par le maréchal de Mac-Mahon.

Une colonne, composée de troupes appartenant à la division Vergé, monta la rue du rempart jusqu'au bastion 58, emporta l'énorme barricade de l'avenue du Ranelagh et prit possession du château de la Muette. Elle protégea ainsi le débouché des 1er et 4e corps. Une autre colonne, franchissant les obstacles qui garnissaient le sous-œuvre du viaduc d'Auteuil, passa par l'usine à gaz, la rue Raynouard, la rue Franklin, et s'empara du Trocadéro, où le quartier général fut immédiatement transféré. La 3e colonne d'attaque fila le long de la rive droite en amont, prit, en passant, la maison du docteur Blanche et parvint au pont d'Iéna. Là elle se mit en communication avec les troupes qui opéraient sur sa gauche, et nos trois colonnes se donnèrent la main. Nous étions ainsi maîtres de toute la rive droite jusqu'à la ligne prolongeant le pont d'Iéna par le phare du Trocadéro et la porte de la Muette.

En même temps, une quatrième colonne, celle des marins de Langourian (2ᵉ brigade de la division Bruat) suivait le quai de Grenelle et pénétrait dans le Champ-de-Mars. Après un engagement fort vif soutenu dans les baraquements du nord, les insurgés, pris en front et de flanc, se retirèrent en désordre... et le drapeau tricolore fut planté sur le pavillon de l'École militaire. Non contents de ce résultat, les marins poursuivirent vigoureusement l'ennemi par les décombres de la cartoucherie incendiée de l'avenue Rapp, et se virent bientôt, grâce au concours opportun de l'artillerie, maîtres de tout le pâté de maisons compris entre le Champ-de-Mars et la Seine, du pont d'Iéna au pont des Invalides. Ils marchèrent de là sur le ministère des affaires étrangères et le Corps législatif, et nous donnèrent ainsi la rive gauche de la Seine jusqu'au pont de la Concorde.

Pendant que ces choses se passaient, le général de Cissey n'était pas resté inactif.

Il avait tendu la main à l'armée de réserve (Vinoy), qui débouchait par le pont de Grenelle, et lancé ses colonnes en avant : l'une, par la rue de Vaugirard; l'autre, par la ligne du chemin de fer de l'Ouest; une troisième, sur le 8ᵉ secteur, le long de la rue du rempart, en allant vers la Bièvre.

A quatre heures du matin, le 2ᵉ corps occupait fortement les positions qui lui avaient été désignées, et les communeux évacuaient celles qu'ils s'étaient chargés de défendre. Les *braves* citoyens de Plaisance et les farouches de la *Fosse-aux-Lions* commençaient décidément à croire à la solidité de notre armée.

Ceux de nos détachements qui suivaient la rue de Vaugirard ne rencontrèrent point d'obstacles sérieux, avant d'être arrivés à hauteur de l'hôpital des Enfants-Malades. A partir de ce point, ils poussèrent au nord-ouest pour aller appuyer leur gauche à l'hôtel des Invalides. La colonne qui filait le long du chemin de fer prit facilement possession de la gare Montparnasse, après en avoir délogé 150 *fédérés vétérans* qui ne se firent pas trop prier pour lâcher pied. Quant aux troupes qui tenaient les portes de Châtillon, de Montrouge et d'Orléans, elles emportaient à la même heure, c'est-à-dire vers dix heures du matin, les barricades du carrefour des Quatre-Chemins, clé des quartiers compris dans le 8e secteur de l'enceinte. Le général de Cissey occupait, dès lors, un grand triangle ayant pour sommets Grenelle, l'hôtel des Invalides et le carrefour des Quatre-Chemins. Dans cette situation, il observait facilement le faubourg Saint-Germain et pouvait entreprendre franchement l'attaque des défenses des XIVe et VIe arrondissements.

La mairie du XIVe était devenue un centre de résistance ayant pour réduit le cimetière du Montparnasse, et les insurgés l'avaient, en conséquence, couverte sur les deux flancs : sur la chaussée du Maine, par deux barricades élevées place Saint-Pierre et rue de Vanves, flanquées elles-mêmes par les trois barricades de la rue du Château et celle de la rue du Géorama; sur l'avenue d'Orléans, par les barricades du Carrefour, de la rue Brezin et de la place d'Enfer. Dans le VIe arrondissement, le passage était obstrué par les barricades de la rue Vavin ; celles de la rue de Vaugirard, à son intersection avec les rues de Madame et Bonaparte ; celles de la rue de Rennes, à la hauteur de la rue du Vieux-Colombier et de Saint-Germain-des-Prés ; enfin, par les défenses très-respectables de la Croix-Rouge.

Tels étaient les premiers obstacles opposés à la marche du 2e corps.

D'autres mouvements, exécutés par les troupes du 5e corps, devaient encore contribuer au succès de la journée. Entré par la porte de Passy, le général Clinchant était heureusement allé prendre à revers les énormes barricades qui défendaient l'accès de l'Arc-de-Triomphe, entre la porte Maillot et l'Étoile. Cela fait, le général se répandit dans le parc Monceaux par l'avenue de la Reine-Hortense, l'avenue de Wagram et le boulevard de Courcelles. Il suivit de là les boulevards Malesherbes et Haussmann et parvint au nouvel Opéra, où il établit son quartier général. Une de ses colonnes descendit, en même temps, le faubourg Saint-Honoré, afin de tendre la main aux détachements du 4e corps qui remontaient la rive droite de la Seine jusqu'au quai de Billy, et à la division Vergé qui venait de gagner les Champs-Élysées — et de prendre le palais de l'Industrie, malgré un feu très-vif des batteries installées sur la terrasse des Tuileries.

Tels étaient les résultats obtenus par les armées de Versailles à la fin de la journée du 22 mai. Ils étaient considérables, et M. Thiers put exposer à la chambre que le

but de ses efforts était atteint. — « Nous sommes fondés
« à croire, dit-il, que bientôt Paris sera rendu à son véri-
« table souverain, c'est-à-dire à la France... » et il ajouta :

« La cause de la justice, de l'ordre, de l'humanité, de la civilisation a triomphé, grâce à notre brave armée.

« Général en chef, généraux de division, tous les généraux et les officiers de tous grades, et les soldats surtout, tout le monde a fait son devoir.

« Vous me permettrez donc de féliciter notre brave armée, qui n'a pas hésité à verser son sang vertueux, son sang généreux, pour l'accomplissement de son devoir. »

Jalouse d'exprimer à tous sa reconnaissance, l'Assemblée déclara, séance tenante, que les armées de terre et de mer et le chef du pouvoir exécutif avaient bien mérité de la patrie.

Cette motion fut adoptée à l'unanimité moins deux voix, dont celle du député Tolain, membre de l'*Internationale*.

La subite irruption de nos soldats dans Paris avait, dès la soirée du dimanche 21, produit l'effet d'un coup de foudre parmi les défenseurs de la Commune. La plupart des chefs, glacés de terreur, ne songeaient plus qu'à la fuite, et se dispersaient dans la ville, abandonnant leurs postes de combat ou leurs ministères, oubliant leurs papiers sur leurs bureaux, ou laissant un dîner à moitié servi. C'était un désarroi complet.

La nuit rendit un peu de calme aux plus alarmés et, le lendemain, on lisait sur les murs cette proclamation du fameux Comité de salut public :

« Que tous les bons citoyens se lèvent!
« Aux barricades! l'ennemi est dans nos murs.
« Pas d'hésitation!
« En avant pour la République, pour la Commune et pour la Liberté!
« Aux armes!
« Paris, 22 mai 1871. »

Les chefs communeux avaient, une fois encore, recours aux mensonges officiels et lançaient cette proclamation :

« Hier soir, les Versaillais ont tenté l'entrée de Paris, du côté de Neuilly, en comblant les fossés avec des fascines.
« Immédiatement, les fédérés, au moyen de pompes à pétrole, incendièrent les fascines et brûlèrent tout vifs les royalistes.
« Rien ne peut dépeindre, paraît-il, l'effet produit par ces engins d'un nouveau genre! »

D'autre part, la terreur rendait furieux quelques républicans très *avancés*. Le journal *Le Salut Public* publiait, par exemple, ce qui suit :

« Citoyens,

« La trahison a ouvert les portes à l'ennemi; il est dans Paris; il nous bombarde; il tue nos femmes et nos enfants !

« Citoyens, l'heure suprême de la grande lutte a sonné. Demain, ce soir, le prolétariat sera retombé sous le joug, ou affranchi pour l'éternité. Si Thiers est vainqueur, si l'Assemblée triomphe, vous savez la vie qui vous attend : le travail sans résultat, la misère sans trêve. Plus d'avenir! plus d'espoir! Vos enfants, que vous aviez rêvés libres, resteront esclaves; les prêtres vont reprendre leur jeunesse; vos filles, que vous aviez vues belles et chastes, vont rouler flétries dans les bras de ces bandits!

« *Aux armes! Aux armes!*

« Pas de pitié! — Fusillez ceux qui pourraient leur tendre la main! Si vous étiez défaits, ils ne vous épargneraient point. Malheur à ceux qu'on dénoncera comme les soldats du droit; malheur à ceux qui auront de la poudre aux doigts ou de la fumée sur le visage.

« Feu! Feu!

« Pressez-vous autour du drapeau rouge sur les barricades, autour du Comité de salut public. — Il ne vous abandonnera pas.

« Nous ne vous abandonnerons pas non plus. Nous nous battrons avec vous jusqu'à la dernière cartouche, derrière le dernier pavé.

« *Vive la République! Vive la Commune! Vive le Comité de salut public!* »

Faut-il attribuer à l'exaspération de quelque communeux fanatique l'explosion des poudres enfermées dans le manège de l'école d'état-major et qui, dans cette journée du 22, vers midi, ébranla la région ouest du faubourg Saint-Germain? Était-ce là le prélude de tous les forfaits qu'allait commettre une bande de misérables? Était-ce un premier acte de leur vengeance? Il est certain que la situation des insurgés était déjà grave, dès le soir du 22 mai, et que le succès de leur système de défense semblait singulièrement compromis.

L'insurrection suivait un plan bien arrêté, et l'on peut reconnaître, dans l'ensemble des barricades dont les rues de Paris étaient hérissées, une sorte de système général assez intelligemment ordonné. Était-ce une conception de Cluseret? Un plan de Gaillard père? Un souvenir d'étude de Rossel? Nul ne saurait le dire aujourd'hui, mais, d'après les faits connus, il est, dès à présent, possible de restituer, comme il suit, l'édifice communeux :

En deçà de la ligne des fortifications, les insurgés avaient organisé une deuxième enceinte passant, sur la rive droite, par le Trocadéro, l'Arc-de-Triomphe, les boulevards de Courcelles, des Batignolles, de Rochechouart; sur la rive gauche, par le pont d'Iéna, l'avenue de la Bourdonnaye, l'École militaire, les boulevards des Invalides et du Montparnasse, et la gare de l'Ouest. Sur tout le développement de ces retranchements intérieurs, les têtes de rues étaient barricadées, et les places formaient réduits.

Concentriquement à ces deux enceintes fortifiées, les communeux avaient organisé défensivement la ligne des boulevards, la rue Royale, le ministère de la marine, la terrasse du jardin des Tuileries, le pont de la Concorde, le palais du corps législatif, la rue de Bourgogne et la rue de Varenne. Cette troisième ligne d'obstacles faisait l'orgueil des insurgés : ils ne se lassaient point d'admirer leur fameuse barricade de la rue Saint-Florentin, et celle qui fermait le quai, en prolongement du parapet des Tuileries regardant la place de la Concorde.

Ce n'est pas tout. Cette troisième enceinte étant supposée forcée, les insurgés n'étaient pas encore à bout de ressources. Sur la rive gauche, ils défendaient successivement les rues de Grenelle, Saint-Dominique, et de Lille, fermées par des barricades à leur intersection avec celles de Bellechasse, du Bac et des Saints-Pères. Sur la rive droite, ils soutenaient la lutte par la rue Neuve-des-Petits-Champs, la rue de la Paix, la place Vendôme. Chassés de cette dernière position, ils pouvaient encore défendre la rue Saint-Honoré, et opérer une retraite par le palais des Tuileries, le Louvre et l'Hôtel de ville.

Telles sont, vraisemblablement, les bases du projet des baricades de 1871.

Ces obstacles eux-mêmes, il ne pouvait s'agir de les aborder de front, car ils étaient, pour la plupart, très-respectables, et solidement armés. Avare du sang de ses soldats, le maréchal de Mac-Mahon prescrivit aux généraux sous ses ordres de ne chercher à emporter de vive force que les barricades considérées comme *clés de positions;* quant à toutes les autres, il était ordonné de les tourner. C'est ainsi que, dès la soirée du 22 mai, l'arrivée du général Clinchant sur les boulevards va faire tomber les défenses des Tuileries et la barricade Saint-Florentin. De même aussi, les insurgés, repliés sur le Louvre, s'empresseront d'évacuer leur réduit quand ils se sentiront pris à revers par le boulevard de Sébastopol. On comprend donc, dans ses dispositions d'ensemble, le projet d'attaque du maréchal. Il consiste partout à s'étendre ; à tourner, à déborder l'adversaire.

Le 23 mai, à 2 heures du soir, le chef du pouvoir exécutif adressait aux autorités cette proclamation :

« Les événements suivent la marche que nous avions le droit de prévoir.

« Il y a 90,000 hommes dans Paris. Le général de Cissey est établi de la gare du Montparnasse à l'École militaire, et achève de border la rive gauche de la Seine jusqu'aux Tuileries. Les généraux Douay et Vinoy enveloppent les Tuileries, le Louvre, la place Vendôme, pour se diriger ensuite sur l'Hôtel de ville. Le général Clinchant, maître de l'Opéra, de la gare Saint-Lazare et des Batignolles, vient d'enlever la barricade de Clichy. Il est ainsi au pied de Montmartre, que le général Ladmirault vient de tourner avec deux divisions. Le général Montaudon, suivant par le dehors le mouvement du général Ladmirault, a pris Neuilly, Levallois-Perret, Clichy, et attaque Saint-Ouen.

Il a pris 105 bouches à feu et une foule de prisonniers.

« La résistance des insurgés cède peu à peu, et tout fait espérer que, si la lutte ne finit pas aujourd'hui, elle sera terminée demain au plus tard, et pour longtemps.

« Le nombre des prisonniers est déjà de 5 à 6,000, et sera le double d'ici à demain. Quant au nombre des morts et des blessés, il est impossible de le fixer, mais il est considérable ; l'armée, au contraire, n'a fait que des pertes très-peu sensibles. »

Et, à trois heures et demie, cette seconde proclamation confirmait heureusement l'espoir qu'avait fait naître la première :

« Le drapeau tricolore flotte sur la butte Montmartre et sur la gare du Nord. Ces positions décisives ont été enlevées par les corps des généraux Clinchant et Ladmirault. On a fait environ 2 à 3 mille prisonniers.

« Le général Douay a pris l'église de la Trinité et marche sur la mairie de la rue Drouot. Les généraux de Cissey et Vinoy se portent sur l'Hôtel de ville et les Tuileries. »

Quelques détails sont encore ici nécessaires :

Nous avons exposé plus haut comment, dès le soir du 22 mai, les insurgés se trouvaient enveloppés par les divers corps de notre armée. A ce moment, le quartier général s'installait aux Affaires étrangères. Le général de

Ladmirault (1er corps) s'établissait boulevard d'Inkermann; le général de Cissey, à l'École militaire. Le général Douay (4e corps) avait son quartier général avenue Montaigne; le général Clinchant (5e corps), au nouvel Opéra; le général Vinoy (armée de réserve), aux Invalides.

Le lendemain, 23, vit s'accomplir, sur la rive droite, les opérations suivantes : dès le matin, les buttes Montmartre furent couvertes des feux de la batterie de pièces à longue portée établie au château de Bécon, et de ceux de la division Montaudon (3e du 1er corps) qui opérait, à l'extérieur, par Levallois, Clichy et Saint-Ouen. Cette division formait, au nord-ouest, l'investissement de Montmartre, dont le tir n'était pas assez plongeant pour l'inquiéter, et elle en rejetait les défenseurs sur le revers opposé, vers les pentes des rues Rochechouart et des Martyrs.

La canonnade fut très-vive jusqu'à dix heures du matin.

Pendant ce temps, le reste du 1er corps s'avançait, à l'intérieur, par le parc Monceaux et le boulevard des Batignolles. De son côté, le 5e corps marchait par la rue de la Chaussée-d'Antin et la rue de Clichy. Le général Clinchant n'emporta pas sans difficulté les défenses de cette fameuse place Clichy, jadis témoin des efforts du maréchal Moncey ; mais il l'emporta, et la possession de cette étoile nous donna la clef des positions qu'il s'agissait d'occuper. Dès que les barricades sont prises, Ladmirault file par l'avenue de Saint-Ouen et va se placer au nord de la butte, face en arrière aux fronts du 4e secteur. Sa 1re division (Grenier) détache la brigade Abbatucci dans la rue des Poissonniers; et la brigade Pradier, dans la rue Marcadet. Sa 2e division (de Laveaucoupet) se masse en réserve dans le triangle décrit par ces deux rues et la rue du rempart. Une batterie de 12, de la réserve, et une batterie de 4, de la division de Laveaucoupet (commandant Vidal), prennent position sur le terre-plein de l'enceinte. Les feux dont elles couvrent le moulin de la Galette sont destinés à déloger les tirailleurs communeux et à aider ainsi aux mouvements du général Pradier.

Cependant la brigade Abbatucci rencontre sur la gauche une vive résistance. La brigade Hanrion, de la division Laveaucoupet, qui arrive de l'avenue d'Eylau, où elle était en réserve, lui envoie le 2e bataillon de marche de chasseurs et un bataillon du 45e de marche. Les chasseurs enlèvent vivement les barricades des rues de la Chapelle, Philippe-de-Girard, Pajol et Riquet; les compagnies du 45e chassent également les défenseurs des rues Doudeauville, Stephenson, Myrrha, Léon et Polonceau; et la division Grenier, complétement dégagée, termine heureusement son mouvement. A la même heure, Clinchant s'empresse d'occuper solidement l'avenue de Clichy, l'avenue de Saint-Ouen, le pourtour du cimetière Montmartre; et la butte, déjà menacée par le nord, est encore assaillie à l'ouest.

Le 4e corps avait aussi son rôle dans cet ensemble

d'opérations combinées. Le général Douay vient de s'emparer de la ligne des boulevards, de la Madeleine au Château-d'Eau, non sans faire, au boulevard des Italiens, un très-grand carnage d'insurgés. Il s'élance à son tour par la rue du Faubourg-Poissonnière et le boulevard Magenta, et prend position sur la chaussée Clignancourt. Les gares du Nord et de l'Est tombent entre nos mains, et Montmartre est enveloppé à l'est, comme il l'est déjà à l'ouest et au nord. Quant au versant sud, il est à la fois menacé par Douay et Clinchant, qui doivent se donner la main par les boulevards Clichy et Rochechouart.

Le nœud coulant était donc passé complétement; il ne s'agissait plus que de serrer.

Vers une heure de l'après-midi, toutes les dispositions étant bien prises, notre canon, qui, depuis dix heures, avait ralenti son feu, cessa tout d'un coup de se faire entendre... et nos colonnes d'attaque s'ébranlèrent pour gravir les pentes de la fameuse butte. Elles s'élancèrent à l'assaut, de trois côtés à la fois, avec un élan irrésistible, alors que les insurgés ne croyaient même pas qu'on osât les aborder,... et le drapeau national fut planté sur la tour Solferino par les troupes de la brigade Wolff (1re de la division de Laveaucoupet : 23e bataillon de marche de chasseurs, 67e, 68e et 69e de marche).

Le désordre fut immense parmi ces bandes de communeux en guenilles : 120 pièces de canon, de longues files de fourgons, des bataillons entiers tombèrent entre nos mains. Ce fut un vaste coup de filet exécuté en moins d'une demi-heure. Les défenseurs du versant sud pouvaient seuls tenter une retraite par les rues Pigalle, des Martyrs et Rochechouart. Ils tinrent assez bien derrière des bâtiments en construction de l'avenue Trudaine, et l'on eut quelque peine à les en déloger. Trois cents d'entre eux s'étaient retranchés dans l'église de la Trinité. On dut recourir au canon pour en enfoncer les portes. Rien de plus triste que le défilé de ces misérables lorsqu'ils sortirent entourés des soldats. En tête marchait un délégué de la Commune, à la mise soignée et à l'air résolu ; mais le reste était un pêle-mêle sans nom d'individus aux costumes souillés, au visage exténué et défait. La foule les accablait d'outrages et ne leur aurait pas épargné les mauvais traitements sans l'intervention énergique de nos officiers.

Ainsi Montmartre était à nous ! Nous possédions l'Aventin démagogique ! le nid de vautours qui avait vu éclore la Commune rouge ! le repaire d'où, le 18 mars, les hommes de proie s'étaient jetés sur le splendide Paris !

Nos pertes étaient heureusement loin d'atteindre le chiffre qu'on pouvait craindre d'avoir à supporter. Les guerres de rues sont ordinairement désastreuses, mais la prudence de nos généraux et l'entrain des soldats surent heureusement nous préserver d'un trop grand deuil. Depuis trois jours que durait le combat, nous n'avions perdu que très-peu d'officiers, parmi lesquels il faut citer le colonel d'état-major Piquemal et le capitaine du génie Haxo.

Quant aux communeux, on leur avait tué beaucoup de monde et fait un grand nombre de prisonniers; entre autres, le célèbre Assi, l'ancien gréviste du Creusot, surpris au quai de Billy dans la journée du 22. Ce personnage conduit, le lendemain matin, à Versailles, y fut d'abord d'une insolence extrême. — « Voyez, disait-il impu-
« demment au grand-prévôt, dans quel état vos infâmes
« soldats ont mis Paris!... Paris!... vous n'y seriez jamais
« entrés si la Commune n'avait pas été à bout de ressour-
« ces... Mais votre victoire vous coûtera cher!... » On le questionna pour connaître le sens de ces réticences comminatoires... on lui demanda si Paris était menacé d'incendies, d'explosions... il ne voulut pas répondre et le régime du pain et de l'eau put seul calmer cette exaltation.

L'attitude d'Assi étant inquiétante, le préfet de police fit aussitôt partir pour Paris plusieurs compagnies de gardiens de la paix, préalablement revêtus de costumes civils.

Pendant que les 1er, 4e et 5e corps prenaient possession de Montmartre, le général de Cissey (2e corps) mettait aussi à profit la journée du 23. Sa droite, appuyée à la gare de l'Ouest, emportait la grande barricade de la rue de Rennes et, cet obstacle enlevé, prenait possession de Saint-Sulpice; elle s'établissait, d'ailleurs, définitivement sur la chaussée du Maine, aux lieu et place du fameux général Henry. Sa gauche s'installait solidement rue de Varenne d'où elle avait chassé les insurgés, et organisait au Corps législatif une batterie destinée à contrebattre celle de la terrasse des Tuileries. Elle était, d'ailleurs, soutenue par la division Bruat qui occupait le ministère de la guerre et la direction du service télégraphique de la rue de Grenelle. Pendant la nuit du 23 au 24, le général de Cissey, filant le long de la rue du rempart jusqu'à la courtine 83-84, s'empara du parc de Montsouris, de la ligne et de l'embarcadère du chemin de fer de Sceaux, et fit tomber, en les prenant à revers, les barricades de la place d'Enfer qui l'avaient fort gêné la veille.

Extérieurement à l'enceinte, entre la porte de Vanves et la Maison-Blanche, la rive gauche était aussi témoin d'une grande action de vigueur. Repoussés par les soldats du 38e de marche, les insurgés qui défendaient cette région n'avaient d'autre ressource que de se réfugier sous le canon des forts d'Ivry, de Bicêtre et de Montrouge... qui, affolés, éperdus, enragés, tiraient à toute volée sur le sud de Paris.

Entre les quartiers de la rive droite et ceux de la rive gauche, le cours de la Seine était aussi défendu par les insurgés. Ils avaient embossé sous le pont Royal une canonnière qui lâchait de vigoureuses bordées, et installé sur le terre-plein du Pont-Neuf une batterie qui nous faisait également beaucoup de mal. Pour tenir tête à ces défenses, on eut l'idée d'organiser une flottille et, dans la journée du 23, le général Bruat entreprit cette organisation en commençant par réarmer la *Commune,* batterie flottante prise aux insurgés dans les eaux de Grenelle.

Ainsi que l'avait dit M. Thiers, on était en droit d'espérer que la lutte serait, sinon terminée, du moins très-avancée dès la matinée du 24 mai, mais d'autres épreuves nous attendaient encore. Nous avions à subir les effets de la rage d'une insurrection vaincue. Contraints de nous céder le terrain, les misérables mirent le feu aux édifices qu'ils abandonnaient.

L'incendie se manifesta aux Tuileries dans la nuit du 23 au 24.

« Je ne veux pas chercher à vous consoler, disait M. Thiers à l'Assemblée, en la séance du 24 mai, car je suis inconsolable moi-même du malheur qui vient de frapper notre pauvre pays. Avant tout, laissez-moi vous dire que l'insurrection est vaincue. Le drapeau tricolore flotte sur la plus grande partie de Paris; l'acte odieux de vandalisme, et sans exemple dans l'histoire, n'est qu'un acte de désespoir.

« Nous étions arrivés hier soir, 23, à l'Opéra, sur les hauteurs de Montmartre. Nous enveloppions la place Vendôme, les Tuileries, le Louvre. D'autre part, sur la rive gauche, le général de Cissey occupait la plupart des points et avait laissé du repos aux troupes qui avaient combattu toute la journée. Nos généraux ne voulaient pas non plus opérer de nuit dans une ville comme Paris. Quiconque a quelques notions de stratégie n'eût jamais donné un ordre pareil. D'ailleurs, quoi qu'on eût fait, les scélérats qui ont commis ces actes abominables en avaient conçu le projet, et il n'était au pouvoir de personne d'arrêter leurs mains. Les flammes s'élevaient d'abord sur les Finances, puis sur le Conseil d'État et la Cour des comptes.

« On ne pouvait rien en ce moment ; les retranchements des insurgés étaient hérissés de canons et, d'un autre côté, c'était le pétrole qui activait les flammes et qu'on ne pouvait éteindre. Ce matin, 24, les généraux ont fait tout ce qu'ils ont pu. Mais quand, la place Vendôme prise, ils prenaient les Tuileries, les Tuileries n'étaient plus qu'un monceau de cendres. Le général Douay s'est empressé de faire une coupure pour préserver le Louvre. Nous avons toute raison de croire que le Louvre est sauvegardé. Je reçois en ce moment une dépêche qui m'en donne la plus forte espérance. Le drapeau tricolore flotte sur le Louvre. Malheureusement, j'ai une nouvelle douleur à vous infliger, malgré moi. L'Hôtel de ville est en flammes.

« Ces malheureux n'ont pas voulu lâcher leur victime, la malheureuse ville de Paris ; ils ne voulaient la laisser que détruite. Nous serons maîtres de Paris ce soir ; demain, au plus tard, nous serons établis entièrement dans Paris : c'est la conviction de tous nos généraux. L'insurrection est vaincue. Nous avons la victoire, mais nous n'étions pas maîtres de la main des scélérats. C'est avec le pétrole qu'ils ont agi. Ils ont envoyé des bombes à pétrole contre nos soldats. Il y en a quelques-uns qui ont été odieusement brûlés. »

C'était le commencement des horreurs qui devaient désoler Paris. Oui, pendant plusieurs jours, nous allions voir incendier les monuments de notre pauvre chère capitale, l'étoile de l'Occident. Les Tuileries, la Légion d'honneur, le Conseil d'État, le Palais de justice, l'Hôtel de ville, le ministère des finances, le Grenier d'abondance, l'entrepôt, et tant d'autres édifices publics, et des centaines de maisons particulières devaient être la proie des flammes! Pendant toute la matinée du 24, Versailles fut couvert d'un nuage de fumée épaisse... et cette fumée venait de notre malheureuse ville de Paris! Vers une heure de l'après-midi, une explosion terrible se fit entendre... les Versaillais crurent que le Panthéon venait de sauter. Ce n'était heureusement que la poudrière du Luxembourg, mais on peut, jusqu'à certain point, comprendre les cris de mort qui furent proférés, ce jour-là, sur le passage des communeux prisonniers.

Et, tandis que nos monuments brûlaient ainsi, que des bombes chargées de pétroles faisaient à nos soldats d'horribles blessures, l'abject Comité central avait l'audace de leur adresser cette proclamation :

« COMMUNE DE PARIS.

« *Fédération de la garde nationale.*

« COMITÉ CENTRAL.

« Soldats de l'armée de Versailles,

« Nous sommes des pères de famille ;

« Nous combattons pour empêcher nos enfants d'être un jour comme vous sous le despotisme militaire.

« Vous serez, un jour, pères de famille. Si vous tirez sur le peuple aujourd'hui, vos fils vous maudiront, comme nous maudissons les soldats qui ont déchiré les entrailles du peuple en juin 1848 et en décembre 1851.

« Il y a deux mois, au 18 mars, vos frères de l'armée de Paris, le cœur ulcéré contre les lâches qui ont vendu la France, ont fraternisé avec le peuple ; imitez-les !

« Soldats, nos enfants et nos frères, écoutez bien ceci, et que votre conscience décide :

« Lorsque la consigne est infâme, la désobéissance est un devoir !

« 3 prairial, an 79.

« LE COMITÉ CENTRAL. »

Et, à l'heure où le Comité central haranguait ainsi *ses enfants et ses frères*, la Commune ordonnait de les assassiner, comme il appert de ce factum :

« COMMUNE DE PARIS.

« ORDRE.

« Faire détruire immédiatement toute maison par les fenêtres de laquelle on aura tiré sur la garde nationale, et passer par les armes tous ses habitants, s'ils ne livrent ou exécutent eux-mêmes les auteurs de ce crime.

« LA COMMISSION DE LA GUERRE. »

Cette affiche placardée sur les murs de Paris, le soir du 24 mai, porte le n° 398. Elle exprime bien la rage et le désespoir des vaincus. La Commune à l'agonie ne devait plus, fort heureusement, rien livrer à la publicité, et il était temps, il faut l'avouer, de voir venir la fin de ces farces lugubres, car le gouvernement communeux venait de dépenser en affiches 5,000 rames de papier, soit 75,000 fr. volés à l'Imprimerie nationale.

Il faut vraiment reconnaître que nos sauvages ennemis avaient le génie du mal, et que le paroxysme de la haine leur donnait une formidable puissance. Qu'on étudie l'organisation de ces sombres bandits, et l'on sera frappé d'admiration, ou plutôt de terreur. C'est le prussien Jacoby et le russe Touatchin, de l'*Internationale* qui, de Londres, ont expédié l'ordre de brûler Paris le jour où la confrérie ouvrière reconnaîtrait l'impossibilité de le défendre. C'est le 20 mai que la Commune prit officiellement une décision à cet égard et, le 24, que le Comité *de salut public* (!!) lança froidement cet ordre :

« Le citoyen Millière, à la tête de 150 fuséens, incendiera les maisons suspectes et les monuments publics de la rive gauche.

« Le citoyen Dereure, avec 100 fuséens, est chargé du 1er et du 2e arrondissement.

« Le citoyen Billioray, avec 100 hommes, est chargé des 9e, 10e et 20e arrondissements.

« Le citoyen Vésinier, avec 50 hommes, est chargé

spécialement des boulevards, de la Madeleine à la Bastille.

« Ces citoyens devront s'entendre avec les chefs de barricades pour assurer l'exécution de ces ordres.

« Paris, 3 prairial, an 79.

« DELESCLUZE, RÉGÈRE, RANVIER, JOHANNARD, VÉSINIER, BRUNEL, DOMBROWSKI. »

Les communeux avaient, depuis longtemps, embrigadé leurs incendiaires. C'étaient, outre les repris de justice, qui sont de toutes les fêtes, de hideux enfants pâles, comme on n'en voit qu'à Paris, et surtout de vieilles et horribles femmes sans nom, et des échappées de lupanar !.. L'effectif de cette armée de furies s'élevait au chiffre de HUIT MILLE !... Et cette armée avait sa hiérarchie, ses instructions, sa théorie faite !.... Chaque escouade de *pétroleurs* ou de *pétroleuses* avait un quartier désigné pour théâtre de ses opérations. Les ordres d'incendie des édifices publics étaient revêtus du timbre humide de la Commune, de celui du Comité central, et du cachet du délégué civil à la guerre. Quant aux maisons particulières, on avait jugé plus commode de faire usage d'un timbre mobile. On a, en effet, trouvé à Paris des étiquettes gommées de la dimension d'un timbre-poste portant les lettres B. P. B. (bon pour brûler), les unes de forme carrée, les autres de forme ovale, portant au centre une tête de bacchante. Les chefs des incendiaires les posaient, en des points convenus, sur les maisons condamnées au feu. On donnait aux pétroleurs dix francs par maison *réussie*.

On croit rêver vraiment !..

Cette ronde de démons mâles et femelles obéissait à un communeux qui avait nom Ferré. On a retrouvé cet ordre revêtu de sa signature :

MINISTÈRE
de la guerre.

CABINET
du ministre.

Au citoyen Lucas.

Faites de suite flamber Finances et venez nous retrouver.

4 prairial, an 79.

TH. FERRÉ.

Mais le Comité de salut public ne se proposait pas seulement de brûler Paris ; il avait conçu, concurremment, l'idée de le faire sauter. Les égouts, les sous-œuvres de nos édifices avaient été, à cet effet, criblés de chambres de mine, et les fourneaux étaient chargés de poudre, de dynamite et de pétrole. Le Trocadéro, les Ternes, le boulevard Malesherbes, la gare Saint-Lazare, les Invalides, l'église Sainte-Clotilde, la rue de Lille, la rue Saint-Dominique, Notre-Dame devaient s'écrouler sous un jeu d'explosions formidables. On découvrit, fort heureusement, à temps, un millier de fils conducteurs destinés à la mise du feu, et c'est à l'armée qu'on doit ces précieuses découvertes. Quand un détachement pénétrait dans un quartier, il se divisait en deux sections, dont l'une gardait les rues à la surface du sol, et l'autre, explorait les égouts sous la conduite des officiers du génie. Grâce aux ingénieuses recherches et à la circonspection de ces mineurs habiles, on sut prévenir toute espèce d'accidents, et c'est l'incendie seulement qui a fait des ravages.

Au milieu de tant de calamités, nous devons encore remercier Dieu qui pouvait nous infliger des épreuves plus terribles. La ruine est loin d'être totale, et Paris n'est pas enseveli sous ses décombres.

« Il ne faut, dit le *Journal officiel* du 5 juin, ni se dissimuler, ni s'exagérer ses pertes.

« Paris a perdu la plupart de ses palais.

« Les Tuileries, le Palais-Royal, l'Hôtel de ville, le palais du quai d'Orsay ne sont plus que des ruines. Il faudrait des millions pour leur rendre la splendeur qu'ils avaient encore il y a trois semaines. Rien que pour réparer les murailles, poser une toiture, relever ou remplacer quelques statues, la ville devra s'imposer des sacrifices énormes. Il sera sage de le faire, pour ne pas laisser aux rues leur aspect désolé. Cette grande ville, si riante et si riche, qui attirait les gens du monde, les artistes, les hommes d'étude, et qui avait conquis l'utile royauté de la mode, ne peut rester longtemps ensevelie sous les décombres.

« Elle doit, à tout prix, relever les façades de ses monuments ; pour l'intérieur, c'est une perte presque irréparable. On ne refait pas en un jour des chefs-d'œuvre accumulés par des siècles.

« Quand même on trouverait, malgré les charges qui nous accablent, assez de ressources pour refaire les escaliers, peupler les appartements de tableaux et de statues, suspendre des lustres aux plafonds, étaler des tapis sous les pieds, jeter sur les murailles les riches tentures des Gobelins et de Beauvais, on ne referait pas la grandeur historique qui s'attachait à ces appartements et à ces galeries.

« L'histoire perd ses témoins. Nous ne connaîtrons plus nos rois que par les livres. Leur maison, que nous pouvions visiter, qui racontait les détails de leur vie, a tout à coup disparu. Il ne nous reste de l'œuvre de Philibert Delorme que ces murailles crevassées et noircies, derrière lesquelles se sont abrités, après les rois de France, les assemblées révolutionnaires et l'empire.

« L'architecture est l'art français par excellence. Nous avons des maîtres presque partout ; en architecture, nous n'avons que des rivaux, et c'est à peine si nous en avons pour l'architecture religieuse. On s'était donné bien du mal pour cacher et alourdir le palais de Philibert Delorme ; on avait amplifié, sans trop de succès, notre Hôtel de ville. On les retrouvait pourtant et on les admirait, sous ces ornements maladroits. Ils sont perdus. Si, quelque jour, la France redevient assez riche pour se donner le luxe qui sied à un grand peuple, elle les remplacera : mais elle ne pourra pas les refaire.

« Ce malheur, qui est déplorable, pouvait être beaucoup plus grand. Les incendiaires avaient projeté une destruction complète ; ils y travaillaient scientifiquement. Ils avaient choisi pour instrument le pétrole, ils avaient étudié avec soin ce Paris, qu'ils voulaient anéantir ; la bande avait ses ordres, son système, son plan régulier. Non-seulement, on accumulait les matières incendiaires, mais on coupait les conduites d'eau ; on emportait les pompes, les tuyaux, les échelles. Quand on apprit que les Tuileries brûlaient, ce ne fut partout qu'un cri d'effroi, à cause du Louvre. Les flammes en vinrent bien près, puisqu'elles brûlèrent cette belle bibliothèque qui séparait l'ancien ministère d'État de la caserne des zouaves de la garde. Grâce à Dieu, elles s'arrêtèrent au seuil du musée des Antiques.

« Nos beaux marbres, nos grandes toiles sont préservées. Nous n'avons rien perdu, absolument rien. Si l'on excepte un coin du plafond de la galerie d'Apollon, tout les dommages du Louvre sont extérieurs, et ils sont médiocres. Une femme, sculptée par Sarrasin, est à moitié détruite ; la façade de la galerie de l'Infante a perdu une partie de son entablement ; c'est presque tout, avec quelques traces d'obus, et des traces plus nombreuses de balles. On avait tant à redouter, qu'on se prend à se sentir reconnaissant envers la Providence de ne nous avoir pas frappés plus durement.

« Le musée de Cluny, rempli de trésors jusqu'à regorger, étalera encore ses faïences, ses cristaux, ses armures, ses bijoux, ses meubles, toutes ces splendides reliques qu'on ne se lasse pas d'admirer et d'étudier. Le Luxembourg nous rend intactes les toiles de l'école française contemporaine. Le musée de Sèvres, transporté dans Paris quand il était menacé par les Prussiens, a miraculeusement échappé aux communeux. Nous avons perdu les Gobelins avec les magnifiques tapisseries qu'ils contenaient ; mais les tapisseries de la couronne nous restent.

« A part la bibliothèque du Louvre et celle du Palais-Royal, d'une importance bien moindre, toutes nos bibliothèques sont sauvées. Nous avons tremblé longtemps pour l'Arsenal, très-voisin du grenier d'abondance, dont l'incendie a duré trois jours. Le feu et la fumée ont passé sur ces livres inestimables et sur ce riche amas de manuscrits, sans les atteindre. Sainte-Geneviève, la bibliothèque de la Sorbonne, la belle collection de M. Cousin, léguée par lui à l'État, celle de l'École normale, dont le fonds principal est un héritage de Georges Cuvier, celle du Sénat devenue publique, celle de l'École de médecine, celle du Corps législatif n'ont pas souffert. Le grand dépôt national de la rue Richelieu, si dangereusement situé et entouré de maisons de tous les côtés, quoique menacé à plusieurs reprises, est sorti sain et sauf de cette terrible crise. C'est ainsi que nous conservons un trésor que ni le *British Museum*, ni la bibliothèque du Vatican, ni aucune collection connue ne peut égaler. Les manuscrits les plus précieux étaient en dépôt dans les caves de l'École des beaux-arts, dont on s'occupe en ce moment de les tirer.

« Nous avons eu le même bonheur pour les Archives. Elles sont sauvées ; l'histoire de France est sauvée ! L'hôtel Soubise, où tous ces manuscrits sont réunis dans un ordre admirable, n'est séparé du Mont-de-Piété que par une rue. Les commissaires de la Commune venaient au Mont-de-Piété tous les jours ; il y avait là des millions qui les attiraient ; ils comprenaient moins la valeur des autres trésors entassés si près de là. Il n'aurait pas fallu beaucoup de pétrole pour les détruire. On les a oubliés.

« On a oublié aussi l'Imprimerie nationale ; ou plutôt on a pris ce grand monument de l'art typographique pour une manufacture comme toutes les autres. Le temps aussi a manqué aux iconoclastes. Nos soldats marchaient vite ; leurs chefs savaient ce que chaque minute de retard coûtait à la civilisation.

« Enfin, l'art religieux n'a presque rien perdu. La Sainte-Chapelle, la merveille des merveilles, a tous ses vitraux intacts. Elle est restée debout entre l'incendie du palais et celui de la préfecture de police. Saint-Étienne-du-Mont, Saint-Germain-des-Prés, Saint-Séverin,

Saint-Eustache nous restent. Saint-Eustache, pourtant, a souffert. Les vitraux de Philippe de Champagne sont perdus, malheur irréparable. A Notre-Dame, tout était prêt pour l'incendie. Les deux ambous, à l'extrémité du bas-chœur, sont brûlés. Les barbares n'ont pas incendié la séculaire forêt qui domine les voûtes ; ils n'ont pas fait pleuvoir sur la Cité et l'Hôtel-Dieu cette immense quantité de plomb qui couronne le majestueux édifice. Paris, malgré les Tuileries et l'Hôtel de ville ; malgré le Palais-Royal et le palais du quai d'Orsay ; malgré les Gobelins, Paris est encore Paris. Il peut, comme la France, ressusciter et grandir, à force de sagesse. »

C'est en effet à l'heureuse arrivée et à la rapidité des mouvements de l'armée que la ville de Paris doit son salut.

Si nos troupes avaient franchi la porte de Saint-Cloud quarante-huit heures plus tard, c'en était fait de tous les édifices, de toutes les maisons, de tous les quartiers. Le feu devait tout dévorer, et les matières explosibles accumulées n'allaient plus avoir à disperser que des cendres et des décombres !... Une fois entrés dans Paris, nos soldats s'empressèrent d'organiser un service de secours, se portèrent partout où on les appela, et sauvèrent des trésors déjà en proie aux flammes. C'est ainsi que, dans la matinée du 24 mai, les divisions Bruat et Vergé (2e et 3e de l'armée de réserve) coupèrent l'incendie du Louvre. Ce sont des fusiliers marins qui ont préservé du feu la Bibliothèque nationale, l'Institut, les Beaux-Arts, le Luxembourg !

Il nous faut témoigner ici notre gratitude aux étrangers amis, Anglais et Belges qui, dès la nouvelle du sinistre, s'empressèrent d'accourir à notre secours. Nous devons aussi remercier, avec l'Assemblée nationale, ces sapeurs pompiers de la province dont le dévouement ne nous fait jamais défaut. Nous les avions déjà vus à Paris au mois de septembre 1870, quand les Prussiens allaient nous investir. Ils sont revenus en mai 1871, alors que nous étions aux mains des bandits internationaux. Comme le chœur des tragédies antiques, ils auront vu le prologue et le dénouement du drame.

La presse s'est faite, dans ces derniers temps, l'écho de bruits persistants tendant à attribuer aux Prussiens une large part de responsabilité dans ces événements effroyables. Nous nous abstiendrons d'émettre aucun avis touchant cette question délicate, mais nous observerons que les incendiaires de Paris ont opéré par le pétrole... exactement suivant la méthode des officiers de l'armée prussienne chargés de mettre à feu nos villages.

Nous citerons aussi un mot de M. de Bismarck. — « La Commune de Paris, aurait-il dit, se chargera de grouper autour d'elle les chefs de la démagogie cosmopolite, et nous fermerons ensuite la souricière. »

Et, en effet, il a empêché les communeux vaincus de s'échapper par les chemins de l'Est et du Nord. Il a fait tirer sur quiconque osait franchir les lignes de l'armée prussienne.

Nous transcrirons enfin la lettre suivante adressée, le

25 mai, au journal *la Gironde* par un officier de l'armée danoise :

« Je suis Danois d'origine, mais Français de cœur ; et, en lisant dans votre journal l'incendie du Louvre et des Tuileries, j'éprouve un grand serrement de cœur. A voir le plus beau joyau du monde entier incendié par ces bandits, c'est horrible! Mais laissez-moi vous raconter quelques bribes de ma conversation avec un officier d'état-major prussien que je rencontrai il y a quelques jours à Compiègne, et dont je fis la connaissance en 1868, précisément au bal des Tuileries, en l'entendant causer, en allemand, avec assez de familiarité, avec un domestique de Sa Majesté l'empereur qui le servait au souper :

« Que pensez-vous du drame qui se joue à Paris? me
« disait-il ; je suis fier du succès de mon pays, mais où
« je rougis d'être Allemand, c'est d'entendre à mes côtés
« nos généraux se réjouir des forfaits de cette lie de
« toutes les nations, en partie soudoyée par Bismarck,
« pour que, suivant sa prophétie, Paris « pourrisse dans
« son jus ». Et, pour que le programme soit complet,
« *ils brûleront tout,* pour la plus grande gloire de l'Alle-
« magne. »

« La prédiction s'accomplit, vous le voyez, et ma mémoire me retrace fidèlement ces paroles sinistres, dont je vous garantis la parfaite exactitude.

« Je vous tairai, monsieur, le nom de l'officier prussien de qui je tiens ces détails, par des raisons que vous comprendrez ; mais je ne crains pas de signer de mon nom, que je vous livre pour en faire tel usage qu'il vous conviendra. »

Cela dit, nous en appelons aux âmes sincères qui se sentent libres de préjugés, et se croient exemptes de toute prévention.

X.

LES MASSACRES. — LES BUTTES CHAUMONT. — LE PÈRE LA CHAISE.

X.

**LES MASSACRES. — LES BUTTES CHAUMONT. —
LE PÈRE LA CHAISE.**

L'incendie épouvantable allumé pour dévorer notre malheureuse ville de Paris a fait périr bien des innocents dans les flammes, et l'on ne saura jamais exactement combien d'enfants, de femmes et de vieillards ont été asphyxiés, calcinés, ensevelis dans les caves qui leur servaient de refuge. Le nombre de ces victimes doit être considérable.

Mais des crimes d'une autre nature devaient encore frapper d'horreur la population parisienne en proie à la frénésie des communeux. Ces vils fantoches de la rue ne se révélaient par aucun verbe original, et ne manifestaient pas une idée qui leur appartînt en propre. Ils avaient, jusqu'alors, parodié, copié, recommencé les hommes de 92 qu'ils nommaient *leurs pères;* mais, pour parfaire le sanglant pastiche, il leur manquait encore des journées de massacres. Leur hideux théâtre était depuis longtemps machiné pour des scènes de mort; quand le moment leur parut opportun, ils ne reculèrent point.... ils jouèrent froidement les septembriseurs, ainsi qu'il appert du texte de ce document auquel on voudrait refuser de croire :

« *Direction de la sûreté générale.*

« Le citoyen Raoul Rigault est chargé, avec le citoyen Régère, de l'exécution du décret de la Commune de Paris relatif aux otages.

« Paris, 2 pairial, an 79.

« DELESCLUZE, BILLIORAY. »

On se rappelle que, suivant la méthode prussienne, les communeux, belligérants sinistres, avaient pris soin de ramasser des *otages* partout où s'était présentée l'occasion d'en faire. Puis, durant le cours des opérations dont le récit précède, ils nous avaient, à chaque instant, menacés de les fusiller, espérant arrêter ainsi l'élan de nos soldats, intimider les généraux, provoquer ces sentiments d'humanité qui amènent les concessions. Quand ils virent les progrès de notre armée dans Paris, ces hommes de sang se sentirent dégagés, à ce sujet, de toutes préoccupations politiques et, dominés par des instincts sauvages, ils ne songèrent plus qu'à satisfaire leurs besoins de vengeance. Cette lâche fureur est faite pour inspirer plus de douleur que de surprise : on devait, hélas! s'attendre à des monstruosités de tout genre de la part de ceux dont l'entrée en scène avait été signalée par le meurtre de Lecomte et de Clément Thomas. Entre les principes de notre ordre social et les aspirations de la jacquerie internationale un vaste abîme était ouvert. Cet abîme, aujourd'hui, déborde de sang.

Le jour ou le lendemain de notre entrée dans Paris, les communeux fusillaient, à la butte aux Cailles, quinze frères hospitaliers qui, depuis l'ouverture de la campagne, ne s'étaient rendus coupables que d'un pieux dévouement. Le mardi, 23 mai, à onze heures du matin, la prison de Sainte-Pélagie voyait aussi passer par les armes de malheureux gendarmes faits prisonniers au 18 mars, et M. Chaudey, l'un des rédacteurs du journal *le Siècle*. Le nommé Raoul Rigault commandait en personne le peloton d'exécution, afin de bien jouer jusqu'au bout les gredins féroces.

Le soir du mercredi, 24, d'autres agents des Delescluze et des Pyat assassinaient, à la Roquette, Mgr l'archevêque de Paris, Darboy, le président Bonjean, l'abbé Deguerry, curé de la Madeleine, et les trois pères jésuites Clerc, Allard et Ducoudray. Tous moururent en chrétiens. Outragé par les misérables qui allaient le frapper à mort, l'archevêque leur dit simplement : — « Ne pro-
« fanez pas le mot de liberté. C'est à nous seuls qu'il
« appartient, car nous mourons pour la liberté et pour la
« foi. »

Le jeudi, 25, à deux heures de l'après-midi, une impasse voisine de la place d'Italie était témoin de l'assassinat des dominicains d'Arcueil, les PP. Captier, Cothereau, Bourard, Delhorme et Chateigneraie. — « *Il faut souffrir pour Dieu!* » dit en tombant le P. Captier. Avec les pères furent aussi assassinés cinq domestiques du collége et deux professeurs civils, MM. Volant et Gauquelin. L'égalité républicaine voulait que les serviteurs et les maîtres fussent traités de la même façon : les communeux laissèrent là tous les cadavres, sans s'inquiéter de la sépulture. Le matin du même jour, 25 mai, le banquier Jecker était également fusillé dans un coin de la prison de la Roquette.

Dans la nuit du vendredi, 26, au samedi, 27, seize notables, mêlés à un groupe de 38 gendarmes, furent extraits de la prison de la Roquette; conduits, sous prétexte de transfèrement, au cimetière du père La Chaise, et passés par les armes. On cite parmi les victimes les pères jésuites Benzy, Caubert et Ollivaint; les séminaristes Gard et Seigneray; le missionnaire Houillon; l'abbé Polanchin; l'abbé Sabattier, vicaire de N.-D. de Lorette, et Mgr Surat, grand-vicaire de Paris.

Samedi matin, 27 mai, quatre autres personnes, dont les noms sont inconnus, furent encore odieusement assassinées à la Roquette. Il restait alors, dans la prison, 169 prisonniers dont 54 sergents de ville, 15 ecclésiastiques, et 100 militaires qui avaient refusé de servir la Commune. Tous ces malheureux allaient être mis à mort lorsque, à l'instigation du gardien Pinet, ils se révoltèrent contre leurs bourreaux ivres. Ils choisirent, pour s'y barricader, un coin de la prison où les communeux essayèrent de les brûler vifs; mais la laine des matelas qui leur servaient de défenses refusa, fort heureusement, de s'allumer. Les malheureux ne furent délivrés de leurs transes qu'à cinq heures du soir, lorsque la Commune, prise de panique, transporta brusquement son quartier général de la Roquette à la mairie du XXe arrondissement.

Quelque temps auparavant, d'autres prisonniers, enfermés à la préfecture de police, avaient pu se soustraire aux flammes ou être, à temps, secourus par les troupes du général de Cissey.

Tels sont les otages dont on connaît, dès à présent le sort. Nous apprenons que M. l'abbé Bécourt, curé de Bonne-Nouvelle, a été aussi passé par les armes; mais il est encore, on n'en saurait douter, bien d'autres victimes de ce *peuple* en faveur duquel M. Hugo puise en son cœur des trésors d'indulgence. Que sont devenus tous ceux qu'a fait arrêter la Commune, ce pouvoir pétri de sang et de boue? Prêtres ou militaires, gardiens de la paix ou banquiers, où sont-ils? Qu'ont-ils fait, les maudits, des compagnons de ce frère Néthelme, tué sur le champ de bataille, au temps du siége des Prussiens? Ont-ils aussi fusillé les religieuses qu'ils enfermaient à Saint-Lazare et, entre autres, ces douze sœurs de Saint-Marc qui dirigeaient l'ambulance d'Arcueil et soignaient si bien les blessés de nos combats de Cachan? Le temps seul nous fera connaitre l'étendue de notre deuil.

L'assassinat de M. Chaudey, à Sainte-Pélagie, était un acte de vengeance répondant au fait de la prise des buttes Montmartre. Celui de l'archevêque, à la Roquette, paraissait destiné à consoler la Commune de la perte du Panthéon.

Le 24 mai, tandis que les divisions Lacretelle (3ᵉ du 2ᵉ corps de l'armée active) et Bruat (2ᵉ de l'armée de réserve) enlevaient le faubourg Saint-Germain, le général de Cissey dirigeait sur le Luxembourg sa 2ᵉ division (Susbielle). A deux heures de l'après-midi, la brigade Paturel (17ᵉ bataillon de marche de chasseurs, 38ᵉ et 76ᵉ de marche) pénètre dans le jardin par les rues d'Assas et de Vaugirard, emporte l'École des mines et étend ses tirailleurs le long des grilles de la rue Médicis. Les chasseurs à pied emportent la barricade de la rue Soufflot, prennent possession des rues Cujas et Malebranche et veulent descendre au pas de course le boulevard Saint-Michel. Mais là, ils éprouvent une très-vive résistance de la part des communeux qui garnissent les barricades et qui reçoivent, à chaque instant, des renforts provenant des forces insurgées, débusquées de la Croix-Rouge par la division Lacretelle. Nos pertes s'accumulent; le général Paturel, encore souffrant d'une blessure reçue le 18 mars, est encore atteint d'un coup de feu à la cuisse. Le colonel Biadelli, du 38ᵉ de marche, est également blessé. La rage s'empare de nos soldats, et leurs officiers ont quelque peine à les contenir.

Heureusement, vers deux heures, la grande barric[ade]
de la rue de Rennes, à Saint-Germain-des-Prés, vi[ent]
d'être emportée. Nos soldats se jettent dans la rue [de]
l'École-de-Médecine, descendent jusqu'à la Seine et,
montant alors le boulevard Saint-Michel, en prennen[t à]
revers toutes les défenses.

Au même moment, on annonce au général Patu[rel]
l'arrivée de la brigade Bocher (18e bataillon de marche [de]
chasseurs, 46e et 89e de marche) qui débouche par [les]
rues d'Ulm et Royer-Collard, après avoir emporté [les]
barricades du Val-de-Grâce et de la rue des Feuill[an]tines. Les chasseurs n'y tiennent plus; ils s'élancent [par]
les rues Soufflot, Cujas, Malebranche, abordent de fr[ont]
les barricades et emportent le Panthéon. Ainsi surp[ris]
de toutes parts, les insurgés se retirent en désordre, [non]
sans laisser bien des leurs sur le terrain.

S'étendant alors aussi vers l'est, et parallèlement a[ux]
troupes qui venaient de prendre le Panthéon, les dé[ta]chements du 2e corps, qui tenaient la place d'Enfer, pas[sè]rent de là dans les jardins de l'Observatoire, suivire[nt]
la rue Méchain et, ayant fait tomber les barricades [de]
la rue de la Santé et celles du boulevard Arago, se c[on]centrèrent, pour y passer la nuit, à la prison des M[a]delonnettes.

Cette journée du 24 mai fut, en outre, employée à d[es]
travaux de divers genres. Les habitants de Paris reçur[ent]
du maréchal de Mac-Mahon l'ordre de boucher en m[a]çonnerie toutes les baies de sous-sol; tous les soupira[ux]

par lesquels les bandits jetaient des matières incendiaires, ou qui leur servaient de créneaux pour assassiner nos soldats. D'autre part, le service de l'artillerie réorganisait Montmartre, et cette butte, qui commande si bien toute la ville, était armée de bouches à feu destinées à battre le dernier réduit des communeux.

Vers sept heures et demie du soir, la canonnade commença serrée, furieuse, incessante. Les batteries de Montmartre écrasaient la Chapelle, la Villette, les Buttes-Chaumont; celles du Panthéon couvraient d'obus les abords de la place de la Bastille.

A dix heures, le feu devint des plus intenses, et ceux qui ont entendu ces détonations n'en oublieront jamais le vacarme infernal. Ce n'était plus un tonnerre de canons mugissant en cadence, en échangeant régulièrement leurs projectiles, mais un roulement continu de coups violents provenant d'une armée de batteries insensées. La Seine elle-même prenait part à la lutte et les canonnières, embossées sous les ponts, grondaient comme des volcans. La fusillade stridente était si bien nourrie que l'oreille ne percevait plus qu'une sorte de ronflement semblable à celui du vent qui s'engouffre dans les vieux édifices et, sur ce concerto sombre, effroyable, le crépitement de la mitrailleuse avait peine à se détacher.

On se battait partout à la fois : à la Villette, à Saint-Vincent-de-Paul, sur les boulevards, à l'Hôtel de ville, au Luxembourg, au Pont-Neuf. Paris était tout entier noyé dans une fumée épaisse sillonnée par les éclairs du canon et, çà et là, rougie par les flammes, car la rue Lafayette, Saint-Eustache, l'Hôtel de ville, la préfecture de police, la Conciergerie, deux cents maisons étaient en feu !

Non, Paris n'oubliera jamais la nuit du 24 mai 1871.

Les communeux affolés durent enfin reconnaître la supériorité de notre artillerie et celle de nos braves soldats. Ils évacuèrent, durant la nuit, la partie centrale de la ville pour se réfugier dans la région nord-ouest, ne laissant dans les quartiers des Halles et du Palais-Royal que quelques bataillons sacrifiés à l'avance. Protégés par ces tirailleurs et par les incendies allumés, ils espéraient couvrir suffisamment leur retraite. On a dit aussi qu'ils voulaient, sous la protection du canon des buttes Chaumont, reprendre les anciens boulevards extérieurs et couper l'armée française; mais ils étaient alors trop démoralisés pour rien tenter de pareil. Fuyant en désordre, et acculés dans leurs derniers retranchements, que pouvaient-ils faire? Opérer une sortie par le nord-est, et abandonner la place? Il n'y fallait plus songer; les Prussiens étaient là, barrant le passage à tous les drôles qu'ils avaient eu tant de plaisir à voir *travailler*.

Le 25, vers cinq heures du matin, le combat cessa. On n'entendait plus de mousqueterie qu'à Charonne, à la Bastille et vers la rue Mouffetard.

Dans ce dernier quartier, le général de Cissey emportait vigoureusement les deux barricades élevées à l'intersection des boulevards Arago et de Port-Royal. D'autre part, il mettait vingt-cinq pièces de 7 ou mitrailleuses en batterie sur les grands remblais organisés, en 1870, aux alentours de la rotonde du chemin de Sceaux, par le service des ponts-et chaussées, sous la direction du génie militaire du 8e secteur. De ces positions heureusement choisies, l'artillerie du 2e corps battait admirablement la butte aux Cailles, le boulevard et la place d'Italie; elle entamait sans peine les barricades de la rue Dubois; de la mairie du XIIIe arrondissement; de l'avenue d'Italie et de la route de Choisy-le-Roi.

Les insurgés paraissaient généralement abattus. Quelques bandes avaient cependant trouvé asile dans le cimetière du père La Chaise et voulaient y vendre chèrement leur vie. Ils y construisirent des batteries, crénelèrent les murs, se barricadèrent derrière les tombes et attendirent... prêts à combattre avec toute l'énergie du désespoir. Cette fière phalange comptait sept ou huit mille hommes.

Le jeudi, 25 mai, à sept heures et demie du matin, le chef du pouvoir exécutif adressait cette dépêche aux autorités civiles et militaires de tous les départements :

« Nous sommes maîtres de Paris, sauf une très-petite partie qui sera occupée ce matin. Les Tuilèries sont en cendres, le Louvre est sauvé. La partie du ministère des finances qui longe la rue de Rivoli a été incendiée. Le palais du quai d'Orsay, dans lequel siégeaient le conseil d'État et la cour des comptes, a été incendié également. Tel est l'état dans lequel Paris nous est livré par les scélérats qui l'opprimaient et le déshonoraient. Ils nous ont laissé 12,000 prisonniers, et nous en aurons certainement 18 à 20,000. Le sol de Paris est jonché de leurs cadavres. Ce spectacle affreux servira de leçon, il faut l'espérer, aux insurgés qui osaient se déclarer partisans de la Commune. La justice, du reste, satisfera bientôt la conscience humaine, indignée des actes monstrueux dont la France et le monde viennent d'être témoins.

« L'armée a été admirable. Nous sommes heureux dans notre malheur de pouvoir annoncer que, grâce à la sagesse de nos généraux, elle a essuyé très-peu de pertes. »

A neuf heures cinquante-cinq minutes, le général de Cissey envoyait, du Luxembourg, le télégramme suivant :

« Le fort de Montrouge et celui des Hautes-Bruyères
« sont à nous... Nous sommes maîtres du Panthéon,
« de la Halle aux vins et de tous les environs. Il ne
« nous reste plus à enlever que la barrière d'Italie. Je
« vais prendre et fermer les portes jusqu'à la Seine.
« Rapprochez vos troupes, et occupez Choisy-le-Roy,
« l'Hay et environs. Resserrez votre blocus; ne laissez
« passer personne... »

Le ministre de l'intérieur qui, en la séance du 25 mai, faisait part de ces nouvelles à l'Assemblée nationale, lui apprenait aussi la chute du fort de Bicêtre.

Des relations particulières nous faisaient, en même temps, connaître les éminents services rendus, en cette journée du 25, par l'armée de réserve, si bien connue et, à juste titre, aimée des Versaillais.

Dès le matin, la division Bruat, chargée du soin de tourner, par l'est, le faubourg Saint-Antoine et Belleville, avait pris possession du Jardin des Plantes et de la gare d'Orléans. Elle attaqua vigoureusement le pont d'Austerlitz, soutenue, sur la rive gauche, par la brigade Derroja; sur la rive droite, par la brigade de la Mariouse, toutes deux de la division Faron; sur le cours même de la Seine, par la flottille de canonnières, tout récemment réorganisée. Les défenses du pont étaient formidables; mais, vers quatre heures du soir, la position fut emportée, et la conséquence de ce succès fut de faire tomber la gare de Lyon, la prison Mazas et le viaduc du chemin de fer de Vincennes.

Pendant que les divisions Faron et Bruat procédaient ainsi, la division Vergé (3ᵉ de l'armée de réserve) filait par les rues Saint-Paul, Charles V, de la Cerisaie; cheminait dans les maisons, le long de la rue Saint-Antoine, s'emparait de la barricade de la rue Castex et débouchait enfin place de la Bastille. Là, elle rencontrait une résistance des plus vives, rendue plus sérieuse encore par l'incendie du Grenier d'abondance et des pâtés de maisons situées au pourtour de la place.

Le lendemain 26, le ministre de la guerre disait aux députés : « Messieurs, la situation de Paris s'améliore de
« plus en plus. Les troupes rencontrent une très-éner-
« gique résistance, mais leur courage et leur dévouement
« sont plus grands que la résistance qu'elles éprouvent.
« Elles cheminent difficilement, mais sûrement. Nous
« sommes maîtres de toute la partie de Paris située sur
« la rive gauche ; sur la rive droite, nos attaques s'é-
« tendent jusqu'à la place de la Bastille, qui est au pou-
« voir de l'armée.

« Le général Vinoy manœuvre, en ce moment, pour
« enlever la barrière du Trône. Presque tous les boule-
« vards sont au pouvoir de l'armée : la place du Châ-
« teau-d'eau, la caserne du Prince-Eugène, les Maga-
« sins-Réunis, toute cette partie de Paris est entre nos
« mains.

« Tous les forts de la rive gauche, y compris ceux
« de Bicêtre et d'Ivry, sont en notre pouvoir ; Bicêtre
« et Ivry ont été enlevés par la cavalerie (dragons à
« pied.)

« Il ne reste, à l'heure qu'il est, que les buttes Chau-
« mont et toute la partie qui s'étend de ce côté, c'est-
« à-dire Belleville, la Villette, la Chapelle. Mais les
« troupes avancent méthodiquement et résolûment sur
« ces derniers points ; et demain, j'espère, elles pourront
« vaincre cette dernière citadelle de l'insurrection ; et il
« sera enfin donné au gouvernement la grande satis-

« faction de pouvoir annoncer à l'Assemblée que l'ar-
« mée, grâce à l'héroïque dévouement des soldats et
« à l'habileté de leurs chefs, est redevenue maîtresse
« de Paris. »

A cet exposé succinct nous pouvons ajouter quelques traits.

Le général de Cissey, partant du boulevard Arago, avait, dans la nuit du 25 au 26, remonté le cours de la Bièvre jusqu'au sud de la manufacture des Gobelins, et pénétré dans les jardins, mais trop tard pour sauver de l'incendie la totalité de ce magnifique établissement. Au jour, les brigades Osmont (2e de la division Levassor) et Bocher (1re de la division Susbielle) avaient emporté, de haute lutte, la place d'Italie; et la division Lacretelle, hâtant le pas, s'était installée à la Salpêtrière, à la gare d'Orléans et au Jardin des Plantes. Enfin, la brigade Lian (1re de la division Levassor) avait complété l'opération par la prise de possession de tout le 9e secteur et l'occupation du pont Napoléon III, qui relie Bercy à la gare. Les insurgés, repoussés sur Ivry, avaient laissé 6,000 prisonniers entre nos mains.

Pendant cette journée du 26 mai, les trois divisions de l'armée de réserve opérèrent de concert pour envelopper la place du Trône. La division Faron, maîtresse des rues perpendiculaires aux quais de la Râpée et de Bercy, aborda la position par la place Daumesnil, la rue et le boulevard de Picpus; la division Bruat suivit le boulevard Mazas; enfin, la division Vergé lança ses colonnes par la rue du Faubourg-Saint-Antoine, dès qu'elle se fut rendue maîtresse de la place de la Bastille.

Le fort d'Ivry venait aussi d'être pris, et d'une façon singulière qui rappelle la capture par la cavalerie française de certaine flotte en hivernage dans les eaux de la Hollande. On sait que le corps du Barail était chargé d'observer Montrouge, Bicêtre et Ivry, lesquels lançaient sur le sud de Paris, et à toute volée, une pluie de projectiles incendiaires. Montrouge et Bicêtre venaient de se rendre; seul, le fort d'Ivry continuait sa canonnade.

Une batterie de 12, de campagne, eut l'idée de contrebattre les communeux et, par un hasard providentiel, l'un de ses premiers obus fit sauter le grand magasin à poudre. Il est juste de dire que le fait de cet heureux coup se trouve contesté; que, suivant certaine opinion, l'explosion doit être attribuée à l'imprudence ou au désespoir des défenseurs. Quoi qu'il en soit, le 4ᵉ dragons, en observation sous les glacis, s'empressa de mettre pied à terre, profita du désarroi, tenta l'assaut du fort rudement ébranlé, et l'enleva en un tour de main. Il y a dans ce fait toute une révélation du rôle que la cavalerie française est appelée à jouer à l'avenir, et qui consiste simplement en l'action heureusement combinée de l'infanterie et de la cavalerie. Qu'on se reporte aux exploits des Numides, du temps d'Annibal et de César; à ceux des vélites des Nævius, et l'on saura se convaincre que les deux armes, en concertant leurs efforts, obtiennent souvent des résultats merveilleux. Il y a deux mille ans que les anciens pratiquaient ce principe, et il semble sage d'en revenir à la théorie des anciens.

Quant aux insurgés qui tentèrent de s'échapper, à la faveur du désordre qui suit toujours une prise d'assaut, ils furent rudement ramenés par la cavalerie du Barail. Pris entre les feux des pièces de campagne du 3e corps et ceux des mitrailleuses que le général de Cissey avait placées en batterie sur les fronts du 9e secteur, ils n'eurent plus qu'à se faire tuer ou à se rendre à merci. Quelques-uns d'entre eux se réfugièrent, dit-on, dans des carrières souterraines où ils moururent de faim.

La situation de la Commune devenait de plus en plus critique, et ses partisans n'avaient plus qu'à songer aux moyens de fuir. Mais, fort heureusement pour la garantie des droits de la vindicte publique, la fuite allait devenir impossible. Le jour même, en effet, notre ministre des affaires étrangères expédiait le télégramme suivant à tous les représentants de la France à l'étranger :

« Monsieur, l'œuvre abominable des scélérats qui succombent sous l'héroïque effort de notre armée ne peut être confondue avec un acte politique. Elle constitue une série de forfaits prévus et punis par les lois de tous les peuples civilisés. L'assassinat, le vol, l'incendie, systématiquement ordonnés, préparés avec une infernale habileté, ne doivent permettre à leurs auteurs ou à leurs complices d'autre refuge que celui de l'expiation légale. Aucune nation ne peut les couvrir d'immunité et, sur le sol de toutes, leur présence serait une honte et un péril. Si donc vous apprenez qu'un individu compromis dans l'attentat de Paris a franchi la frontière de la nation près de laquelle vous êtes accrédité, je vous invite à solliciter des autorités locales son arrestation immédiate, et à m'en donner de suite avis pour que je régularise cette situation par une demande d'extradition. »

Dès le soir du 26 mai, les gouvernements de Belgique et d'Espagne répondaient qu'ils étaient prêts à nous seconder dans notre œuvre de répression; et les autres puissances, sauf l'Angleterre, allaient prendre des mesures propres à nous faciliter cette tâche.

Pendant la nuit du 26 au 27 mai, d'immenses lueurs rouges éclairèrent d'un ton sinistre les édifices de Versailles. On eut dit les teintes vives de l'aurore boréale qui, l'automne précédent, avait si bien illuminé Paris; mais ce n'était plus hélas! l'effet d'un phénomène magnétique! C'était l'incendie, le hideux incendie qui projetait ses reflets jusqu'au bassin d'Apollon et à la pièce d'eau des Suisses!.. Après avoir brûlé le Grenier d'abondance, ces Malais internationaux venaient de mettre le feu aux bâtiments de la Halle aux vins!.. ils détruisaient ce qu'ils n'avaient pu boire.

A la séance de l'Assemblée nationale du 27 mai, le ministre de l'intérieur fit aux députés communication suivante :

« Le général du Barail, à la tête de la cavalerie, s'est emparé de tous les forts qui restaient à prendre.

« Au dedans, le général de Cissey est maître de toute la rive gauche.

« Sur la rive droite, les corps des généraux Douay et Vinoy, secondés par la flottille, ont enlevé les positions de la Bastille qui étaient retranchées d'une manière formidable. Ils ont conquis le faubourg Saint-Antoine, hérissé de barricades, jusqu'à la place du Trône.

« Ces corps bordent maintenant le pied des hauteurs de Belleville à l'ouest; à l'est, les corps du général Clinchant et du général Ladmirault, après avoir enlevé les Magasins-Réunis, la Douane, la gare du Nord, celle de l'Est, sont venus s'établir au bassin de la Villette, et se placer au pied des hauteurs des buttes Chaumont que les corps des généraux Douay et Vinoy bordent à l'ouest. Soixante mille hommes enlèveront demain ces positions, dernier refuge de l'insurrection la plus monstrueuse qui ait été vue dans le monde. »

Et le soir du même jour, à 7 heures 15 minutes, le chef du pouvoir exécutif expédiait cette dépêche à toutes les autorités.

« Nos troupes n'ont pas cessé de suivre l'insurrection

pied à pied, lui enlevant chaque jour les positions les plus importantes de la capitale, et lui faisant des prisonniers qui s'élèvent jusqu'à 25,000, sans compter un nombre considérable de morts et de blessés. Dans cette marche sagement calculée, nos généraux et leur illustre chef ont voulu ménager nos braves soldats, qui n'auraient demandé qu'à enlever au pas de course les obstacles qui leur étaient opposés.

« Tandis qu'au dehors de l'enceinte notre principal officier de cavalerie, le général du Barail, prenait, avec des troupes à cheval, les forts de *Montrouge*, *de Bicêtre*, *d'Ivry*, et qu'au dedans, le corps de Cissey exécutait les belles opérations qui nous ont procuré toute la rive gauche, le général Vinoy, suivant le cours de la Seine, s'est porté vers la place de la Bastille, hérissée de retranchements formidables, a enlevé cette position avec la division Vergé ; puis, avec les divisions Bruat et Faron, s'est emparé du faubourg Saint-Antoine jusqu'à la place du Trône. Il ne faut pas oublier, dans cette opération, le concours efficace et brillant que notre flottille a donné aux troupes du général Vinoy. Ces troupes ont, aujourd'hui même, enlevé une forte barricade de l'avenue Philippe-Auguste et de la rue de Montreuil. Elles ont ainsi pris position à l'est et au pied des hauteurs de Belleville, dernier asile de cette insurrection qui, en fuyant, tire de sa défaite la monstrueuse vengeance de l'incendie.

« Au centre, en tournant vers l'est, le corps de Douay a suivi la ligne des boulevards, appuyant sa droite à la place de la Bastille et sa gauche au cirque Napoléon. Le corps de Clinchant, venant se rallier, à l'ouest, au corps de Ladmirault, a eu à vaincre, aux Magasins-Réunis, une violente résistance qu'il a vaillammant surmontée. Enfin, le corps du général Ladmirault, après avoir enlevé avec vigueur les gares du Nord et de l'Est, s'est porté à la Villette et a pris position au pied des buttes Chaumont.

« Ainsi les deux tiers de l'armée, après avoir conquis successivement toute la rive droite, sont venus se ranger au pied des hauteurs de Belleville, qu'ils doivent attaquer demain matin. Pendant ces six jours de combats continus, nos soldats se sont montrés aussi énergiques qu'infatigables et ont opéré de véritables prodiges, bien autrement méritoires de la part de ceux qui attaquent des barricades que de ceux qui les défendent. Leurs chefs se sont montrés dignes de commander à de tels hommes et ont pleinement justifié le vote que l'Assemblée leur a décerné.

« Après les quelques heures de repos qu'ils prennent en ce moment, ils termineront, demain matin, sur les hauteurs de Belleville, la glorieuse campagne qu'ils ont entreprise contre les démagogues les plus odieux et les plus scélérats que le monde ait vus, et leurs patriotiques efforts mériteront l'éternelle reconnaissance de la France et de l'humanité.

« Du reste, ce n'est pas sans avoir fait des pertes douloureuses que notre armée a rendu au pays de si mémorables services. Le nombre de nos morts et de nos blessés n'est pas grand, mais les coups sont sensibles. Ainsi, nous avons à regretter le général Leroy de Dais, l'un des officiers les plus braves et les plus distingués de nos armées. Le commandant Ségoyer, du 26ᵉ bataillon de chasseurs à pied, s'étant trop avancé, a été pris par les scélérats qui défendaient la Bastille et, sans respect des lois de la guerre, a été immédiatement fusillé. Ce fait, du reste, concorde avec la conduite de gens qui incendient nos villes et nos monuments, et qui avaient réuni des liqueurs vénéneuses pour empoisonner nos soldats presque instantanément. »

La journée du 27 mai fut particulièrement signalée par de nouveaux progrès de la division Bruat (2ᵉ de l'armée de réserve). Les marins poussèrent, d'une part, jusqu'à la porte de Bagnolet; ils abordèrent, de l'autre, le cimetière du père La Chaise et atteignirent la rue de Puebla. Enfin, dans la nuit du 27 au 28, et sous des torrents de pluie, ils prirent possession de la prison de la Roquette où, l'on s'en souvient, ils furent assez heureux pour délivrer 169 otages voués à la mort.

Ainsi que le prévoyait M. Thiers, la lutte devait bientôt se terminer. Une circulaire officielle, datée de Versailles, dimanche, 28 mai, 2 heures 15 du soir, rendait, comme il suit, compte des événements de la journée :

« Nos corps d'armée, chargés d'opérer sur la rive droite, étaient, dès hier au soir, rangés en cercle au pied des buttes Chaumont et des hauteurs de Belleville. Cette nuit, ils ont surmonté tous les obstacles. Le général Ladmirault a franchi le bassin de la Villette, l'Abattoir, le parc aux bestiaux, et gravi les buttes Chaumont et les hauteurs de Belleville.

« Le jeune Davoust, si digne du nom qu'il porte, a enlevé les barricades et, au jour, le corps de Ladmirault couronnait les hauteurs. De son côté, le corps de Douay partait du boulevard Richard Lenoir pour aborder, par le centre, les mêmes positions de Belleville. Pendant le même temps, le général Vinoy a gravi le cimetière du père La Chaise, enlevé la mairie du XX⁰ arrondissement et la prison de la Roquette. Les marins ont, partout, déployé leur entrain accoutumé. En entrant dans la Roquette, nous avons eu la consolation de sauver 169 otages qui allaient être fusillés.

« Mais, hélas! les scélérats auxquels nous sommes obligés d'arracher Paris incendié et ensanglanté, avaient eu le temps d'en fusiller soixante-quatre, parmi lesquels nous avons la douleur d'annoncer que se trouvaient l'archevêque de Paris, l'abbé Deguerry, le meilleur des hommes, le président Bonjean et quantité d'hommes de bien et de mérite. Après avoir égorgé, ces jours derniers, le généreux Chaudey, cœur plein de bonté, républicain invariable, qui pouvaient-ils épargner?

« Maintenant, rejetés à l'extrémité de l'enceinte, entre l'armée française et les Prussiens, qui leur ont refusé passage, ils vont expier leurs crimes et n'ont plus qu'à mourir ou à se rendre.

« Le trop coupable Delescluze a été ramassé mort par les troupes du général Clinchant. Millière, non moins fameux, a été passé par les armes pour avoir tiré trois coups de revolver sur un caporal qui l'arrêtait. Ces expiations ne consolent pas de tant de malheurs, de tant de crimes, surtout; mais elles doivent apprendre à ces insensés qu'on ne provoque, qu'on ne défie pas en vain la civilisation, et que, bientôt, la justice répond pour elle!

« L'insurrection, parquée dans un espace de quelques centaines de mètres, est vaincue, définitivement vaincue. La paix va renaître, mais elle ne saurait chasser des cœurs honnêtes et patriotes la profonde douleur dont ils sont pénétrés. »

Les débris des dernières bandes communeuses venaient d'être jetés en bas de Ménilmontant par la division Faron, opérant de concert avec la gauche du 1er corps (de Ladmirault), et rabattus sur le boulevard Richard-Lenoir. Là, ils avaient été reçus à la pointe du sabre-baïonnette par les 4e et 5e corps (Douay et Clinchant). L'insurrection était bien décidément étouffée. C'est alors que le maréchal de Mac-Mahon adressa aux habitants de Paris la proclamation suivante :

« Habitants de Paris,

« L'armée de la France est venue vous sauver.

« Paris est délivré. Nos soldats ont enlevé, à quatre heures, les dernières positions occupées par les insurgés.

« Aujourd'hui la lutte est terminée, l'ordre est rétabli, le travail et la sécurité vont renaître.

« Au quartier général, le 28 mai 1871.

« *Le maréchal de France, commandant en chef,*
« DE MAC-MAHON, DUC DE MAGENTA. »

Et, à l'armée, cet ordre du jour :

« Soldats et marins !

« Votre courage et votre dévouement ont triomphé de tous les obstacles. Après un siége de deux mois, après une lutte de huit jours dans les rues, Paris est enfin délivré. En l'arrachant aux mains des misérables qui avaient projeté de le réduire en cendres, vous l'avez préservé d'une ruine complète, vous l'avez rendu à la France.

« Soldats et marins !

« Le pays tout entier applaudit au succès de vos patriotiques efforts, et l'Assemblée nationale, qui le représente, vous a accordé la récompense la plus digne de vous.

« Elle a déclaré par un vote unanime que les armées de terre et de mer ont bien mérité de la patrie.

« Au quartier général à Paris, le 28 mai 1871.

« *Le maréchal de France, commandant en chef,*
« DE MAC-MAHON. »

Ces documents s'affichaient à Paris deux heures après qu'avaient eu lieu, dans la cathédrale de Versailles, en présence de l'Assemblée nationale et du gouvernement, les prières publiques ordonnées par la loi du 16 mai. Avant la cérémonie, l'évêque de Versailles avait prononcé ces paroles :

« Messieurs,

« Laissez-moi vous le dire, sous le poids d'une émotion que j'ai peine à dominer, ce moment est bien solennel. Tous, vous êtes inconsolables des malheurs de la France, et, en ce jour, vous venez au pied des autels conjurer Dieu d'avoir pitié de nous, et d'écouter favorablement nos prières. Catholiques éclairés et convaincus, vous faites un acte de foi. Or, sachez-le, il y a dans cet acte de foi un enseignement immense que je tiens à résumer en deux mots. Vous avez toutes les lumières qu'on peut acquérir par l'étude et par l'expérience; mais, par l'acte que vous accomplissez, vous déclarez qu'il y a une lumière supérieure, et que vous en avez besoin pour résoudre les formidables questions que posent devant vous les événements. Vous avez toute l'autorité dans l'ordre politique et civil; mais vous déclarez également qu'il y a, au-dessus de vous, une autorité suprême qui est la source et qui doit être la règle de tous les pouvoirs dont vous êtes investis. Vous reconnaissez encore, et surtout, que nos erreurs et nos discordes hélas! ont été des semences de calamités pour notre chère patrie, et vous affirmez hautement, publiquement, qu'il faut sans retard, par d'humbles et ferventes supplications, apaiser la justice divine et désarmer le bras qui nous châtie. Il y a donc ici de votre part quelque chose de beau, quelque chose de grand, quelque chose de profondément instructif pour le peuple, soyez-en bénis! Votre courage pour la bonne cause, comme celui de nos héroïques soldats, sera d'un excellent effet au milieu des tristes défaillances de notre époque. Non, l'exemple que vous donnez ne sera pas perdu, il portera ses fruits, il appellera d'abondantes bénédictions sur vos travaux, il laissera une trace profonde dans l'histoire de votre législature.

« Maintenant, messieurs, tous, dans un même sentiment de foi, de repentir et de confiance, élevons nos cœurs vers Dieu. *Sursum corda!* »

Quant aux derniers épisodes de la lutte, voici le tableau qu'en a tracé le journal *Le Français*, en son numéro du 31.

« Sur le boulevard de la Villette, à partir du haut de la rue Château-Landon, commence le champ de bataille de la lutte suprême qui a rendu Paris à lui-même et à l'ordre.

« Le combat a été rude sur ce point. Les maisons du boulevard sont criblées de balles et d'obus, depuis le sol jusqu'à la toiture. On voit que les insurgés ne se contentaient pas de faire feu derrière leurs barricades, mais qu'il fallait encore les déloger des fenêtres.

« Les bancs sont arrachés des deux côtés de la chaussée; les arbres, tordus, broyés, déchiquetés, jonchent littéralement le sol de leurs débris. On marche sur des tapis de branches, de brindilles et de feuilles. Les candélabres brisés gisent à terre, et les baraquements, construits pendant le siége pour abriter les mobiles, sont défoncés, brûlés, percés à jour, mis en pièces. Dans la plupart de ces abris sont entassés, les uns contre les autres, des insurgés tués dans la bataille. Les visages barbouillés de sang et de boue, défoncés par les balles, sont horribles et répugnants à voir. Nous les couvrons de feuillages ramassés sur les avenues; mais la curiosité, cet instinct atroce qui demande à se repaître quand même d'émotions violentes, ne respecte pas longtemps ce suaire; des femmes, surtout, viennent successivement dépouiller les morts de ce dernier linceul.

« L'ancienne maison Bordin, à la gauche du rond-point de la Rotonde, ne tient plus que par une sorte de prodige : elle est percée à jour, du haut en bas, comme une dentelle.

« Derrière la barricade, faite de pavés maçonnés et de tonneaux remplis de terre, les morts ont été relevés ; mais ils devaient être nombreux : le sang coule dans les ruisseaux. Des canons, des affûts brisés, des fusils en tas, maculés de sang, des chevaux étendus raides, des mares noirâtres, des bouteilles cassées, des boîtes de conserve vides et des pains entiers, voilà ce que l'on retrouve derrière chaque barricade du quartier de la Villette.

« Sur l'injonction de la troupe qui monte la garde autour des positions qu'elle a conquises, les habitants renversent les travaux de l'émeute. Nous avons pu passer en voiture jusqu'aux buttes Chaumont et dans toutes les rues qui aboutissent au canal Saint-Martin. Seule, la rue Grange-aux-Belles n'était pas encore déblayée à cinq heures du soir.

« La bataille a duré là trois jours et trois nuits. A la seule barricade de la rue de Puebla, soixante insurgés se sont fait tuer. Ils sentaient, les infâmes, qu'ils n'avaient plus qu'à vendre leur vie, que leur cause était perdue sans aucune ressource. C'est ce qui explique l'énergie de leur dernière résistance. Ce n'étaient plus des combattants, mais des bêtes féroces acculées se débattant dans les convulsions de l'agonie.

« Nulle part nous n'avons vu autant de fusils abandonnés que dans la rue de Meaux. Il y en avait par centaines sur tous les tas d'ordures. Les gamins grouillaient au milieu de ces débris, des immondices et des provisions de cartouches laissées à terre. Bien des accidents peuvent arriver, mais il est impossible d'arracher ces imprudents à leur pillage.

« Des légions de chiffonniers, hotte sur le dos, crochet en main, vont fouiller les barricades et les ruisseaux. Il y a de tout dans leur moisson : des fourreaux, des ceinturons, des sacs, des képis, des uniformes en lambeaux, des bonnets, des casaques et des jupes de femmes. Ce sont les oiseaux de proie qui viennent après la bataille.

« Les Greniers d'abondance lancent encore des colonnes de fumée ; la rotonde seule est sauvée. Il ne reste rien que des murs ruinés de la grande scierie mécanique J. Falck et compagnie.

« Surpris par le mouvement tournant du corps Ladmirault, les insurgés, qui s'attendaient à une attaque de front par la Villette, ont été complétement déroutés.

« Une première fois, ils demandèrent à capituler; on leur donna deux heures pour se rendre. Les parlementaires revinrent solliciter qu'on leur laissât la vie sauve. Sur le refus de nos généraux d'entrer en quelque proposition d'accommodement que ce fût, les séides de la Commune se décidèrent à mourir. Le feu reprit. Mais, cernés par trois corps de notre armée, écrasés par le tir de nos mitrailleuses, ils ne purent tenir.

« Ce ne fut pas un combat, mais un sauve-qui-peut général. Plusieurs milliers tombèrent entre les mains des premières colonnes qui assaillirent les positions. D'autres, un millier peut-être, tentèrent d'atteindre les lignes prussiennes. Là encore, ils eurent à subir le feu, puis à se rendre à merci.

« La rapidité de ce mouvement décisif a sauvé de la ruine et de la destruction les quartiers qui servaient de refuge aux débris de l'insurrection. Nous avions des batteries installées tout autour de ce boulevard de l'émeute. C'eût été un écrasement qui aurait ajouté de nouvelles ruines à celles qui désolent déjà la capitale. Nos troupes ont eu le bonheur de n'avoir pas à recourir à ces terribles extrémités. Les habitants, prévenus quelques heures à l'avance, avaient en partie déménagé, pour se réfugier dans les caves. On s'attendait à un bombardement. A juger par le tir des batteries de Montmartre, qui avaient tiré jusqu'à cent sept coups en une demi-heure, il fallait compter sur une crise épouvantable. Elle fut épargnée par la rapidité, la précision de nos mouvements, l'entrain des troupes et le profond découragement des rebelles. Dans ces quartiers vides, sur ces hauteurs inhabitées, on voit sans doute de nombreuses traces du passage des bombes et des obus; mais les dégâts ne sont rien auprès de ceux des rues de la Villette. La terre est labourée; les arbres, hachés; quelques monuments funèbres, ébréchés; mais on oublie ces quelques atteintes à la pensée des désastres qui ont affligé le reste de la capitale. »

Tel est le récit du *Français*.

Nous ne saurions mieux terminer ce chapitre qu'en reproduisant cet article du numéro du 29 mai du *Journal officiel :*

« Il y avait foule aujourd'hui sur la route de Paris. L'insurrection était vaincue définitivement; le dernier coup de fusil était tiré; c'est à peine si quelques désespérés luttaient encore sur les hauteurs de Ménilmontant; tout le monde voulait voir ce que le communisme avait fait de Paris.

« Il en a fait des ruines. Dès le Point-du-Jour, commence la longue suite de toits effondrés, de murs abattus, de poutres noircies. A l'intérieur, la ville est encore debout; c'est par places que l'on trouve la marque terrible de cette révolte contre la civilisation et l'humanité. A droite, le ministère des affaires étrangères criblé de boulets et de balles; à gauche, le palais de l'Industrie, dont la toiture en vitraux a été brisée par les projectiles. De la place de la Concorde, on voit au loin ce qui subsiste des Tuileries : des murs noircis, avec leurs fenêtres béantes. Plus de toits : la fumée s'élève lentement au-dessus des décombres.

« La rue de Rivoli est barrée par les restes d'une barricade formidable; les soldats empêchent les voitures d'y entrer, parce que le ministère des finances fume encore.

« La rue Royale, presque tout entière, est détruite. La barricade qui en défendait l'entrée se confond avec les pans de murailles écroulées qui la couvrent. Il faut aller par les Champs-Élysées retrouver la place de la Madeleine pour descendre jusqu'à la rue Saint-Honoré et à la rue Castiglione.

« La barricade qui, de ce côté, fermait la place Vendôme, est ouverte. La foule se précipite vers le soubassement de la colonne. Elle était là! Pendant trois quarts de siècle, elle a rendu témoignage du génie de nos généraux, du courage de nos soldats. Il ne reste à présent que le socle; les débris mêmes ont disparu. La première ruine, après la place Vendôme, est le Palais-Royal; puis, on retrouve encore les Tuileries avec leurs pans de muraille qui paraissent énormes depuis qu'ils sont découronnés de leur toiture. Au loin, dans la rue de Rivoli, un nuage d'épaisse et lourde fumée désigne le lieu où s'élevait l'Hôtel de ville.

« Le Louvre a été sauvé. Les tableaux, les Antiques sont encore dans les galeries. Les sauvages, qui inondaient de pétrole les musées et les bibliothèques ont, échoué au moins dans cette partie de leur tâche. Ils ont brûlé la bibliothèque du Louvre et les Gobelins; mais le musée, la bibliothèque nationale, toutes les autres bibliothèques, les Archives, le musée de Cluny, celui du Luxembourg, l'École des Beaux-Arts, l'Institut, la Sainte-Chapelle, tous ces trésors, toutes ces merveilles nous restent. Le Louvre porte sur son fronton, sur la façade de Jean Goujon, sur la partie extérieure de la salle d'Apollon, de nombreuses traces des boulets et des obus venus de Belleville; mais pas une statue n'a été touchée, pas une toile n'est perdue, pas une figure de Jean Goujon n'est altérée.

« En remontant vers le ministère des affaires étrangères, il faut passer devant la rue du Bac, un cratère encore fumant, devant la Caisse des dépôts et consignations dont il ne reste que des pierres; l'hôtel du quai d'Orsay est dans le même état. Voilà Paris! Si le maréchal de Mac-

Mahon et ses glorieux généraux avaient mis quatre jours de plus à conquérir cette ville immense, à anéantir ces hordes de brigands, que serait-il resté de tant de monuments, de tant de grandeurs, de tant de souvenirs? Où seraient ces livres, ces manuscrits, ces statues? Chaque heure de durée, que Dieu laissait à l'insurrection, anéantissait une des richesses de l'humanité, une de nos gloires nationales!

« La population est sortie aujourd'hui des caves où elle se cachait. Le soleil l'appelait, et aussi la joie de pouvoir circuler sans craindre la mitraille, de respirer en paix, de n'avoir plus à trembler devant les *Vengeurs* de la République, ou les sbires du comité de salut public, féroces imitateurs de 93. Il y a tant de vitalité dans ce peuple qu'on voit bien qu'il va se relever après ces jours d'effarement. Qu'il n'oublie pas! On lui rebâtira ses édifices; cela même ne sera pas long, avec le génie et l'activité qu'il retrouve toujours après les grandes crises. Quand ses rues seront balayées; quand elles ne sentiront plus le carnage; quand les murs seront reconstruits, les toits rétablis, les monuments à leur place, qu'il n'oublie pas!

« On aurait dit que la Terreur ne pouvait pas renaître dans le même lieu, avant qu'un siècle se fût écoulé. Elle est revenue, cependant, barbare, ignoble, toute-puissante; toute-puissante pour quelques heures! Elle a régné de nouveau comme en 1793, plus atroce qu'en 1793, remplaçant l'échafaud par la fusillade, et allumant ces incendies dont le monde, jusqu'à ces derniers jours, n'avait pas connu l'horreur.

« M. Thiers est arrivé sur les trois heures, entouré de plusieurs ministres, et il a passé toute l'après-midi avec le général de Mac-Mahon. Tout ce monde grouillant dans les rues s'est précipité sur son passage; les hommes levaient leur chapeau; les femmes agitaient leur mouchoir; on poussait des acclamations; le même enthousiasme a éclaté pendant toute sa marche de Versailles à Paris, et de Paris à Versailles : c'était la délivrance! Est-ce la paix, enfin? Cela dépend de notre conduite. Nous avons ajouté une guerre civile à la guerre étrangère : c'est un acte de folie assez nouveau dans l'histoire des peuples. Il est grand temps de nous arrêter et de nous reposer. Que tant de sang répandu nous apprenne au moins la sagesse!

« Comptons nos morts, guérissons nos plaies, réparons nos ruines; mais surtout raffermissons nos esprits, et soyons des hommes, si nous voulons être un peuple. »

Nous serons un peuple!

Ne fut-ce que dans l'armée, il est encore des hommes!.. des hommes qui portent haut le cœur et répondent du salut de la patrie en deuil.

XI.

LE DÉSARMEMENT. — LES PRISONNIERS
A SATORY. — LES FUNÉRAILLES.

XI.

LE DÉSARMEMENT. — LES PRISONNIERS A SATORY. — LES FUNÉRAILLES.

La guerre des communeux était bien finie, mais le théâtre de cette longue et abominable lutte présentait encore quelques points dangereux et il était urgent de poursuivre l'insurrection jusque dans son dernier repaire.

Trois cents gardes nationaux, dix-huit de leurs officiers supérieurs et une quinzaine de hauts fonctionnaires de la Commune tenaient encore le fort de Vincennes et ne paraissaient pas vouloir s'empresser de le rendre à l'autorité légale reconstituée. Éperdus, cependant, et affolés, ils s'étaient adressés au commandant des forces prussiennes, en avant du fort, afin d'en obtenir la vie sauve et un passe-port pour la Suisse.

Informé de ces faits, le général Vinoy fit connaître aux

insurgés bloqués dans le réduit de Vincennes qu'il entendait voir la garnison se rendre, et se rendre à merci ; que, au cas d'un refus, il s'emparerait de vive force de leur donjon. Et, en même temps, il procéda ostensiblement aux premières opérations d'un siége en règle. Ces dispositions énergiques produisirent leur effet. Le 29, à six heures du soir, les derniers défenseurs de Vincennes se rendaient purement et simplement à discrétion.

A ce moment, le général de Ladmirault, commandant le 1er corps de l'armée de Versailles, publiait cet ordre du jour :

« Officiers et soldats du 1er corps !

« Les défenses des lignes de Neuilly, Courbevoie, Bécon et Asnières ont été pour vous un apprentissage. Votre énergie et votre courage se sont formés aux travaux et aux périls les plus grands ; tous, dans la mesure de vos grades, avez donné l'exemple de l'abnégation et du dévouement les plus complets ; artillerie, génie, troupes de ligne, cavalerie, volontaires de Seine-et-Oise, vous avez tous rivalisé de zèle et d'ardeur.

« Ainsi préparés, vous avez abordé, le 22 mai, les insurgés, dont vous aviez pu connaître et mépriser les coupables desseins et les criminelles entreprises. Vous vous êtes élancés pour sauver de la destruction les monuments de notre vieille gloire nationale et les propriétés de vos concitoyens, menacés par une rage sauvage.

« Le 23 mai, la position formidable de la butte Montmartre ne pouvait résister à vos efforts, malgré tous les obstacles dont elle était couverte.

« C'était aux 1re et 2e divisions et aux volontaires de Seine et Seine-et-Oise que cette tâche avait été confiée, et leurs têtes de colonnes arrivaient ensemble au sommet de la position.

« Le 24, la 3e division, qui seule avait été chargée de chasser les insurgés de Neuilly, Levallois-Perret et Saint-Ouen, rejoignait les autres divisions, et s'emparait de la gare de l'Est, pendant que la 1re division entrait de vive force dans celle du Nord.

« Le 26, la 3e division occupait la rotonde de La Villette.

« Le 27, les 1re et 3e divisions, avec les volontaires de Seine-et-Oise, par un mouvement combiné, ont enlevé d'assaut les buttes Chaumont et les hauteurs de Belleville dont l'artillerie, par son tir habile, avait préparé l'occupation.

« Là, les troupes donnaient de nouvelles preuves de leur audace et de leur courage et, par leurs efforts, prenaient une part considérable à la répression de l'insurrection.

« Enfin, le 28, les défenses de Belleville cédaient au dernier effort, et le 1er corps achevait brillamment la tâche qui lui était confiée.

« Dans ces journées de luttes et de combats, vous avez rendu les plus grands services à la civilisation, et vous avez acquis des titres à la reconnaissance du pays. Recevez donc tous les éloges qui vous sont dus.

« Paris, 29 mai 1871.

« *Le général commandant le 1ᵉʳ corps,*

« LADMIRAULT. »

Il est regrettable que les commandants des autres corps de l'armée n'aient point fait paraître des ordres semblables, lesquels, livrés à la publicité, eussent permis à chacun de restituer l'ensemble des épisodes de cette bataille de huit jours. On assure que les rapports des généraux de division sur les opérations dont l'exécution leur a été confiée viennent d'être adressés aux commandants des corps d'armée, qui préparent leurs rapports au maréchal commandant en chef.

Ces rapports ne tarderont pas à être transmis à l'état-major général, et l'on pense que le rapport d'ensemble du maréchal sera très-prochainement terminé. Ce document, qui sera publié, doit présenter un intérêt considérable, et le lecteur y trouvera des éléments propres à rectifier, à compléter les pages de ce récit, pages rapidement écrites dans le but de donner immédiatement un aperçu des événements qui viennent de s'accomplir.

Il était indispensable de procéder immédiatement au désarmement de Paris et, le 29 mai, le chef du Pouvoir exécutif faisait publier le décret suivant :

« Le chef du Pouvoir exécutif de la République française,

« Considérant que les armes de guerre répandues dans Paris à profusion, et sans contrôle, sont tombées dans les mains des factieux et des malfaiteurs, et que le désarmement peut seul, en ce moment, garantir la sécurité publique,

« Arrête :

« Art. 1er. — Par les soins de l'autorité militaire, les armes de guerre de toute nature seront reportées dans chaque mairie, pour être ensuite versées dans les arsenaux de l'État.

« Art. 2. — Les gardes nationales de Paris et du département de la Seine sont dissoutes. En attendant que l'Assemblée nationale ait statué sur leur réorganisation, les citoyens qui ont apporté leur concours à l'armée pour le rétablissement de l'ordre pourront continuer leur service sous les ordres et la direction de l'autorité militaire.

« Art. 3. — Les ministres de la Guerre et de l'Intérieur et le maréchal commandant l'armée de Paris sont chargés de l'exécution du présent arrêté.

« Fait à Versailles, le 29 mai 1871. »

Et, dès la veille, le général commandant le 2e corps avait déjà fait afficher ce qui suit :

« Conformément aux ordres du maréchal commandant

en chef de l'armée de Versailles, le désarmement de la ville de Paris est général et ne comporte aucune exception.

« Au moment où le général commandant en chef le 2ᵉ corps de la rive gauche de la Seine fait exécuter rigoureusement cette mesure, il tient à exprimer publiquement toute sa satisfaction pour le concours empressé et patriotique que certains groupes de gardes nationaux ont prêté à l'armée, en combattant pour la cause de l'ordre et de la civilisation ; ces braves compagnons d'armes ont donné un noble exemple à leurs concitoyens, et montré ce qu'aurait pu faire la population parisienne contre une minorité d'aventuriers et d'anarchistes qui l'opprimait.

« Au nom de la France, au nom de la société menacée, le général commandant le 2ᵉ corps les remercie et leur serre cordialement la main.

« Au quartier général du Luxembourg, le 28 mai 1871.

« *Le général commandant le 2ᵉ corps,*

« E. DE CISSEY. »

Ce désarmement général ne s'opérant pas assez rapidement, l'autorité militaire prescrivit, dans divers quartiers de la ville, des perquisitions qui amenèrent la découverte d'un grand nombre d'armes de toute espèce, notamment dans les VIIᵉ, XIVᵉ et XVᵉ arrondissements. Un avis officiel enjoignit aux habitants d'avoir à rendre leurs armes dans les quarante-huit heures, sous peine d'être traduits par-devant la cour martiale, et les généraux commandant dans Paris tinrent la main à la rigoureuse exécution de cet ordre. C'est ainsi que le général Berthaut, commandant la 1re division du 4e corps, écrivit au maire du IIe arrondissement :

« Monsieur le maire,

« Il y a encore une grande quantité d'armes qui n'ont pas été rendues par les particuliers qui en étaient détenteurs. Je vous prie, en conséquence, de vouloir bien rappeler aux habitants de la portion de votre arrondissement placé sous mes ordres que toute personne qui, dans les circonstances actuelles, est trouvée en possession de fusils ou carabines de guerre, est passible des tribunaux militaires.

« Je viens de donner les ordres les plus précis pour qu'à l'avenir toute personne chez laquelle on trouvera des armes de cette nature soit immédiatement arrêtée et traduite devant un conseil de guerre. »

Afin d'assurer le retour absolu de l'ordre et d'obtenir une harmonie indispensable au fonctionnement de tous les rouages de la machine sociale, le maréchal de Mac-Mahon prit l'arrêté suivant qui fut porté, le 30 mai, à la connaissance des Parisiens :

« AVIS.

« Jusqu'à nouvel ordre, la ville de Paris sera divisée en quatre grands commandements militaires, savoir :

« 1° Celui de l'Est, comprenant les XIe, XIIe, XIXe et XXe arrondissements, sous les ordres du général Vinoy, commandant l'armée de réserve; quartier général au couvent de Picpus;

« 2° Celui de Nord-Ouest, comprenant les VIIIe, IXe, X^e, XVIe, XVIIe et XVIIIe arrondissements, sous les ordres du général Ladmirault, commandant le 1er corps d'armée; quartier général à l'Élysée;

« 3° Celui du Sud, comprenant toute la rive gauche, c'est-à-dire les Ve, VIe, VIIe, XIIIe, XIVe et XVe arrondissements, sous les ordres du général de Cissey, commandant le 2e corps d'armée; quartier général au petit Luxembourg.

« 4° Celui du Centre, comprenant les Ier, IIe, IIIe et IVe arrondissements, sous les ordres du général Douay, commandant le 4e corps; quartier général place Vendôme.

« Conformément à l'article 7 de la loi de 1849 sur l'état de siége, tous les pouvoirs dont l'autorité civile était revêtue pour le maintien de l'ordre et la police passent tout entiers à l'autorité militaire.

« Au quartier général, le 30 mai 1871.

« *Le maréchal de France, commandant en chef,*

« DE MAC-MAHON, DUC DE MAGENTA. »

Et le même jour, 30 mai, le commandement du Nord-Ouest donnait, le premier, signe de vie, en réprimant énergiquement les attentats à la sécurité publique. Le général de Ladmirault faisait placarder cet avis :

« AVIS.

« Des coups de feu isolés sont encore tirés de quelques maisons situées dans quelques quartiers de la rive droite.

« Le général commandant en chef le 1er corps d'armée prévient les habitants que toute maison d'où partira un coup de feu sera immédiatement l'objet d'une exécution militaire.

« L'autorité militaire ne reculera devant aucune mesure de rigueur pour rétablir la sécurité dans les rues de la capitale, l'ordre et la paix dans le pays. Elle est en droit de compter sur le concours de tous les bons citoyens.

« Au quartier général de l'Élysée, le 30 mai 1871. »

Pour obtenir l'apaisement des esprits, il était indispensable de réglementer les conditions d'ouverture de tous les lieux publics, surtout de tous les cafés et débits de liqueurs. L'arrêté du commandement, relatif à cet objet, porte aussi la date du 30. Nous le reproduisons *in extenso* :

« En raison des circonstances exceptionnelles où se

trouve en ce moment la ville de Paris, et de la nécessité de rétablir promptement la tranquillité publique, le maréchal commandant en chef l'armée de Versailles, en vertu des pouvoirs que lui confère l'état de siége,

« Arrête :

« Art. 1er. A dater de ce jour, et jusqu'à nouvel ordre, les cafés, estaminets, restaurants, marchands de vin, et généralement tous lieux publics, seront fermés à onze heures du soir.

« Art. 2. Tout propriétaire, ou chef de l'un de ces établissements, qui contreviendrait à l'article 1er, serait immédiatement arrêté, et son établissement momentanément fermé. Seraient également remises entre les mains des prévôts des corps d'armée ou des divisions, toutes les personnes civiles ou militaires qui, passée cette heure, seraient trouvées dans ces établissements.

« Au grand quartier général, à Paris, le 30 mai 1871.

« Le maréchal de France, commandant en chef l'armée de Versailles,

« DE MAC-MAHON, DUC DE MAGENTA. »

Suivant le même ordre d'idées, l'autorité militaire s'empressait de réglementer les théâtres; et les habitants de Paris purent, dès le lendemain, lire cet arrêté placardé sur les murs :

« Le maréchal de France, commandant en chef l'armée de Versailles,

« En vertu des pouvoirs que lui confère l'état de siége,

« Arrête :

« Art. 1ᵉʳ. Provisoirement, et jusqu'à nouvel ordre, les théâtres devront être munis d'une autorisation spéciale avant de donner des représentations.

« La demande en sera faite au maréchal commandant en chef.

« Art. 2. Les affiches des représentations devront être soumises en projet à l'état-major, la veille du jour de la représentation, avant quatre heures du soir.

« Art. 3. Toute contravention au présent arrêté entraînera la fermeture du théâtre.

« Au grand quartier général, à Paris, le 31 mai 1871.

« *Le maréchal de France, commandant en chef l'armée de Versailles,*

« DE MAC-MAHON, DUC DE MAGENTA. »

On lisait aussi :

« Le maréchal de France, commandant en chef l'armée de Versailles,

« En vertu des pouvoirs que lui confère l'état de siége,

« Arrête :

« Art. 1ᵉʳ. Il est défendu de crier la vente des journaux dans les rues de Paris.

« Art. 2. Toute contravention au présent arrêté sera poursuivie par les moyens que l'état de siége met dans les mains de l'autorité militaire.

« Au grand quartier général, à Paris, le 31 mai 1871.

« *Le maréchal de France, commandant en chef l'armée de Versailles,*

« DE MAC-MAHON, DUC DE MAGENTA. »

La criée des journaux dans la rue étant ainsi bien interdite, il fallait encore réglementer la presse, et le *Journal officiel* publiait, à cet effet, la note suivante :

« Par application de la loi du 9-10 août 1849 sur l'état de siége, la publication et la distribution des journaux dans le département de la Seine sont assujetties, jusqu'à nouvel ordre, à la formalité d'une autorisation préalable, qui sera délivrée par les ordres du maréchal commandant l'armée de Paris.

« La situation des journaux actuellement en cours de publication sera régularisée dans un délai de vingt-quatre heures.

« Les demandes doivent être adressées à M. le maréchal, à l'état-major, hôtel du ministère des Affaires Étrangères. »

Et cette note elle-même était ainsi commentée par l'autorité militaire :

« Le maréchal commandant en chef fait savoir aux gérants de journaux et imprimeurs, qu'en vertu des pouvoirs résultant de l'état de siége, et conformément à la note publiée par le *Journal officiel* du 31 mai, les journaux qui paraîtront sans s'être pourvus d'une autorisation préalable, seront immédiatement supprimés ; et les imprimeries qui auront prêté leur concours aux journaux contrevenants, mises sous les scellés. »

Excellentes mesures de prudence qui eussent dû être prises, dès le 18 septembre 1870, par le gouvernement des *Quatre-Septembriseurs!...* On nous eût ainsi épargné bien des douleurs et des ruines.

Le 2 juin, les ordres suivants furent encore affichés :

« Le maréchal commandant en chef invite les habitants qui sont dépositaires ou détenteurs de matériel appartenant à l'État, tels que : objets de literie, de campement, d'habillement, d'ambulance, etc., à en faire la déclaration, dans un délai de quatre jours, aux bureaux de l'intendance militaire, 94, rue de Grenelle-Saint-Germain.

« Passé ce délai, les dépositaires ou détenteurs seront, conformément aux lois, traduits devant les tribunaux militaires. »

— « Le maréchal de France, commandant en chef l'armée de Versailles,

« En vertu des pouvoirs que lui confère l'état de siége,

« Arrête :

« Art. 1er. Tout stationnement, ou étalage sur la voie publique, ou sur les trottoirs, est interdit.

« Art. 2. L'interdiction ci-dessus stipulée ne s'applique pas aux emplacements affectés aux marchés publics par les règlements municipaux.

« Art. 3. Toute contravention au présent arrêté sera poursuivie par les moyens que l'état de siége met entre les mains de l'autorité militaire. »

Enfin, un arrêté du chef du Pouvoir exécutif, en date du 2 juin, portait, comme il suit, réorganisation de la garde républicaine :

« Le chef du Pouvoir exécutif de la République française, président du conseil des ministres,

« Sur le rapport du ministre de la guerre,

« Considérant que le personnel de la garde républicaine, telle qu'elle est constituée aujourd'hui, ne suffit plus pour assurer le service d'ordre dans la ville de Paris,

« Arrête :

« Art. 1ᵉʳ. La garde républicaine sera réorganisée en deux corps distincts, comprenant chacun deux bataillons d'infanterie et quatre escadrons de cavalerie.

« Ces deux corps, qui prendront la dénomination de 1ᵉʳ et 2ᵉ régiments de la garde républicaine, formeront ensemble un effectif de 6,110 hommes. »

Et l'autorité militaire faisait placarder cet avis dont l'opportunité ne pouvait échapper à personne :

« AVIS.

« Tout commerce de pétrole est formellement interdit jusqu'à nouvel ordre.

« Il ne pourra être fait d'exception que pour les préparations pharmaceutiques; dans ce cas, la demande en sera adressée à l'autorité militaire, qui n'y fera droit qu'après s'être entourée de toutes les garanties nécessaires.

« Au quartier général, à Paris, le 2 juin 1871. »

Quel était l'aspect de Paris, pendant que le gouvernement et l'armée prenaient ainsi toutes les dispositions propres à lui rendre le calme, à obtenir l'apaisement des esprits, à ramener l'ordre et la sécurité dans les rues?

« Les quartiers du centre, écrivait un témoin oculaire, reprennent peu à peu leur physionomie accoutumée. Les magasins se rouvrent, mais lentement encore : les esprits ont tellement souffert depuis deux mois ; on a eu un si épouvantable cauchemar depuis huit jours, qu'on n'a pu encore secouer la torpeur dans laquelle on était plongé, ni se remettre sérieusement au travail. On détruit partout les barricades.

« Souvent, sur certains points, les passants sont requis d'enlever un pavé ; celui, peut-être, qu'ils y avaient mis au temps de la Commune.

« Lorsqu'on s'avance dans l'intérieur de Paris, on se demande où sont passés tous les soldats de l'armée régulière qui y sont entrés depuis dimanche. Çà et là, on voit quelques campements, au parc Monceaux, au Trocadéro ; quelques dépôts d'artillerie, comme sur la place du nouvel Opéra ; des postes isolés, comme sur la place de la Bourse, où l'on garde *soixante-quatre* mitrailleuses de tout genre.

« Presque toutes les maisons, fermées encore, ont arboré le drapeau national. Nous n'étions habitués à les voir ainsi qu'en signe de réjouissance publique ; aujourd'hui, la douleur est sur tous les visages ; les groupes sont nombreux, mais inquiets ; ils interrogent le ciel avec terreur, craignant d'y découvrir la trace sanglante d'un nouvel incendie, d'une nouvelle ruine publique ou privée ; partout, sur les murs, on aperçoit les traces d'une lutte récente, les trous des balles, les éclats des projectiles, les marques d'un incendie que les communeux ont essayé d'allumer en s'éloignant!...... et l'on songe que le Prussien contemple, ivre d'orgueil et de joie, nos désastres et l'affaissement de notre puissance.

« Les arrestations continuent. Des dénonciations nombreuses sont, à chaque instant, déposées contre les anciens communeux; il est à remarquer que ce sont généralement les femmes qui les font; sous la Commune, il en était déjà ainsi à l'égard des Versaillais et des suspects. Aussi les rues sont-elles sillonnées de détachements de trois ou quatre gardes nationaux qui viennent de capturer un communeux. A l'égard des incendiaires on est sans pitié; tout individu, homme ou femme, ramassé portant une bouteille de pétrole est immédiatement fusillé.

« Les prisonniers qu'on fait ainsi sont dirigés sur certains points de Paris, au théâtre du Châtelet, par exemple, et, de là, on conduit à Versailles ceux que le grand prévôt n'a pas condamnés.

« L'insurrection a perdu un grand nombre de ses défenseurs; le chiffre de ses morts est incalculable. On les enterre partout, sur les berges de la Seine, sur les places publiques; il y en a même qui sont étendus sur un trottoir, et sur lesquels on jette un linceul de terre. On ne cherche qu'à les préserver d'une décomposition trop rapide, par suite de contact prolongé avec de l'air.

« La nuit, Paris a une physionomie sinistre.

« Toutes les maisons sont fermées; le gaz, dans certains quartiers, manque absolument. Par ci, par là, sur les tables de quelques cafés, on aperçoit la lumière tremblante d'une bougie. Peu de passants. A partir de neuf heures, on n'entend plus que le pas cadencé des factionnaires qui gardent chaque coin des rues. Puis les cris des sentinelles : *Qui vive! Passez au large!* interrompent un instant le silence de la nuit. On défend aux passants de longer les maisons; ils doivent marcher sur la chaussée, parce qu'on craint que quelque malintentionné ne jette du pétrole sur une habitation qui deviendrait aussitôt la proie des flammes. Souvent les habitants, inquiets et à peine rassurés par les précautions de la municipalité qui a fait boucher tous les soupiraux des caves, restent assis sur le pas des portes jusqu'à une heure assez avancée de la nuit.

« Ce sont eux, alors, qui intiment aux passants l'ordre de prendre le milieu des rues. Il ne serait pas prudent de désobéir à leur injonction : on serait immédiatement soupçonné, et leurs cris attireraient bientôt les gardes nationaux du poste le plus voisin qui vous appréhenderaient au corps.

« Les deux dernières nuits ont été plus calmes. Auparavant, on craignait que, des fenêtres de maisons où les communeux avaient réussi à se cacher, ils ne tirassent parfois des coups de fusil sur les passants attardés. Aujourd'hui, ce danger est à peu près écarté; nous ne sachons pas, du moins, que des accidents analogues se soient produits.

« A neuf heures, le boulevard est désert. »

Paris, nous en avons la confiance, va prochainement sortir de cet état d'ahurissement, de prostration, de tristesse. Il recouvrera ses splendeurs. Déjà la vie lui est rendue. Les omnibus, les voitures y circulent; les chemins de fer vont reprendre leur service; ceux de Versailles, rive droite et rive gauche, ont des trains réguliers depuis le 2 juin. Depuis le samedi, 3, on peut entrer librement dans Paris, et en sortir sans laissez-passer. Enfin, l'armée prussienne, qui nous étreignait, desserre un peu son blocus; la compagnie de l'Est a reçu l'ordre de tenir prêts 70 trains pour le transport en Allemagne d'une partie de ses soldats. C'est un premier allégement au fardeau de l'occupation.

Le combat a cessé. On ne fusille plus personne dans les rues, mais cela ne suffit pas; la vindicte publique veut des châtiments exemplaires. Qu'allons-nous faire? Amilcar, vainqueur de Spendius et de Mathô, fit écraser les mercenaires par son grand troupeau d'éléphants; Crassus, ayant enfin défait Spartacus et ses bandes, dressa pour les esclaves six mille croix qui jalonnèrent la route de Rome à Capoue. Pour nous, hommes du XIXe siècle, qui répudions l'iniquité antique, nous ne ferons point de ces hécatombes; le duc de Magenta réserve d'autres traitements aux communeux qu'il a vaincus. Tous les prisonniers faits à Paris sont conduits à Versailles, et, depuis le 22 mai, il en vient des colonnes considérables.

Les célébrités de l'insurrection sont enfermées à la prison de la rue Saint-Pierre; c'est là que *gémissent* Rochefort, Assi, Paschal Grousset et Rossel, qui s'est enfin laissé prendre. Quelques autres personnages de la Commune habitent la maison de correction de l'avenue de Paris. La majeure partie des insurgés est conduite aux caves des bâtiments de la cour d'honneur des *Grandes-Écuries*. Ces locaux s'étant bientôt trouvés insuffisants, on a dirigé ces incendiaires sur les docks de Satory, vastes hangars contruits sur le plateau de ce nom, pour l'emmagasinage du matériel de l'artillerie, du génie et du train des équipages. La grange de l'Essart a spécialement été affectée aux femmes, et deux docks du train sont convertis en infirmerie.

Mais cela n'a pas encore suffi. On a dû parquer des prisonniers dans l'Orangerie du château, dans les bâtiments de l'École de Saint-Cyr; enfin, dans le grenier d'abondance de la ville, situé près de la gare des Chantiers. C'est dans ce dernier édifice que sont parqués la plupart des femmes et des enfants.

Voici l'itinéraire des insurgés depuis l'heure de la capture jusqu'à celle de leur arrivée à la destination définitive : l'individu ramassé à Paris, pour un motif quelconque, est amené à Versailles, entre deux files de cavaliers, après qu'on a pris ses nom, prénoms, âge, domicile, etc., et qu'on lui a ôté ses armes. A Versailles, il subit un interrogatoire sommaire, et les commissaires de police, préposés à cet effet, établissent des catégories. Les incendiaires, qui doivent être retenus, sont immédiatement dirigés sur Brest, la Rochelle, Lorient ou Cherbourg et, chaque nuit, de longs trains du chemin de l'Ouest en emportent mille ou douze cents, enfermés dans des waggons à marchandises. Une fois au port, les prisonniers sont installés à bord des pontons où ils doivent attendre leur mise en jugement. Ce sont les conseils de guerre qui vont statuer sur leur sort, car la société moderne, objet de tant d'attaques violentes, fait de la justice et non de la vengeance.

Que les conseils de guerre prononcent !

Après avoir pris des mesures énergiques en ce qui touchait les coupables, il convenait de songer à la mémoire des victimes de l'odieux gouvernement de la Commune.

A la séance de l'Assemblée nationale du vendredi, 2 juin, le ministre de l'Instruction publique et des Cultes aborda la tribune.

« L'insurrection de Paris, dit-il, a commencé par un assassinat et s'est terminée par un massacre.

« Tout le monde ici, tout le monde en France, tout le monde en Europe a présents à la pensée les détails de l'exécution des otages.

« Les corps ont été recueillis. On va procéder aux obsèques. Le gouvernement aura à vous proposer des mesures pour que la piété publique se manifeste d'une façon solennelle, pour attester à la fois et les regrets de la patrie et l'indignation qui remplit tous les cœurs.

« J'espère être en mesure, dès demain, de vous faire, à ce sujet, une communication officielle; mais, ayant reçu aujourd'hui une députation du chapitre de Notre-Dame de Paris, qui m'a annoncé le jour et l'heure des obsèques de l'archevêque et des autres otages, j'ai cru ne pas devoir différer de vous en donner connaissance.

« La réunion pour la cérémonie aura lieu à dix heures et quart, à l'Archevêché, mercredi de la semaine prochaine (7 juin). »

L'Assemblée nationale, comme le fit remarquer le président Grévy, est dans l'usage de déterminer le nombre de ses membres qui doivent faire partie d'une députation quelconque, et ce nombre est ordinairement de *vingt-cinq;* mais elle crut devoir, en cette circonstance, déroger à ses habitudes et doubler le chiffre réglementaire. Elle décida que *cinquante* de ses membres composeraient la députation chargée du soin pieux d'assister aux obsèques de l'archevêque de Paris et des autres otages, victimes des crimes de l'insurrection communeuse.

Le lendemain samedi, 3 juin, M. Jules Simon prit encore la parole. — « J'ai l'honneur, dit-il aux députés, de déposer sur le bureau de la Chambre un projet de loi pour lequel je demande l'urgence. En voici l'exposé des motifs et le texte :

« En même temps que les chefs de l'insurrection, pour grossir les rangs de leur armée, prenaient par force tous les citoyens en état de servir, et ne leur laissaient d'autre alternative que de se cacher, en courant les plus grands périls, ou de marcher dans leurs rangs, sous leur infâme drapeau, contre l'ordre, la liberté et la patrie, ils mettaient la main, sans prétexte, sans ombre de jugement, sur les hommes les plus considérables et les plus respectables, en annonçant qu'ils les garderaient en otage jusqu'à la fin de la guerre civile.

« Presque tous les prêtres de Paris furent arrêtés dans ces conditions et, à la tête des prêtres, leur archevêque.

« Plusieurs fois, par des proclamations, par des discours prononcés dans le sein de la Commune, il fut déclaré que, si les insurgés pris les armes à la main étaient jugés et exécutés à Versailles, les rebelles exerceraient leurs représailles dans ce troupeau d'innocents, non pas même suivant la loi du talion, qui ne leur suffisait plus, mais en assassinant trois victimes pour chaque criminel que la justice aurait frappé.

« Nous refusions de croire à la réalisation de ces sauvages menaces; mais ce que nul n'aurait osé imaginer, c'est qu'à l'heure suprême, on massacrerait les otages sans autres motifs que la vengeance, la haine, l'amour du meurtre : sentiments bien dignes des barbares qui, en se retirant devant nos soldats, ont détruit tant de richesses nationales, et tenté de brûler les maisons et les bibliothèques, à leur éternelle honte et à notre éternelle douleur.

« Les corps des chères et déplorables victimes ont été recueillis avec des soins pieux.

« Quelques-uns, portant encore la trace de l'acharnement inconcevable des bourreaux, ne présentent plus aucune forme humaine, et n'ont pu même être reconnus.

« Nous allons les rendre à la terre, au milieu du respect et des larmes universels.

« L'Assemblée a décidé hier, par un vote unanime, qu'elle représenterait le pays à la tête du cortége funèbre. Nous lui proposons aujourd'hui de décréter que les obsèques auront lieu aux frais du Trésor public.

« Voici le texte du projet de loi :

« Art. 1er. Les funérailles de Mgr Darboy, archevêque de Paris, et des otages assassinés avec lui, à Paris, seront faites aux frais de l'État.

« Art. 2. Il est ouvert, à cet effet, au ministre de l'Instruction publique et des Cultes, un crédit extraordinaire de 30,000 fr. »

A la séance du mardi, 6 juin, M. le comte de Melun, rapporteur, déposa et, à la demande de l'Assemblée, lut le projet de loi relatif aux funérailles de l'archevêque et des autres otages.

« La commission, à l'unanimité, propose la résolution suivante :

« Art. 1er. — Les funérailles de Mgr Darboy, archevêque de Paris, et des otages assassinés avec lui, à Paris, seront faites aux frais de l'État.

« Art. 2. — Une pierre commémorative, érigée dans l'église de Notre-Dame, reproduira les noms de tous les otages.

« Art. 3. — Il est ouvert, pour l'exécution de la présente loi au ministère de l'Instruction publique et des Cultes, un crédit extraordinaire de 30,000 fr. »

Les trois articles et l'ensemble du projet de loi sont immédiatement adoptés à l'unanimité de 547 voix.

— « Quant à la pierre commémorative, ajoute M. Jules Simon, je fais en ce moment rechercher un marbre sur lequel les noms seront inscrits avec toute la dignité nécessaire, sans grever le budget de nouvelles dépenses.

« Ces noms seront recueillis avec le plus grand soin, afin qu'il n'en soit omis aucun. Après l'archevêque de Paris, seront inscrits M. le président Bonjean, Mgr Surat, M. l'abbé Deguerry, toutes les victimes ; et leurs noms seront, en outre, insérés au *Journal officiel* pour que l'hommage rendu soit connu même de ceux qui ne verront pas le monument. »

Depuis plusieurs jours déjà, les PP. jésuites, ainsi que les missionnaires, avaient rendu les honneurs funèbres aux victimes appartenant à leur ordre.

Le 2 juin, le journaliste Chaudey avait été inhumé au cimetière Montmartre. La cérémonie avait été close par quelques discours prononcés sur sa tombe par MM. Rousse, Étienne Arago, Henri Martin, Frédéric Thomas, et Jules Barbier.

Le 3, les funérailles du président Bonjean avaient été suivies à Orgeville (Eure), par quelques amis et les autorités civiles et militaires du département. Conformément à la volonté du défunt, aucun discours n'avait été prononcé.

Le 7 juin, eurent lieu les obsèques de l'archevêque; de Mgr Surat et des abbés Deguerry, curé de la Madeleine, Bécourt, curé de Bonne-Nouvelle, Sabattier, vicaire de Notre-Dame-de-Lorette.

Le *Journal officiel* du 8 juin rend ainsi compte de la cérémonie :

« Aujourd'hui, 7 juin, ont eu lieu, à onze heures du matin, en l'église métropolitaine, les obsèques de S. G. Mgr Darboy, archevêque de Paris ; de Mgr Surat, premier vicaire général, protonotaire apostolique ; de M. l'abbé Deguerry, curé de la Madeleine ; de M. l'abbé Bécourt, curé de Notre-Dame-de-Bonne-Nouvelle, et de M. l'abbé Sabattier, deuxième vicaire de Notre-Dame-de-Lorette.

« L'église cathédrale de Paris avait été entièrement tendue de noir à l'intérieur et à l'extérieur, sur sa façade. Un écusson aux armes de Mgr l'archevêque avec ces mots pour devise : *Labore fideque*, surmontait la porte du milieu. De chaque côté, des écussons portaient les dates sinistres des 24, 25, 26 et 27 mai 1871.

« Dans l'intérieur de l'église, sur d'autres écussons, figuraient les noms des otages assassinés par la Commune.

« En avant du chœur, au milieu du transept, se trouvait le catafalque de Mgr l'archevêque. A droite et à gauche étaient les catafalques de Mgr Surat et de l'abbé Deguerry; plus bas étaient placés ceux de M. l'abbé Bécourt et de M. l'abbé Sabattier.

« Les membres de l'Assemblée nationale, les ministres, le corps diplomatique, la magistrature, le maréchal de Mac-Mahon, duc de Magenta, le maréchal Canrobert, des amiraux, un grand nombre d'officiers des armées de terre et de mer, l'Institut, l'Université, les consistoires assistaient à cette imposante cérémonie.

« Vers onze heures, le cortége funèbre, parti à dix heures de la rue de Grenelle, arrivait à Notre-Dame. Le deuil était conduit par M. Darboy, frère du vénéré prélat, à qui s'étaient joints les secrétaires de l'archevêché et les otages échappés au massacre ordonné par la Commune.

« Une foule, profondément émue et recueillie, se pressait de toutes parts sur le parcours du cortége. Un char traîné par six chevaux contenait les restes de Mgr Darboy; un autre char portait ceux de Mgr Surat.

« Le cortége étant arrivé sur la place du Parvis-Notre-Dame, MM. les chanoines de l'Église de Paris, les curés du diocèse de Paris, précédés par la croix du chapitre, ont été recevoir le corps de l'archevêque, conjointement avec le chapitre métropolitain. Puis, Mgr Allouvry, ancien évêque de Pamiers, a célébré l'office divin.

« Les cinq absoutes, prescrites par le pontifical, ont été données par le nonce du pape, Mgr Chigi, Mgr Meignan, évêque de Châlons, Mgr Mabile, évêque de Versailles, Mgr Hugonin, évêque de Bagneux, et Mgr Bravard, évêque de Coutances.

« A trois heures, après les vêpres des morts, le corps de Mgr Darboy a été inhumé dans le caveau des archevêques de Paris.

« En vertu d'une loi de l'Assemblée nationale, une inscription contenant les noms des otages assassinés, dans les funestes journées des 24, 25, 26 et 27 mai 1871, sera placée, aux frais de l'État, dans l'église de Notre-Dame. »

Tel est le récit du *Journal officiel*.

Les troupes de service étaient commandées par le général de Laveaucoupet.

Le corps de l'archevêque a été descendu, à quatre heures du soir, dans les caveaux de Notre-Dame. Celui de Mgr Surat doit être enlevé du catafalque pour être transféré et inhumé à Charenton, sa paroisse.

Quant à l'église de la Madeleine, elle a réclamé le corps de l'abbé Deguerry, ainsi qu'en témoigne cet avis inséré dans tous les journaux :

« Les funérailles de M. l'abbé Deguerry auront lieu vendredi prochain, 9 juin, à dix heures précises, en l'église de la Madeleine.

« L'Assemblée nationale ayant voulu réunir dans la même cérémonie funèbre les victimes de l'horrible assassinat commis à la Roquette, le corps du vénéré pasteur a été transporté hier soir à Notre-Dame, mais, après la cérémonie, il sera reconduit à la Madeleine pour le service solennel de vendredi. »

Détail ignoble et lugubre, et qui démontre avec quel soin vigilant l'autorité doit rechercher et poursuivre les restes de l'insurrection ! Tout autour de Notre-Dame, et sur les quais, des marchands ambulants offraient aux passants les « médailles commémoratives de Monseigneur l'archevêque de Paris ». Ces médailles portaient l'effigie de Monseigneur Darboy. D'autres vendaient des biographies de l'archevêque, ou bien encore « l'ordre et la marche de l'enterrement ».

Or, ces marchands immondes tenaient, de près ou de loin, à la Commune. C'étaient les mêmes qui, quelques jours auparavant, criaient par les rues les arrêtés du Comité de salut public ; et la police a fait de nombreuses arrestations.

Avant de reconstruire les monuments, ne convient-il pas de balayer et de laver à grande eau tous les ruisseaux de Paris.

XII.

ÉPILOGUE.

XII.

ÉPILOGUE.

Et maintenant, que tout est fini, il convient de supputer nos ruines, de sonder nos plaies saignantes, de chercher un remède à tant de maux.

Sans compter les pertes considérables dues à la destruction par l'incendie de tant de valeurs mobilières et immobilières, la science économique gémit du fait de tant de quantités de travail, de tant de salaires anéantis. Elle estime à 70 millions de francs le dommage éprouvé, du 18 mars au 28 mai, par les ouvriers dépossédés de leur labeur habituel. Qu'ont touché, durant cette période, ceux d'entre eux qui participaient à la subvention des gardes nationaux ? Environ 13 millions de francs. Ainsi, 13 millions en regard de 78 millions, voilà les deux termes de ce triste bilan ! Et encore, ces 13 millions ne sauraient-ils être considérés comme une compensation partielle, puisqu'ils ne proviennent point de valeurs créées par le travail, mais d'un prélèvement sur des deniers publics.

La Commune avait, en effet, outre ses réquisitions chez les banquiers, fait main basse sur la caisse de service du ministère des Finances (quelques millions), sur celle des Dépôts et consignations (58 mille francs), enfin, sur la Banque de France. Défendant pied à pied son encaisse, ce n'est que devant les sommations violentes ou armées de la Commune, ou du Comité de salut public, que ce dernier établissement de crédit livra, jour par jour, le solde de la ville de Paris, laissé par l'administration municipale, soit : 9,401,000 francs, et, muni d'un blanc-seing de Versailles, 7,290,000 francs, ensemble la somme respectable de 16,691,000 francs.

Les dommages matériels que nous avons subis sont évalués par un économiste au total de 34 millions par jour, soit, pour les 72 journées écoulées du 18 mars au 28 mai, 2 milliards 448 millions.

Dans ce chiffre est compris l'ensemble des dépenses extraordinaires de l'armée de Versailles, à raison de 3 millions par jour, soit : 216 millions pour les journées du 18 mars au 28 mai. Cette somme ne semble pas exagérée si l'on considère l'ensemble des frais qu'a dû s'imposer chacun des services de la Guerre. Voici, par exemple, les mouvements de matériel et les consommations du seul service de l'artillerie :

Les arsenaux de Douai, de Lyon, de Besançon, de

Toulon et de Cherbourg ont envoyé successivement à Versailles, du 18 mars au 21 mai :

> 30 canons de $0^m,16$, de la marine, tirés des arsenaux de la guerre ;
> 60 canons de $0^m,16$, provenant des arsenaux de la marine ;
> 10 pièces de $0^m,22$, de la marine ;
> 110 canons de 24, rayés, longs ;
> 30 id. de 24, rayés, courts ;
> 80 id. de 12, rayés, de siége ;
> 3 mortiers de $0^m,32$;
> 15 id. de $0^m,27$;
> 15 id. de $0^m,22$;
> 40 id. de $0^m,15$.

Ensemble : 393 bouches à feu de siége.

La place de Versailles a reçu pour le service de ces pièces :

Obus de $0^m,16$, de la marine	73,000
Id. de $0^m,22$ id.	10,000
Id. de 24 rayé	140,000
Id. de 12 rayé (pour le tir de siége)	80,000
Bombes de $0^m,32$	1,000
Id. de $0^m,27$	7,000
Id. de $0^m,22$	7,000
Id. de $0^m,15$	30,000
Total des projectiles en approvisionnement :	248,000

Il a, en outre, été nécessaire d'avoir un stock constant de 400,000 kilog. de poudre à canon et 240,000 étoupilles. Le 21 mai, le service de l'artillerie, qui recevait, par jour, 20,000 kilogrammes de poudre, en envoyait 50,000 à l'armée opérant sous Paris.

A la même date, le matériel de campagne comprenait 36 batteries de 4; — 18, de 12; — 12 de mitrailleuses, et 4 de 7 se chargeant par la culasse, ensemble : 70 batteries, dont 63 attelées, et 7 de réserve.

Le service des munitions comportait :

80 caissons chargés, de 12, contenant chacun 54 coups (18 par coffre);

30 caissons, de 7, contenant chacun 90 coups (30 par coffre);

120 caissons, de 4, contenant chacun 120 coups (40 par coffre);

55 caissons de mitrailleuses, contenant chacun 243 charges (81 par coffre);

5,000 caisses à munitions, de 12, contenant 45,000 coups;

600 caisses de 4, contenant 12,000 coups;

2,000 caisses de 7, contenant 20,000 coups;

1,000 caisses de mitrailleuses, 30,000 coups;

16 millions de cartouches Chassepot et 2 millions de cartouches Remington.

Le 23 mai, au soir, la consommation était de :

26,000 coups de 0ᵐ,16, de la marine ;
2,000 » de 0ᵐ,22 id. ;
60,000 » de 0ᵐ,24, rayé ;
30,000 » de 0ᵐ,12, rayé, de siége ;
12,000 » de 7 employé comme pièce de siége ;
150 bombes de 0ᵐ,32 ;
350 » de 0ᵐ,27 ;
2,500 » de 0ᵐ,22 ;
5,500 » de 0ᵐ,15.

Ensemble : 138,500 coups de canons de siége et de mortiers.

Ces dépenses qui semblent considérables, sont, en réalité, minimes, eu égard à l'importance des résultats acquis. Nous avons sauvé Paris, la France et, nous pouvons le dire hautement, le monde ! Honneur à l'armée qui vient d'accomplir ces prodiges !

Cette guerre de siége suivie d'une guerre de rues était, d'ailleurs, en parfaite harmonie avec les dispositions du caractère national. C'est en des circonstances de cette nature que se révèlent le ressort et la puissance de la valeur individuelle ; et sur c'est un échiquier compris dans ces limites que se manifeste surtout le talent de nos généraux. Les Prussiens eussent certainement hésité devant une pareille tâche, et nous savons qu'ils ne nous refusent point des félicitations méritées.

La tâche était rude en effet. Il nous a fallu, pour l'accomplir, une extrême prudence, une grande fermeté d'âme. On peut embrasser les proportions de la lutte à l'énoncé de ce seul fait que l'insurrection de Paris avait élevé, sur la rive gauche seulement, plus de *cent soixante barricades!*

En voici la nomenclature exacte :

1. — Quai de Javel.
2. — Rue Saint-Charles.
3. — Rue de Javel.
4. — Porte de Sèvres.
5. — Rue Croix-Nivert.
6. — Rue Lecourbe.
7. — Rue de Lourmel.
8, 9, 10. — Rue de Vaugirard.
11. — Place Saint-Lambert.
12. — Barrière de Sèvres.
13. — Rue de Sèvres.
14, 15, 16. — Rue du Bac.
17, 18. — Rue de Grenelle.
19, 20. — Rue Saint-Dominique.
21. — Rue de Verneuil.
22. — Rue de l'Université.
23. — Rue de Belle-Chasse.
24. — Rue de Poitiers.
25. — Rue Las-Cases.
26. — Avenue Bosquet.
27. — Avenue Rapp.

28. — Pont de l'Alma.
29. — Pont Royal.
30, 31. — Rue de Beaune.
32. — Rue de Lille.
33, 34. — Rue des Saints-Pères.
35. — Rue Saint-Guillaume.
36. — Rue du Pré-aux-Clercs.
37. — Rue du Dragon.
38, 39. — Rue de la Chaise.
40, 41. — Rue du Cherche-Midi.
42. — Rue du Regard.
43. — Rue du Vieux-Colombier.
44. — Rue du Four.
45. — Rue d'Erfurt.
46, 47. — Rue Bonaparte.
48. — Carrefour de la Croix-Rouge.
49, 50. — Rue de Rennes.
51. — Rue des Canettes.
52, 53. — Rue de Madame.
54. — Rue de Fleurus.
55, 56, 57. — Rue Notre-Dame-des-Champs.
58. — Rue d'Assas.
59, 60. — Rue Vavin.
61. — Rue de l'Ouest.
62. — Gare de l'Ouest (Montparnasse).
63, 64. — Chaussée du Maine.
65. — Rue de Vanves.
66. — Cimetière du Montparnasse.

67. — Rue du Chemin-de-Fer.
68. — Rue Daguerre.
69. — Rue du Château.
70. — Rue du Géorama.
71, 72. — Rue Thibault.
73. — Église de Montrouge.
74. — Rue du Moulin-Vert.
75, 76, 77. — Carrefour des Quatre-Chemins.
78. — Porte de Montrouge.
79. — Porte de Vanves.
80. — Rue Brézin.
81. — Rue Mouton-Duverney.
82. — Barrière d'Enfer.
83. — Boulevard d'Enfer.
84. — Boulevard Arago.
85. — Rue Ferrus.
86. — Rue Cabanis.
87. — Parc de Montsouris.
88, 89. — Rue de la Santé.
90. — Rue de Humboldt.
91. — Rue Méchain.
92. — Boulevard de Port-Royal.
93. — Rue d'Enfer.
94. — Rue Carnot.
94 bis, 95. — Rue de l'Abbé-de-l'Épée.
96, 97, 98. — Boulevard Saint-Michel.
99. — Rue Royer-Collard.
100. — Rue Gay-Lussac.

101. — Rue Cujas.
102. — Rue Racine.
103, 104. — Rue Saint-Séverin.
105. — Place Saint-André-des-Arts.
106, 107. — Rue Saint-André-des-Arts.
108. — Rue Git-le-Cœur.
109, 110. — Rue Dauphine.
111. — Rue Mazarine.
112, 113. — Rue de Buci.
114. — Rue de l'Ancienne-Comédie.
115. — Carrefour de l'Odéon.
116. — Rue de l'École-de-Médecine.
117. — Place de l'Abbaye.
118. — Place Saint-Germain-des-Prés.
119, 120. — Rue de Seine.
121, 122, 123, 124. — Rue Saint-Jacques.
125. — Rue du Val-de-Grâce.
126. — Rue Paillet.
127. — Rue du Sommerard.
128, 129, 130. — Boulevard Saint-Germain.
131. — Rue Domat.
132, 133, 134, 135. — Rue Galande.
136. — Place Maubert.
137, 138. — Rue de la Montagne-Sainte-Geneviève.
139. — Place de l'École Polytechnique.
140. — Rue Clovis.
141. — Rue Blainville.
142. — Rue Lacépède.

143, 144, 145. — Rue du Cardinal Lemoine.
146. — Rue du Pot-de-Fer-Saint-Marcel.
147, 148, 149. — Rue Mouffetard.
150. — Rue de l'Épée-de-Bois.
151. — Rue de l'Arbalète.
152. — Rue des Feuillantines.
153. — Rue de Lourcine.
154. — Mairie du Ve arrondissement.
155. — Rue Gracieuse.
156. — Rue du Fer-à-Moulin.
157. — Rue de la Collégiale.
158, 159. — Rue Monge.
160, 161. — Rue Saint-Victor.
162, 163, 164. — Place d'Italie etc. etc.

Quant à ceux qui défendaient les barricades, et que nous venons heureusement d'écraser, nous leur avons enlevé des mains plus de 350,000 fusils, 2,000 bouches à feu, et des munitions considérables. Misérables bandits profanant le nom de *patriotes*, tout cœur honnête doit les maudire, attendu que, quel que soit le jugement ultérieur de l'histoire, ils ont tenté leur exécrable coup de main à l'heure où l'étranger était à nos portes, triomphant, arrogant, audacieux!..

Ces adversaires, nous l'avons dit, se peuvent répartir en trois groupes distincts : les agents de l'étranger; les républicains rouges avec leurs acolytes ; et les adeptes de la jacquerie internationale.

Des étrangers, de nos ennemis nous n'avons plus rien à dire, sinon que les officiers prussiens qui assistaient à la démolition de la colonne Vendôme se sont fait conduire à l'Hôtel de ville, immédiatement après la cérémonie ; et que, là, ils ont été reçus par les membres de la Commune avec tous les honneurs dûs à leur rang. La voiture qui les a menés était de chez Brion. Le cocher..... nous ne dirons rien du cocher.

Quant aux autres combattants, ils formaient ensemble une force d'environ 110,000 hommes qui peut se décomposer comme il suit : Il y avait d'abord, à l'état de volontaires, obéissant à l'*Internationale,* ou prenant le mot d'ordre du Comité central, un contingent de 20,000 adhérents, pour la plupart, fanatisés. C'étaient des républicains ultra-rouges ou des socialistes.

A bien prendre, dit un observateur, c'était encore là la meilleure portion des forces communeuses.

En regard de ce chiffre, il faut compter les esprits faibles, les ignorants, les hésitants, les poltrons, les élégiaques, ceux que la contagion gagne toujours facilement. Cet autre élément ne s'élevait pas à moins de 15,000 hommes, levés sans peine dans le cercle des vingt arrondissements de Paris.

Immédiatement après, venaient les déclassés, les *fruits secs* des diverses professions libérales : avocats sans cause, médecins sans clientèle, journalistes sans public, peintres sans nom, bacheliers ès lettres ne possédant que le diplôme, ingénieurs de tabagie, officiers réformés, prêtres défroqués, notaires révoqués, huissiers chassés, comédiens sifflés, musiciens râpés, commerçants ayant mis la clef sous la porte, faillis non réhabilités, riches ruinés, ivrognes incorrigibles, joueurs et grecs de tripots, toujours à l'affût d'un sourire de la Fortune. Cela fait encore 15,000 hommes.

Un chômage forcé a nécessairement jeté sur le pavé, dès Sedan, des ouvriers sans épargne, des contre-maîtres, des commis, des teneurs de livres, et une très-grande variété d'autres pauvres diables sans asile. Ceux-là ont nécessairement considéré comme une Providence le hasard de la révolution du 18 mars, qui leur continuait la solde de 1 franc 50 centimes, avec la haute paye pour les femmes, légitimes ou non, et le subside pour les enfants.

On porte ce contingent à 20,000, et l'on n'exagère certainement pas.

Cependant, la portion la plus importante et, de toute façon, la plus redoutable, s'est recrutée dans un monde terrible : parmi les repris de justice, les forçats libérés en rupture de ban, ou tolérés dans les existences excentriques ; chez les souteneurs de filles, les bateleurs, les mendiants, les voleurs de profession, les recéleurs.

Suivant M. Frégier (*Histoire des classes dangereuses de la société*), il a dû sortir de cet ensemble 35,000 combattants, prêts à défendre le drapeau rouge.

Ce dernier chiffre n'a rien qui puisse surprendre, attendu que, pour ne citer qu'un seul exemple, le commissaire central du Loiret, ayant intimé aux 300 internés du département l'ordre de se présenter à la police pour y faire viser leurs livrets, quatorze seulement répondirent à l'appel! Le reste était aux remparts de Paris, défendant la liberté *réaliste*, contre les *ruraux*, les *Vendéens*, les *Pontificaux*, les *Chouans*, les *Versaillais!*

Il y avait enfin, à Paris, toute l'écume de l'Europe. La fumée de la guerre avec la Prusse, excitant le besoin d'aventures, avait amené, tout à coup, dans la malheureuse capitale, des échantillons de toutes les races européennes. On a vu défiler sur les boulevards des Russes, des Italiens, des Grecs, des Valaques, des Belges, des Hollandais, des Irlandais, des Espagnols, mais surtout des Polonais, de ces Polonais que nous avons jadis accueillis avec tant de bonté, de générosité, de sottise; que nous avons si longtemps, si bêtement pensionnés!

Nous empruntons au *Figaro* cette liste curieuse des pirates internationaux conviés à la curée par les chefs de la Commune de Paris :

Anys-el-Bittar, directeur des manuscrits à la Bibliothèque nationale. (Égyptien.)

Biondetti, chirurgien-major du 233e bataillon. (Italien.)

Babick, membre de la Commune. (Polonais.)

Becka, adjudant du 207e bataillon. (Polonais.)

Cluseret, général, délégué à la guerre. (Américain.)

Cernatesco, chirurgien-major des lascars. (Polonais.)

Crapulinski, colonel d'état-major. (Polonais.)

Capellaro, membre du bureau militaire. (Italien.)

Carneiro de Cunha, chirurgien-major du 38ᵉ bataillon. (Portugais.)

Charalambo, chirurgien-major des éclaireurs fédérés. (Polonais.)

Dombrowski, général des forces de la Commune. (Russe.)

Dombrowski (son frère), colonel d'état-major. (Russe.)

Durnoff, commandant de légion. (Polonais.)

Echenlaub, colonel du 88ᵉ bataillon. (Allemand.)

Ferrera Gola, directeur-général des ambulances. (Portugais.)

Frankel, membre de la Commune. (Prussien.)

Giorok, commandant du fort d'Issy. (Valaque.)

Grejorok, commandant de l'artillerie de Montmartre. (Valaque.)

Kertzfeld, directeur en chef des ambulances. (Allemand.)

Iziquerdo, chirurgien-major du 88ᵉ bataillon. (Polonais.)

Jalowski, chirurgien-major des zouaves de la République. (Polonais.)

Kobosko, cavalier estafette, mis à l'ordre du jour de l'armée de la Commune. (Polonais.)

La Cecilia, général. (Italien.)

Landowski, aide de camp du général Dombrowski. (Polonais.)

Mizara, commandant du 104ᵉ bataillon. (Italien.)

Maratuch, aide-major du 72ᵉ bataillon. (Hongrois.)

Moro, commandant du 22ᵉ bataillon. (Italien.)

Okolowicz et ses frères, général et officiers d'état-major. (Polonais.)

Ostyn, membre de la Commune. (Belge.)

Olinski, chef de la 17e légion. (Polonais.)

Pisani, aide-de-camp de Flourens. (Italien.)

Potampenki, aide-de-camp du général Dombrowski. (Polonais.)

Ploubinski, officier d'état-major. (Polonais.)

Pazdzierswski, commandant du fort de Vanves. (Polonais.)

Piazza, chef de légion. (Italien.)

Pugno, directeur de la musique à l'Opéra. (Italien.)

Romanelli, directeur du personnel de la guerre. (Italien.)

Rozyski, chirurgien-major du 144e bataillon. (Polonais.)

Rubinowicz, officier d'état-major. (Polonais.)

Rubinowicz (P.), chirurgien-major des marins fusiliers. (Polonais.)

Syneck, chirurgien-major du 151e bataillon. (Allemand.)

Skalski, chirurgien-major du 240e bataillon. (Polonais.)

Soteriade, chirurgien-major (Espagnol.)

Thaller, sous-gouverneur du fort de Bicêtre. (Allemand.)

Van Ostal, commandant du 115e bataillon. (Hollandais.)

Vetzel, commandant des forts du sud. (Allemand.)

Wrobleswski, général, commandant l'armée du sud. (Polonais.)

Witton, chirurgien-major du 72e bataillon. (Américain.)

Zengerler, chirurgien-major du 74e bataillon. (Allemand.)

Puisque nous avons, mainte fois, dans le cours de ce

récit, parlé de la société l'*Internationale*, il est peut-être bon d'en divulguer l'organisation, et nous ne saurions mieux faire que de reproduire ici ce qu'en a publié le *Journal officiel*, en ses numéros des 29 mai et 1er juin :

« Dans l'insurrection dont le triomphe momentané a fait peser sur Paris un joug si odieux et si humiliant, porté au comble les misères de la France, et mis la civilisation en péril, l'*Internationale* a joué un rôle qui a soudain révélé à tous la funeste puissance de cette redoutable association.

« Le 19 mars, au lendemain de l'explosion de sédition terrible dont les dernières horreurs épouvanteront l'histoire, on vit apparaître sur les murs une affiche qui apprenait à Paris les noms de ses nouveaux maîtres. C'était, hormis un seul, qui avait acquis une notoriété déplorable, des noms inconnus de la plupart de ceux qui les lisaient ; ils avaient surgi tout à coup de l'obscurité et du néant, et l'on se demandait avec étonnement, avec stupeur, quelle force ignorée avait pu leur donner une valeur et une signification qu'ils n'avaient point par eux-mêmes. Cette force, c'était l'*Internationale ;* ces noms étaient ceux de quelques-uns de ses membres.

« On sait quelle part elle eut depuis dans les événements qui ont désolé la France et inquiété le monde. Il n'est donc point indifférent de rechercher ce qu'elle est, comment elle se gouverne et à quoi elle tend. Il ne s'agit pas seulement d'un problème historique à résoudre :

l'*Internationale* a montré ce qu'elle pouvait ; vaincue aujourd'hui, ce serait une illusion fatale de croire qu'elle a renoncé, à tout jamais, à l'espoir d'une revanche ; elle est une menace, et il faut la désarmer.

« Un livre publié l'année dernière et qui, malheureusement, n'a point été assez lu, l'a étudiée avec un soin extrême dans son origine, dans ses principes, dans son organisation, dans ses ressources, et aussi dans ses effrayants progrès. Les documents sont indiscutables ; les témoignages, certains ; c'est elle-même qui parle, et se révèle tout entière sans dissimulation, sans réticence, sans pudeur. Ce livre est l'*Association internationale des Travailleurs*, de M. Oscar Testut.

« L'idée de l'association internationale des travailleurs fut portée en Angleterre par des ouvriers français et, deux ans plus tard, le 28 septembre 1864, les bases en étaient jetées, à Londres, dans un meeting en faveur de la Pologne, tenu sous les voûtes de Martin's Hall.

« Un règlement provisoire fut alors adopté. L'article premier définit, en ces termes, l'objet qu'avaient en vue les fondateurs : « Une association est établie pour procurer un point central de communication et de coopération entre les ouvriers des différents pays aspirant au même but, savoir : le concours mutuel, le progrès et le complet affranchissement de la classe ouvrière. »

« Ce règlement est précédé de considérants. Un d'eux met en pleine lumière la pensée qui préside à l'œuvre entreprise. Il y est dit qu'au « grand but » de l'émancipation économique des travailleurs « tout mouvement politique doit être subordonné comme moyen ».

Des sociétés locales, et spéciales pour chaque industrie, groupées en sections sous la direction de conseils fédéraux ; au-dessus des conseils fédéraux, un conseil général ; tels sont les éléments qui entrent dans l'organisation de l'*Internationale*.

« La section, — c'est un des journaux de l'association « qui parle, — est le type de la commune. A la tête de « la section est un *comité administratif* chargé d'exécuter « les mesures décrétées par la section. Au lieu de com- « mander, comme les administrations actuelles, il obéit à « ses administrés. »

« Intermédiaire entre les différentes sections, et entre les sections et le conseil général, le conseil fédéral, composé des délégués des sections, a pour mission de défendre les intérêts divers des corporations, d'étudier les questions économiques et sociales, de maintenir les ouvriers unis dans leur lutte contre « l'exploitation du capital ». C'est aussi à lui qu'est remis le soin de faire de la propagande, de statuer sur l'opportunité des grèves, sur les demandes d'emprunt, sur les affiliations. Il exécute les décisions du conseil général. Un conseil fédéral n'est créé que lorsque le nombre des sections rend indispensable un lien commun qui les réunisse entre elles.

« Le conseil général, formé d'ouvriers représentant les différentes nations faisant partie de l'association, « établit des relations avec les différentes associations ouvrières, de telle sorte que les ouvriers de chaque pays soient constamment au courant des mouvements de leur classe dans les autres pays ». (Art. 5 des statuts adoptés au congrès de Genève, en 1864.)

« Il rassemble tous les documents qu'il reçoit des sections centrales, ou qu'il se procure par une autre voie, et publie un bulletin contenant tout ce qui peut intéresser l'association. Au congrès annuel, dont il est appelé à exécuter les résolutions, le conseil général fait un rapport public sur les travaux de l'année, sur la situation de l'association dans les différents pays, sur les principales grèves.

« C'est au congrès qu'il appartient de réviser les statuts et les règlements de l'*Internationale,* sur la demande de deux délégués présents; c'est dans le congrès que sont discutées les questions mises à l'ordre du jour par un programme que le conseil général a d'avance arrêté, et sur lesquelles l'assemblée est appelée à voter. « Le con-
« grès annuel, dit M. Oscar Testut, représente le pouvoir
« législatif; c'est le conseil général qui remplit le rôle du
« pouvoir exécutif. »

« L'association tire ses ressources des cotisations payées par les membres. Ces cotisations varient de 10 centimes par an à 50 centimes par mois pour la cotisation fédérale. Tout membre paye en outre une somme annuelle de 10 centimes pour les frais du conseil général. Chaque société conserve la libre disposition des cotisations versées par ses membres. Néanmoins, lorsqu'une société ou une fédération est frappée d'une suppression de travail ou d'une diminution de salaire, ou lorsqu'elle s'est mise en grève, le conseil fédéral peut faire connaître la situation au conseil général qui invite toutes les sociétés des divers pays à venir en aide à la société affiliée.

« Des souscriptions volontaires peuvent être ouvertes pour des besoins politiques.

« L'association, dont nous venons d'indiquer, brièvement l'organisation, compte aujourd'hui HUIT MILLIONS d'adhérents. Elle ne date, comme on l'a vu, que de l'année 1864.

« Quatre fédérations se partagent la France : la parisienne, la rouennaise, la lyonnaise, la marseillaise.

« A Paris, presque toutes les sociétés ouvrières se sont fédérées et adhèrent à l'*Internationale*. Une section allemande a été constituée dans le courant de l'année dernière. La fédération lyonnaise réunit plus de trente corps de métiers; elle a fondé des sections à Saint-Etienne, à Neuville-sur-Saône, à Vienne, à Saint-Symphorien-d'Ozon. Dans la fédération rouennaise sont groupés les calicotiers de l'arrondissement de Rouen, les tisseurs et tisseuses, les tanneurs, les corroyeurs, les charpentiers, les lithographes, les tisseurs de bretelles, les fileurs de coton de l'arrondissement de Saint-Sever et du canton de Grand-Couronne, d'autres sociétés ouvrières encore. Vingt-sept sociétés affiliées composent la fédération marseillaise.

« En dehors des quatre fédérations, il faut citer encore

les sections d'Aix, de La Ciotat, de Brest, de Mulhouse, de Besançon, d'Elbeuf, de Limoges, de Roubaix, de Cambrai, du Mans, de Reims, de Cossé, de Tourcoing, du Creuzot, de Fourchambault, de Bordeaux, de Villefranche dans le Rhône, de Truveau, de Tournon, de Crest, de Caen, de Condé-sur-Noireau.

« En Belgique, l'*Internationale* a pris un développement énorme. Elle ne comprend pas moins de neuf fédérations, et le seul bassin de Charleroi en forme quatre.

« Il ne se passe pas de semaine, dit M. Testut, sans que « plusieurs sections ne soient fondées. »

« La Suisse est aujourd'hui l'un des centres les plus importants de l'association. Les sections y sont au nombre de cinquante-trois; les plus considérables sont celles de Genève, de Bâle, de Neuchatel, du Locle, de la Chaux-de-Fonds, de Zurich.

« Les adhérents à l'*Internationale* se multiplient en Italie : à Milan, à Gênes, à Florence; la section de Naples ne compte pas moins de trois mille membres.

« En Autriche, où une loi défend toute relation avec les associations étrangères, les ouvriers s'associent et suivent les principes de l'*Internationale*, isolément. Dès le mois de mars 1869, 10,000 ouvriers, à Vienne, avaient adhéré à ses statuts; 1,200, à Reichenau; 600, à Lintz, 6,800 dans le Tyrol et les contrées avoisinantes; 6,000 en Bohême et en Silésie; 2,500 à Pesth et à Temeswar.

« En Allemagne, presque toutes les sociétés ouvrières sont affiliées. Le congrès de Nuremberg, en 1868, représentait plus de 200 sociétés du Nord et du Sud. En 1869, la société générale allemande des ouvriers, à Berlin, déclarait qu'elle adoptait le programme de l'*Internationale*. Le comité central est à Leipsig; le nombre des affiliés dépasse un million.

« L'Angleterre a été le berceau de l'association, et c'est Londres qui en est encore le centre le plus important. A très-peu d'exceptions près, les sociétés ouvrières anglaises sont affiliées. L'association des charpentiers comprend, à elle seule, deux cent trente sections, et son fonds social ne s'élève pas à moins de deux millions de francs. La *Trade-Union* (*Association d'ouvriers*) des mécaniciens n'a pas moins de trois cent huit branches; celle des charpentiers en a cent quatre-vingt-dix.

« En Hollande, des sections se sont formées à Amsterdam, à Arnhem, à Oosterbeck et à Rotterdam.

« Une section a été constituée en Russie.

« Madrid a un conseil fédéral qui réunit vingt sections; un autre centre, à Cadix, comprend quatorze sections. A Barcelone, trente-huit associations ouvrières sont affiliées. Toutes celles des Baléares sont fédérées.

« En août 1869, un congrès organisé à Philadelphie, par le *National Labour Union*, fédération des *Trades Unions*, plus de huit cent mille ouvriers étaient représentés. Le *National Labour Union* est aujourd'hui affilié à l'*Internationale*. L'assemblée générale des ouvriers allemands des États-Unis a voté son affiliation à la fin de l'année 1869.

« L'*Internationale* devait avoir sa presse spéciale. Ses journaux sont déjà nombreux. Deux paraissent en France, six en Belgique, neuf en Suisse, trois en Allemagne, un en Italie, six en Espagne, un en Autriche, un en Amérique, trois en Hollande.

« Ainsi, en moins de sept ans, l'*Internationale* a conquis une portion énorme de la population ouvrière en Europe et en Amérique; elle espère bien la conquérir tout entière. Trente-deux journaux aident à la propagande, et il n'y a pas de région si lointaine où elle ne se promette de pénétrer.

« Une association s'est formée en Chine et dans l'Inde, qui a pris le nom de Société fraternelle du Ciel et de la Terre. Elle a publié un manifeste où elle déclare hautement « qu'elle se croit appelée par l'Être suprême à « faire disparaître le déplorable contraste qui existe entre « la richesse et la pauvreté ». Et plus loin : « Quand la « grande majorité des villes et des campagnes aura prêté « serment à l'Union fraternelle, l'ancienne société tombera « en poussière, et l'on bâtira l'ordre nouveau sur les ruines « de l'ancien. » Aussitôt que ce document était signalé en Belgique, un des journaux de l'*Internationale* invitait ceux des amis de l'association qui auraient des relations avec la Chine et avec l'Inde à ne rien négliger « pour amener un heureux rapprochement » entre l'*Internationale* et la Société fraternelle du Ciel et de la Terre.

« Un homme d'un grand sens, frappé du développement

si prodigieusement rapide de l'*Internationale,* en quelques années, écrivait ces lignes : « Ce n'est pas une doctrine, « ce n'est pas l'action de l'intelligence qui expliquent une « telle puissance d'expansion. » C'est là une observation très-juste. Les idées n'ont pas sur les hommes une prise assez forte pour expliquer un pareil miracle. La satisfaction promise à des passions et à des appétits est seule capable de l'opérer. Il suffisait, pour l'affirmer d'avance, de la connaissance du cœur humain et de celle de l'histoire. Que l'on parcoure les publications de l'*Internationale,* qu'on lise les discours prononcés par ses membres dans les congrès qu'elle a tenus, et l'on verra bien vite cette induction pleinement justifiée.

« Aux doutes, qui pourraient s'élever sur ce point, quelques citations répondront d'une façon péremptoire.

« Le grand but de l'*Internationale* est « l'émancipation « économique des travailleurs, » disaient modestement, dans les considérants de leur règlement provisoire, les fondateurs de la société. C'était là l'apparence ; la réalité, la voici :

Ceux qui inspirent cette effrayante armée de l'*Internationale,* et la commandent, veulent la révolution sociale, et ils le disent ouvertement, cyniquement :

« Nous ne sommes pas des socialistes à système, « nous sommes purement et simplement des révolution- « naires ; nous faisons appel à la masse, et nous sommes

« convaincus qu'elle seule a le secret de ses destinées,
« et qu'elle seule peut donner le mot d'ordre de l'avenir.
« Les droits des travailleurs, voilà notre principe; l'or-
« ganisation des travailleurs, voilà notre moyen d'ac-
« tion; la révolution sociale, voilà notre but. » (*Internationale*, n° du 27 mars 1870.)

« Les radicaux, les partis politiques, même les plus
« avancés, veulent simplement replâtrer l'édifice social
« en lui conservant ses bases actuelles. Nous voulons,
« nous, faire table rase, et tout reconstituer à neuf; voilà
« dans quel sens nous sommes révolutionnaires. » (*Progrès
« de l'Oise,* n° du 29 janvier 1870.)

« Ce mot de révolution sociale a-t-il, dans la bouche ou
sous la plume de ceux qui le prononcent ou qui l'écri-
vent, un sens vague et non déterminé? Lisons le programme
de la section de l'Alliance de la démocratie socialiste :

« L'Alliance veut l'abolition des cultes,... l'abolition
« du mariage en tant qu'institution politique, religieuse,
« juridique et civile... Elle demande, avant tout, l'abolition
« du droit d'héritage, afin qu'à l'avenir la jouissance soit
« égale à la production de chacun... »

« Mais, dira-t-on, c'est une seule section de l'*Internationale* qui parle ainsi. Qu'on lise les déclarations du
congrès de Bruxelles, en 1868 :

« Le congrès reconnaît que le droit d'héritage doit être
« complètement et radicalement aboli, et que cette abo-

« lition est une des conditions les plus indispensables de
« l'affranchissement du travail. »

« Dépouiller l'homme du droit de manifester extérieu
rement sa croyance, du droit de donner à l'union qu'i
contracte la sanction d'un contrat légal ou religieux, du
droit de transmettre ses biens à ses enfants, ce n'est pa
assez, il faut supprimer la propriété elle-même :

« Tout propriétaire qui veut louer un immeuble prouve
« par cela même qu'il n'en a pas besoin : qu'on l'expro
« prie ! » (Tartaret.)

« Je demande la liquidation sociale, et par liquidation
« sociale j'entends l'expropriation de tous les propriétaire
« actuels. » (Bakounine).

« Le défi est relevé, la guerre est désormais déclarée
« et elle ne cessera que le jour où le prolétariat sera vain
« queur, où les mineurs pourront dire : A nous les mines
« les cultivateurs : A nous les terres ! les ouvriers de tou
« les métiers : A nous l'atelier ! » (*Adresse des ouvriers d
Lyon*, 16 avril 1870.)

« Toutes les institutions sur lesquelles ont, de tou
« temps, reposé les sociétés civilisées sont ainsi condam
« nées ; ce n'est pas assez encore :

« Ce qui nous sépare, radicalement et irrémédiable

« ment, nous autres socialistes, des hommes politiques
« les plus radicaux, c'est que, pour ces derniers, la li-
« berté est tout, absolument tout. Ils disent : La liberté
« d'abord; la solidarité, après. Devise profondément illo-
« gique!.... Nous disons, nous, et nous ne nous lasserons
« pas de le répéter : La solidarité, d'abord; la liberté,
« après. » (*Progrès du Loiret*, n° du 29 avril 1870.)

L'*Internationale* va plus loin :

« Raspail et Rochefort voudraient être socialistes,
« mais ils ne le peuvent pas, parce que, à l'instar de tous
« ces démocrates bourgeois, ils partent d'un point de
« vue absolument faux, qui est celui de la liberté indivi-
« duelle. » (*Internationale*, n° du 23 janvier 1870.)

« Voilà donc la liberté condamnée à son tour; c'eût été
un affront pour elle d'être épargnée par les hommes coupables de tant de défis jetés à la justice, à la raison, à la conscience publique; il faut leur savoir gré de l'avoir honorée en la proscrivant.

Il restait la patrie; la patrie aussi est supprimée par ces insensés.

« ... De même que le capital n'a pas de patrie, ses
« victimes n'en doivent pas avoir; nous, les ouvriers, nous
« ne devons pas en avoir. » (*Manifeste de la section de
« Barcelone.*)

« Et qu'ils se détrompent, ceux qui se persuaderaient que ces rêves monstrueux ne sont pour ceux qui les font que de pures théories :

« ... Ce que le peuple voudra, il l'exécutera. Ce qu'on
« ne voudra pas lui accorder, il se l'accordera à lui-même.
« Si le petit nombre qui, aujourd'hui, nous régente veut
« tenter une prise d'armes, il subira la responsabilité de
« son écrasement. Mais tout se fera régulièrement, parce
« que tout se fera par la grande majorité. Point de dicta-
« ture de quelques-uns, puisque c'est le peuple entier qui
« agira. Le peuple suivra sa route, envoyant dédaigneu-
« sement rouler dans le ruisseau ceux qui voudront
« s'opposer à sa marche. »

« Et quel sera le régime politique de ce monde nouveau
sorti de la victoire définitive du prolétariat? Le monarchique? non, sans doute. Le républicain? pas davantage :

« Considérant que... tout gouvernement, ou État po-
« litique, n'est rien autre chose que l'organisation de l'ex-
« ploitation bourgeoise, exploitation dont la formule s'ap-
« pelle le droit juridique; que toute participation de la
« classe ouvrière à la politique bourgeoise gouvernemen-
« tale ne peut avoir d'autres résultats que la consolidation
« de l'ordre de choses existant, ce qui paralyserait l'action
« révolutionnaire socialiste du prolétariat, le congrès ro-
« mand recommande à toutes les sections de l'Association
« internationale des travailleurs de renoncer à toute ac-
« tion ayant pour but d'opérer la transformation au moyen
« des réformes politiques nationales... » (*La Solidarité*,
« n° du 11 avril 1870.)

« L'*Internationale* a dû commencer par déblayer le

« terrain, et, comme toute politique, au point de vue de
« l'émancipation du travail, se trouvait alors entachée d'é-
« léments réactionnaires, elle a dû d'abord rejeter de son
« sein tous les systèmes politiques connus, afin de pouvoir
« fonder sur les ruines du monde bourgeois la vraie poli-
« tique des travailleurs, la politique de l'Association in-
« ternationale. » (L'*Égalité* de Genève.)

« Ne peut-on entrevoir au moins ce que sera le gouvernement de l'*Internationale* triomphante ?

« Le groupement des sociétés de résistance, a dit le
« congrès de Bruxelles, en 1868, formera la commune de
« l'avenir, et le gouvernement sera remplacé par les con-
« seils des corps et métiers. »

« Cela est obscur, cela est incompréhensible. N'importe ; la sagesse de l'*Internationale* a rendu son oracle : que le peuple s'incline avec humilité et se prépare à faire docilement, aveuglément, son œuvre ; à remplir la tâche qui lui a été assignée par ses maîtres.

« Deux mois durant, ils ont tenu Paris entre leurs mains, ces apôtres et ces législateurs de l'*Internationale*, et ils ont appliqué leur programme : plus de liberté, plus de propriété, plus de patrie ! Ils y ont ajouté leur propre tyrannie, préface inattendue du gouvernement du peuple par ses conseils de corps et métiers ; la guerre civile, les visites domiciliaires, l'emprisonnement des bons citoyens, le massacre des prisonniers, et l'incendie prémédité et ordonné de sang-froid : l'incendie des monuments qui étaient l'admiration du monde, et l'incendie des maisons privées, qui dévore la demeure du pauvre comme celle du riche. Ces choses-là ne se formulent pas en statuts, et ne s'annoncent pas dans les congrès; mais, pour les clairvoyants, elles pouvaient sortir un jour des doctrines et des discours des organisateurs et des orateurs de l'*Internationale*.

« Nous sommes tous avertis maintenant.

« Parmi les ouvriers affiliés à la formidable Association, beaucoup n'ont jamais cru s'unir pour le renversement de la société. A plus forte raison, ignoraient-ils, hier, jusqu'où n'hésiteraient pas à les conduire ceux qui les mènent... ils le savent aujourd'hui ! »

Telle est l'étude instructive publiée par le *Journal officiel*, et que nous croyons devoir faire suivre de cet extrait de la circulaire du ministre des affaires étrangères aux agents diplomatiques de la France, en date du 6 juin 1871 :

« L'Association internationale des travailleurs est certainement l'une des plus dangereuses dont les gouvernements aient à se préoccuper. La date de sa formation est déjà éloignée. On la fait remonter à l'exposition de 1862. Je la crois plus ancienne. Il est naturel et légitime que les ouvriers cherchent à se rapprocher par l'association. Il y a plus de quarante ans qu'ils y songent, et si leurs efforts ont été contrariés par la législation, ils n'en ont pas moins persévéré avec constance. Seulement, dans les dix dernières années, la sphère de leur action s'est singulièrement étendue, et leurs idées ont pris un caractère dont il est permis de s'inquiéter. Comme l'indique le titre de leur association, les fondateurs de l'*Internationale* ont voulu effacer et confondre les nationalités dans un intérêt commun supérieur.

« On pouvait croire tout d'abord cette conception uniquement inspirée par un sentiment de solidarité et de paix.

« Les documents officiels démentent complétement cette supposition. L'*Internationale* est une société de guerre et de haine. Elle a pour base l'athéisme et le communisme; pour but, la destruction du capital et l'anéantissement de ceux qui le possèdent; pour moyen, la force brutale du grand nombre qui écrasera tout ce qui essayera de résister.

« Tel est le programme qu'avec une cynique audace les chefs ont proposé à leurs adeptes : ils l'ont publiquement enseigné dans leurs congrès, inséré dans leurs journaux; car, en leur qualité de puissance, ils ont leurs réunions et leurs organes. Leurs comités fonctionnent en Allemagne, en Belgique, en Angleterre et en Suisse. Ils ont des adhérents nombreux en Russie, en Autriche, en Italie et en Espagne. Comme une vaste franc-maçonnerie, leur société enveloppe l'Europe entière.

« Quant à leurs règles de conduite, ils les ont trop de fois énoncées pour qu'il soit nécessaire de démontrer longuement qu'elles sont la négation de tous les principes sur lesquels repose la civilisation.

« Nous demandons, disent-ils dans leur feuille offi-
« cielle du 25 mars 1869, la législation directe du peuple
« par le peuple, l'abolition du droit d'hérédité individuelle
« pour les capitaux et les instruments de travail, l'entrée
« du sol à la propriété collective. »

« L'alliance se déclare athée, dit le conseil général
« de Londres qui se constitue en juillet 1869; elle veut l'a-
« bolition des cultes, la substitution de la science à la
« foi, et de la justice humaine à la justice divine; l'abo-
« lition du mariage.
« ... Elle demande, avant tout, l'abolition du droit
« d'héritage, afin qu'à l'avenir la jouissance soit égale à la
« production de chacun, et que, conformément à la déci-
« sion prise par le dernier congrès de Bruxelles, la terre,
« les instruments de travail, comme tout autre capital, de-
« venant la propriété collective de toute la société, ne
« puissent être utilisés que par les travailleurs : c'est-à-
« dire par les associations agricoles et industrielles. »

« Tel est le résumé de la doctrine de l'*Internationale;*
et c'est pour anéantir toute action comme toute propriété individuelle; c'est pour écraser les nations sous
le joug d'une sorte de monarchisme sanguinaire; c'est
pour en faire une vaste tribu appauvrie et hébétée par
le communisme que des hommes égarés et pervers agitent le monde, séduisent les ignorants et entrainent
après eux les trop nombreux sectateurs qui croient

trouver dans la résurrection de ces inepties économiques des jouissances sans travail, et la satisfaction de leurs plus coupables désirs.

« Ce sont là, en effet, les perspectives qu'ils étalent aux yeux des gens simples qu'ils veulent tromper : « Ouvriers
« de l'univers, dit une publication du 29 janvier 1870, or-
« ganisez-vous, si vous voulez cesser de souffrir de l'excès
« de fatigue ou de privations de toutes sortes. »

« Par l'association internationale des travailleurs,
« l'ordre, la science, la justice remplaceront le désordre,
« l'imprévoyance et l'arbitraire. »

« Pour nous, est-il dit ailleurs, le drapeau rouge est le
« symbole de l'amour humain universel : que nos ennemis
« songent donc à ne pas le transformer contre eux-mêmes
« en drapeau de la terreur ! »

« En présence de ces citations, tout commentaire est inutile. L'Europe est en face d'une œuvre de destruction systématique dirigée contre chacune des nations qui la composent, et contre les principes mêmes sur lesquels reposent toutes les civilisations.

« Après avoir vu les coryphée de l'*Internationale* au pouvoir, elle n'aura plus à se demander ce que valent leurs déclarations pacifiques. Le dernier mot de leur système ne peut être que l'effroyable despotisme d'un petit nombre de chefs s'imposant à une multitude courbée sous le joug du communisme, subissant toutes les servitudes, jusqu'à la plus odieuse, celle de la conscience ; n'ayant plus ni foyer, ni champ, ni épargne, ni prière ; réduite à un immense atelier, conduite par la terreur, et contrainte administrativement à chasser de son cœur Dieu et la famille.

« C'est là une situation grave. Elle ne permet pas aux gouvernements l'indifférence et l'inertie. Ils seraient coupables, après les enseignements qui viennent de se produire, d'assister impassibles à la ruine de toutes les règles qui maintiennent la moralité et la prospérité des peuples. »

Tel est cet extrait de la circulaire de M. Jules Favre.

Pour mettre enfin en pleine lumière la nature prise sur le vif, nous reproduirons *in extenso* certain article du *Journal officiel de l'Insurrection*, numéro du 21 mars. Parmi les filandres stercoraires d'une déclamation naïve, on y verra l'embryon des appétits du *peuple* s'agiter singulièrement, en tous sens, sous les ardeurs du plus violent prurit. Voici cet important factum :

« Les journaux réactionnaires continuent à tromper l'opinion publique en dénaturant avec préméditation et mauvaise foi les événements politiques dont la capitale est le théâtre depuis trois jours. Les calomnies les plus grossières, les inculpations les plus fausses et les plus outrageantes sont publiées contre les hommes courageux et désintéressés qui, au milieu des plus grands périls, ont assumé la lourde responsabilité du salut de la République.

« L'histoire impartiale leur rendra certainement la justice qu'ils méritent, et constatera que la Révolution du 18 mars est une nouvelle étape importante dans la marche du progrès.

« D'obscurs prolétaires, hier encore inconnus, et dont les noms retentiront bientôt dans le monde entier, inspirés par un amour profond de la justice et du droit, par un dévouement sans borne à la France et à la République, s'inspirant de ces généreux sentiments et de leur courage à toute épreuve, ont résolu de sauver à la fois la patrie envahie et la liberté menacée. Ce sera là leur mérite devant leurs contemporains et devant la postérité.

« Les prolétaires de la capitale, au milieu des défaillances et des trahisons des classes gouvernantes, ont compris que l'heure était arrivée pour eux de sauver la situation en prenant en mains la direction des affaires publiques.

« Ils ont usé du pouvoir que le peuple a remis entre leurs mains avec une modération et une sagesse qu'on ne saurait trop louer.

« Ils sont restés calmes devant les provocations des ennemis de la République, et prudents en présence de l'étranger.

« Ils ont fait preuve du plus grand désintéressement et de l'abnégation la plus absolue. A peine arrivés au pouvoir, ils ont eu hâte de convoquer dans ses comices le peuple de Paris, afin qu'il nomme immédiatement une municipalité communale dans les mains de laquelle ils abdiqueront leur autorité d'un jour.

« Il n'est pas d'exemple dans l'histoire d'un gouvernement provisoire qui se soit plus empressé de déposer son mandat dans les mains des élus du suffrage universel.

« En présence de cette conduite si désintéressée, si honnête et si démocratique, on se demande avec étonnement comment il peut se trouver une presse assez injuste, malhonnête et éhontée, pour déverser la calomnie, l'injure et l'outrage sur des citoyens respectables, dont les actes ne méritent jusqu'à ce jour qu'éloge et admiration.

« Les amis de l'humanité, les défenseurs du droit, victorieux ou vaincus, seront donc toujours les victimes du mensonge et de la calomnie ?

« Les travailleurs, ceux qui produisent tout et qui ne jouissent de rien, ceux qui souffrent de la misère au milieu des produits accumulés, fruit de leur labeur et de leurs sueurs, devront-ils donc sans cesse être en butte à l'outrage ?

« Ne leur sera-t-il jamais permis de travailler à leur émancipation, sans soulever contre eux un concert de malédictions ?

« La bourgeoisie, leur aînée, qui a accompli son émancipation il y a plus de trois quarts de siècle, qui les a précédés dans la voie de la révolution, ne comprend-elle pas aujourd'hui que le tour de l'émancipation du prolétariat est arrivé ?

« Les désastres et les calamités publiques dans lesquels son incapacité politique et sa décrépitude morale et intellectuelle ont plongé la France devraient pourtant lui prouver qu'elle a fini son temps, qu'elle a accompli la tâche qui lui avait été imposée en 89, et qu'elle doit sinon céder la place aux travailleurs, au moins les laisser arriver à leur tour à l'émancipation sociale.

« En présence des catastrophes actuelles, il n'est pas trop du concours de tous pour nous sauver.

« Pourquoi donc persiste-t-elle avec un aveuglement fatal et une persistance inouïe à refuser au prolétariat sa part légitime d'émancipation?

« Pourquoi lui conteste-t-elle sans cesse le droit commun; pourquoi s'oppose-t-elle de toutes ses forces et par tous les moyens au libre développement des travailleurs?

« Pourquoi met-elle sans cesse en péril toutes les conquêtes de l'esprit humain, accomplies par la grande révolution française?

« Si, depuis le 4 septembre dernier, la classe gouvernante avait laissé un libre cours aux aspirations et aux besoins du peuple; si elle avait accordé franchement aux travailleurs le droit commun, l'exercice de toutes les libertés; si elle leur avait permis de développer toutes leurs facultés, d'exercer tous leurs droits et de satisfaire leurs besoins; si elle n'avait pas préféré la ruine de la patrie au triomphe certain de la République en Europe, nous n'en serions pas où nous en sommes, et nos désastres eussent été évités.

« Le prolétariat, en face de la menace permanente de ses droits, de la négation absolue de toutes ses légitimes aspirations, de la ruine de la patrie et de toutes ses espérances, a compris qu'il était de son devoir impérieux et de son droit absolu de prendre en main ses destinées et d'en assurer le triomphe en s'emparant du pouvoir.

« C'est pourquoi il a répondu par la révolution aux provocations insensées et criminelles d'un gouvernement aveugle et coupable, qui n'a pas craint de déchaîner la guerre civile en présence de l'invasion et de l'occupation étrangères.

« L'armée, que le pouvoir espérait faire marcher contre le peuple, a refusé de tourner ses armes contre lui ; elle lui a tendu une main fraternelle et s'est jointe à ses frères.

« Que les quelques gouttes de sang versé, toujours regrettables, retombent sur la tête des provocateurs de la guerre civile et des ennemis du peuple qui, depuis près d'un demi-siècle, ont été les auteurs de toutes nos luttes intestines et de toutes nos ruines nationales.

« Le cours du progrès, un instant interrompu, reprendra sa marche, et le prolétariat accomplira, malgré tout, son émancipation !

« *Le délégué au* JOURNAL OFFICIEL. »

Ces divers documents s'imposent à nos méditations, les plus sérieuses. Si nous n'anéantissons pas, au plus tôt, l'*Internationale*, l'ordre social européen doit, avant vingt ans, s'écrouler tout entier sous les coups de ses sectaires cupides, audacieux, et féroces. Leur religion consiste en la négation de toute croyance, et pousse à l'abolition de toute espèce de culte. Leur programme politique et social est également fort simple. La noblesse, disent-ils, a fait son temps ; la bourgeoisie, aussi. Aujourd'hui, c'est le *peuple*, c'est la classe *ouvrière* qui doit être au pouvoir et jouir de toutes choses. En conséquence, il convient de dépouiller ceux qui possèdent et de faire passer entre les mains des travailleurs les terres, l'argent, les instruments de travail et de production.

Tels sont les *dogmes* de l'*Internationale*. Voici ses statuts :

Le centre de l'association est à Londres. C'est ce qu'on appelle le Comité central. Le bureau se compose d'un secrétaire général et de quinze membres. L'*Internationale* n'admet pas de président ; chaque pays compose une *branche* de l'association. Chaque branche est divisée en sections. Chaque centre important est lui-même divisé en plusieurs sections, avec un bureau central. Toutes les semaines, chaque bureau central envoie au bureau central de Londres :

« 1° Un rapport détaillé sur les faits politiques et commerciaux de la localité ;

« 2° Un état numérique des affiliés ;

« 3° Un état des ressources monétaires ;

« 4° Un état nominatif des principaux commerçants ;

« 5° Un état nominatif des principaux propriétaires et rentiers;

« Un compte-rendu des séances. »

On voit que peu de polices sont aussi bien faites que celle de l'association internationale des travailleurs. A Paris, comme à Lyon et à Marseille, toutes les principales listes de proscription et d'incendie ont été envoyées *toutes faites* de Londres.

Quant aux ressources de la société, elles sont assez bornées, pécuniairement parlant, grâce à la modicité des cotisations : Dix centimes par semaine, payés irrégulièrement! Pourtant, c'est l'association qui a fourni les premiers fonds de l'émeute, mais elle n'aurait pu, financièrement parlant, soutenir la lutte pendant trois jours.

Les chefs de cette société de bandits résident à Londres; ils ont noms: Karl Marx, Jacoby, Diebneck et Touatchin. Voilà les grands-prêtres de la religion nouvelle!... les potentats qui font mouvoir à leur gré nos fantoches républicains, tels que Gaillard père et Victor Hugo, Budaille et M. Gambetta!... Voilà les organisateurs du mouvement du 18 mars! les maîtres du fameux *Comité central*, lequel n'était qu'une agence de la grande conspiration internationale des *travailleurs*.

Aujourd'hui qu'elle est abattue et terrassée, que va-t-elle devenir, cette *Internationale*? Que va-t-elle faire? Comment portera-t-elle le poids de sa défaite, se demande M. Ana-

tole Dunoyer, — « de la défaite de l'insurrection qui avait réussi à faire de Paris la citadelle du *prolétariat* révolutionnaire des deux mondes? « Les classes privilégiées sont
« à l'agonie, disait l'année dernière la *Legalidad,* organe
« de l'Association en Catalogne; elles mourront quand
« les ouvriers le voudront; quand les classes productri-
« ces se lèveront pour accomplir la révolution sociale. »
— « Encore quelques années de développement pacifique,
« disait, il y a deux ans, l'*Égalité* de Genève, et l'*Associa-*
« *tion internationale* deviendra une puissance contre la-
« quelle il sera ridicule de vouloir lutter. » — « Bientôt,
« écrivait une année plus tard, le rédacteur du journal de
« l'Association à Bruxelles, bientôt nos ennemis compren-
« dront que la croisade qu'ils ont entreprise contre l'*In-*
« *ternationale* est une lutte insensée, qui n'aura fait qu'ac-
« célérer leur ruine. »

« Quel sentiment va succéder à cette prodigieuse assurance, après l'horrible effort, fécond seulement en crimes et en ruines, que l'un des groupes fédératifs les plus puissants de l'Association vient de tenter vainement, aidé de milliers d'adhérents accourus de toutes parts, d'Amérique et d'Europe?

« Ceux-là connaîtraient bien mal le cœur humain qui croiraient que tant d'audace trompée, tant d'espérances inassouvies, tant de rancunes envieillies, et maintenant déçues, vont faire place à la soumission. La haine, bien loin de s'amortir, croîtra par l'effet de la répression im-

placable et du châtiment exemplaire que la justice commande impérieusement. Seulement, elle va s'envelopper de patience. Les sages, les prudents, les têtes froides de l'Association auront beau jeu pour gourmander la témérité, la folie du parti des impatients, qui a si gravement compromis la cause commune. — « Mais quoi ! diront
« ceux-ci ; l'occasion semblait si propice ! le succès parais-
« sait si facile ! la tentation était si forte ! Faudra-t-il donc
« attendre toujours ? » — Quoi qu'il en soit, il y a toute apparence que l'ascendant, dans l'Association, va revenir aux temporiseurs qui, dès le principe, n'ont voulu la révolution qu'à longue échéance. Ils montreront aisément que les temps n'étaient pas mûrs, et que la *solidarisation du prolétariat universel* est loin d'être une œuvre achevée. Ils laisseront ceux que la grandeur même du crime console en partie de la ruine de leurs prochaines espérances se faire secrètement un hochet de cette horrible gloire et, hardiment, mais subtilement, ils se remettront à la tâche.

« Or, il faut songer aux progrès vraiment extraordinaires d'une propagande que le parti conservateur, en Europe, a trop longtemps méprisée ou ignorée. Et ce qui rend ces progrès plus redoutables, c'est le fanatisme des adhérents, leur foi imperturbable en la légitimité de leurs prétendus griefs ; c'est aussi l'affreuse envie qu'inspirent au *prolétariat* non-seulement les jouissances que les meilleurs d'entre nous méprisent ou dédaignent, mais encore les plaisirs nobles que les esprits cultivés peuvent seuls goûter, et jusqu'à l'aisance modeste, conquise à force de labeur et de privations.

« L'ambition effrénée de quelques obscurs aventuriers d'épée et de plume; la dépravation, les vices, la brutalité d'une tourbe qui n'appartient à aucune classe, mais qui se recrute dans toutes, peuvent bien sans doute expliquer quelque chose dans les saturnales dont nous venons d'avoir le spectacle, et dans les crimes sans nom qui en ont couronné et, pour jamais, illustré l'infamie; toutefois, rien de tout cela n'explique ni l'égarement des multitudes qui grossissent sans relâche les rangs de nos ennemis, ni la confiance sans bornes que leur inspire la puissance de l'Association au sein de laquelle ils s'unissent pour consommer notre ruine. Nous ne nous bercerons plus d'illusion : nous tous qui vivons du produit de l'épargne des générations antérieures et de la nôtre, nous sommes haïs d'une haine à laquelle rien ne se peut comparer. Nos ennemis se sont institués eux-mêmes nos créanciers : nous ne supposons pas, sans doute, que pour les avoir vaincus et châtiés, nous aurons obtenu quittance.

« Le seul fruit certain de notre victoire consiste en ceci : nous avons conquis une prorogation de délai. Profitons-en pour nous appliquer à connaître ceux qui ont juré notre perte. Si, en scrutant leurs doctrines, nous venons à découvrir l'indice de quelque réparation qui leur soit due, n'hésitons pas un instant à être justes, bien que nous ne puissions plus jamais espérer d'être payés de retour. Par là, nous accroîtrons légitimement la somme de mépris qu'ils méritent, en même temps que nous leur enlèverons une force. Si, en étudiant le plan d'organisation qu'ils ont adopté pour nous combattre, il nous arrive de reconnaître à des signes certains l'ébauche encore imparfaite et grossière d'une transformation de notre état économique, douée de la force lente mais invincible des choses, ne négligeons pas les indications empiriques que peut suggérer l'ignorance même.

« Surtout, restons unis : unis dans la délivance, comme nous l'aurons été dans l'anxiété et dans la douleur. Ne donnons pas à nos ennemis, que nous ne pouvons pas tous atteindre, la consolation d'assister à nos dissensions, à nos discordes, à nos déchirements. Puissions-nous ne jamais surprendre sur leurs lèvres le rire amer et poignant par lequel se trahit la vengeance satisfaite ! »

Nous partageons l'opinion de M. Anatole Dunoyer, de tous points, sauf un seul.

Nous ne croyons pas à la patience des adeptes de l'*Internationale* et, déjà, nous les voyons s'agiter. Le *Tagwacht*, journal de Zurich, applaudit avec enthousiasme aux faits et gestes des communeux de Paris ; le *Volkstaat*, de Leipzig, ne craint pas de publier ceci : — « Nous sommes et nous nous déclarons solidaires avec la « Commune, et nous sommes prêts à soutenir, à tout « instant, et contre chacun, les actes de la Commune. » Enfin, le Comité central de Londres vient d'adresser ce manifeste à tous les comités européens : — « Nous ac-

« ceptons les événements de Paris et les actes de la Com-
« mune, sans exception d'aucun genre. Là est notre
« programme *non tout entier*, mais en germe.

« Les riches ont entraîné la Commune de Paris à la
« lutte ; la Commune a brûlé, fusillé et assassiné. Si une
« situation semblable se reproduit, nous réduirons ces
« trois procédés à un seul : NOUS FERONS SAUTER
« LES VILLES avec tout ce qu'il y aura dedans ; nous
« nous ensevelirons sous leurs ruines avec nos ennemis.

« Les riches peuvent crier : La Commune est morte !

« A ce cri des millions de travailleurs vont répondre
« de tous les coins de l'Europe :

« La Commune est morte ! Vive la Commune !! »

Et nunc, gentes, intelligite ! Erudimini, qui judicatis terram !

Le corps social européen est en proie à une maladie aigüe qui n'en est pas encore à sa période de décroissance ; il convient d'en chercher le remède, et la médication doit être aussi prompte qu'énergique. C'est une épidémie jusqu'alors inconnue, qui gagne toutes les populations de l'occident : que les populations de l'occident s'unissent et se lèvent ! Que les puissances européennes résolvent en un congrès spécial ce problème de police internationale : « *Étant donnée la situation actuelle, détruire*
« *jusqu'en son germe cette épidémagogie féroce !* »

Pour nous, Français, nous avons de larges blessures qu'il nous faut, au plus tôt, fermer. Et d'abord, quoi qu'en puissent penser les âmes tendres, nous devons, dès à présent, frapper de terreur ces hordes de bandits qui nous ont terrorisés. Tous ceux qui ont été pris les armes à la main ont été fusillés ! Bien. Tous les incendiaires, pétroleurs, allumeurs, mineurs embrigadés, ont également été passés par les armes ! Fort bien. C'est la loi de la guerre, et l'on ne saurait s'apitoyer sur le sort des communeux maudits. Maudits soient à leur tour ceux de nous qui se sentiraient au cœur quelque commisération pour ces indignes ! Ce n'étaient pas seulement à des sauvages armés de faulx et de carquois (ils en avaient!!..), mais à des voleurs que nous avions affaire. Les nommés Varlin et Mathieu, tous deux membres de la Commune et, en cette qualité, fusillés, ont été trouvés nantis l'un, de quatre cents; l'autre, de quinze cents billets de mille francs !... Tous ces hommes noirs de poudre, hâves, déguenillés; toutes ces femelles sordides, qui s'en allaient cheveux au vent, avaient fait main basse sur des valeurs souvent considérables !...

Mais il ne suffit pas d'avoir frappé les êtres dangereux qui grouillaient dans Paris; il faut atteindre le crime partout où il s'enfouit dans l'ombre. Or on sait, à n'en pas douter, que l'esprit de la province est aujourd'hui mauvais; que l'*Internationale* a jeté de profondes racines non seulement dans les villes, mais encore dans tous les bourgs, les villages, les hameaux. L'insurrection du 18 mars devait s'étendre à Lyon, à Saint-Étienne, Bordeaux, Marseille. Oui les communeux Provençaux voulaient aussi brûler Marseille, au moyen du pétrole, et commettre tous les actes de vandalisme de leurs dignes patrons de Paris. Heureusement la police reconstituée veillait, et elle a pu empêcher que le premier port de France devînt la proie des flammes. De nombreuses arrestations ont pu être opérées, dans la nuit du 24 au 25 mai. Le citoyen Naquet qui était, paraît-il, l'âme du complot, a été arrêté et écroué au fort Saint-Nicolas. A la nouvelle de cette arrestation, la femme Naquet, armée de poignards et de revolvers, comme une vraie américaine, s'est rendue à la préfecture : on a pu s'emparer d'elle, au moment où elle allait pénétrer dans le cabinet du général Espivent qu'elle voulait assassiner.

Pour ces raisons, il convient d'en revenir à l'organisation d'un ministère de la police qui surveille activement les coins les plus cachés, les réduits les plus obscurs de la France, car une direction de l'Intérieur ne peut suffire aux travaux d'investigations rigoureuses qui doivent s'étendre en tous sens. Le haut fonctionnaire chargé de veiller au salut de la France ne devra pas seulement s'attacher à détruire les bandes affiliées à *l'Internationale*, considérée comme société secrète; il lui faudra poursuivre et traquer ce parti politique qui s'intitule *républicain rouge démocratique et social*. Ce sont, en effet, les gens de ce parti qui préparent le terrain sur lequel l'*Internationale* avide sème, coupe et récolte si bien de si belles et plantureuses moissons.

Bannissons de notre France les intrigants, les ignorants, les vaniteux, les orateurs *avancés*, disciples de M. Gambetta. Abolissons cette littérature malsaine qui commence aux *Misérables* de monsieur Hugo et aux demoiselles de la Quintinie de madame Sand, pour aboutir à la *Lanterne* de Rochefort, au *Père Duchesne* de Vermesch, au *Salut Public* de Maroteau, aux lâchetés épistolaires de M. Louis Blanc.

Faisons partout chez nous la police de la rue. Fermons au plus tôt ces théâtres où l'art tombe dans la boue ; et le sens moral, en pourriture ; fermons ces innombrables cafés, débits de vins, ou cabarets borgnes, qui nous ont fait passer pour un peuple d'ivrognes et d'imbéciles. Empêchons le vice de marcher tête levée ; punissons toute licence, toutes menées provocatrices. Plus d'exhibitions éhontées ! Que Paris ne soit plus l'égoût collecteur des sanies de la débauche ! Que la courtisane disparaisse à toujours de la voie publique, et que son élégance, surtout, ne soit plus un passe-port qui lui permette de faire rougir les cuirassiers qui passent ! Que son industrie, enfin, ne soit plus tolérée qu'au lupanar !

Faisons aussi notre examen de conscience, et sachons reconnaître combien nous sommes coupables.

Nous avons tenu le métier des armes en souverain mépris. Nous avons conspué la vie des camps. Repoussant loin de nous toute idée d'abnégation, de sacrifice et d'efforts énergiques, nous avons ri de ces devoirs, de ces austérités militaires qui élèvent si bien l'âme et d'où procèdent toutes les vertus civiles. Méconnaissant cette loi naturelle qui veut que les représentants de la race adamique soient, partout et toujours, prêts au combat, nous avions conçu l'étrange projet de ne plus jamais ceindre l'épée.

Passionnés pour le luxe et les plaisirs, nous ne nous sommes plus assez attachés au bien. Dominés par je ne sais quel besoin de jouissances à outrance, nous n'avons plus songé qu'au soin de nos intérêts égoïstes et, sur ce champ de bataille ignoble, nous avons laissé nos sentiments d'honneur. Les joies de la famille, l'amour de la patrie, nos devoirs envers Dieu, tout a été négligé, abandonné, raillé !... Or, quand il fait ainsi litière de toutes ses religions, un peuple, si grand qu'il soit, est bien près de périr.

Profondément émue des malheurs de la France, l'Assemblée nationale a bien fait d'adopter la motion de M. Cazenove de Pradines. Le 28 mai, le jour où succombait l'insurrection, elle assistait, nous l'avons vu, aux prières publiques qu'elle avait, non sans quelques difficultés, votées. C'est là un acte de foi officiel, un acte solennel « opposé, dit l'évêque d'Orléans, aux saturnales « de l'athéisme triomphant; une répudiation formelle, « éclatante, de ces doctrines d'impiété qui sont en ac-« cord si profond et si menaçant avec les doctrines sub-« versives de tout ordre social. »

Si des épreuves qu'elle a subies la France peut sortir éclairée, honnête, comprenant mieux sa mission dans le monde; si grandes qu'aient été ses souffrances, elle lui auront été bonnes. — « C'est précisément, ajoute

« Mgr Dupanloup, parce que nous avons souffert, parce
« que notre sang et nos larmes ont coulé, parce que nous
« sommes en ce moment blessés, meurtris, crucifiés par
« la main de l'étranger et nos propres discordes, que je
« prie, espère, et veux espérer. Dieu ne nous a pas
« traités de la sorte pour nous abandonner, si nous ne
« nous abandonnons pas nous-mêmes ! »

Non, ne nous abandonnons pas! mais souvenons-nous que le succès dépend de l'énergie de nos efforts *individuels*. Que chacun de nous, isolément, élève son cœur, en s'attachant à ces vertus antiques dont le symbole chrétien résume si bien et vivifie l'essence! Veillons donc ; purifions-nous, fortifions-nous, prions !

Là seulement est le salut de la France !

15 juin 1871.

www.ingramcontent.com/pod-product-compliance
Lightning Source LLC
Chambersburg PA
CBHW050250170426
43202CB00011B/1626